王郭章　著

简明读本

图书在版编目(CIP)数据

周易简明读本／王郭章著.—上海：上海古籍
出版社，2017.1（2019.6重印）
ISBN 978-7-5325-8165-8

Ⅰ.①周… Ⅱ.①王… Ⅲ.①《周易》—通俗读物
Ⅳ.①B221-49

中国版本图书馆 CIP 数据核字(2016)第 160969 号

周易简明读本

王郭章　著

上海世纪出版股份有限公司
上 海 古 籍 出 版 社 出版

（上海瑞金二路 272 号　邮政编码 200020）

　（1）网址：www.guji.com.cn

　（2）E-mail：guji1@guji.com.cn

　（3）易文网网址：www.ewen.co

上海世纪出版股份有限公司发行中心发行经销

惠敦印务科技有限公司印刷

开本 787×1092　1/16　印张 15.5　插页 2　字数 232,000

2017 年 1 月第 1 版　2019 年 6 月第 2 次印刷

印数：4,101—5,200

ISBN 978-7-5325-8165-8/B.956

定价：39.00 元

自　序

撰写这本书实在是个偶然。

2013年，我应邀在新竹市文化局开设了一门"《周易》经传基础"课程。半年后，移到新竹市一所社区大学开班，并接续开了进阶课程"《周易》经传释义"。台湾的社区大学，是一种以民众终身教育为目的的官办民营学习机构，名为大学，其实不是一般意义上的大学，所招收的学员没有任何学历的限制，所以来报名上课的都是一般社会大众。

由于在文化局、社区大学招收的学员都是一般社会大众，程度难免参差不齐，不仅授课时增加了不少难度，教材的选择更是令人头痛的课题。

我仔细挑选，选了一本语译、注释、说明俱全的名家注本作为教材。本以为内容如此丰富、完备的注本，学员必然较易理解、乐于研读，不料结果大出我意料之外，学员竟然一致表示，教材过于艰深，虽经课间讲解，然而课后回家复习，仍然觉得难懂。

我最先颇为困惑，继而一想，终于理解到，作为一般大众的学员，平素较少接触古籍，人文素养不足，对于这种学术性较浓，较适合文科大学生、研究生的著作，自然难以消化。

思之再三，最后决定配合学员的程度与需求，自己撰写上课讲义，希望对学员能有实质上的帮助。

讲义完成后，学员的反应出乎意外的好，并且一再怂恿我将讲义出版。虽然有学员们的鼓励，但我不太有自信，仍在犹疑。这时正巧我的讲义由社大送交台湾教育主管部门委托台湾师范大学"非正规教育认证中心"审议，结果我开设的"《周易》经传基础"及"《周易》经传释义"两门课程居然都顺利过关，获得认证，使我增加了不少信心，又有前新竹商银的吴志伟总经理主动表示愿意赞助出版经费,于是决定出书。就这样,我在讲义的基础上增添、润饰了部分内容,终于诞生了这本书。

既然本书的定位,是专为《周易》初学者入门之用的参考书,全书的设计当然都要针对这个目标。首先,我必须尽量把握"深入浅出"的原则,力求文字清楚、通畅、易懂并尽量贴近生活,使初学者减少理解、吸收上的困难。

我依据先基础后进阶的概念,将全书分为上、下两篇。上篇"学《易》入门指引",系学《易》的基本功,内容是对《周易》基本概念、《易》例及专有名词的介绍,以便为进一步研读《周易》经文作准备;下篇"《周易》卦爻辞浅释"则逐卦逐爻对《周易》六十四卦卦爻辞作了解说。

下篇对卦爻辞之解说,我刻意只取《周易》经文,《易传》则未列入。这是虑及学员的吸收能力,基于去繁就简的原则,尽量使内容单纯化,让学员较易吸收。

对于卦爻辞的释解,我不作"文、白对照"式的生硬语译,但仍保有类似白话翻译的基本框架;我也不作过度引申的诠解,但为求文字通畅及内在事理之连贯与逻辑性,必要时则略予加枝添叶,俾使释辞更有条理、卦爻义更为清楚易懂。

对于较罕见、较费解或各家歧异较大之字义、辞义,必要时酌加注释,以助理解。尤其对于注家见仁见智、说解纷歧、各说各话的部分,更是不惮其烦,引经据典,一方面使读者明了问题症结之所在,另一方面让读者理解我诠解之依据,以及择选某某观点之理由。《易》辞古奥,见仁见智之处实在无法避免个人主观的成分,且不能不作选择,我的理由、观点及诠解不敢说一定正确,而读者当然也可以有自己的理解角度与看法。

在编排形式上,本书跳脱坊间一般书籍的编排形式,刻意以表列的方式处理,让每一卦的卦爻辞、卦爻义、注释都编排在同一列的横框内,以便于读者阅读与检索。

我的学力有限,易学造诣尚浅,且未受过严格的易学训练,不是易学专家,但自认为适合指导初学。因为我本身的学习历程,以及长期与各种不同领域初学者接触的经验,使我深知初学者研读《周易》较常遭遇的困难、瓶颈和盲点所在,因而懂得以同理心,站在初学者的立场,将心比心来考量问题。如由这个侧面来看,像我这样的经验背景,或许很适合撰写这种入门书也说不定。

以上所述是我的理想,但写出来的成果是否能够达到预期的目标,仍有待读者的判定与指教。

本书曾在台湾以《贴近生活说易经》的书名,发行繁体字版。今有幸更名为《周易简明读本》,在信誉卓著的上海古籍出版社出版简体字版,对我而言,实在是莫大的荣耀。因而得有机会,能与广大的大陆读者分享我的学习心得,更是令人振奋。

书前赘语

一、这是一本专为完全不懂《周易》、初学《周易》的人写的书。

二、笔者认为，不论学习《周易》的动机为何，或将来想利用《周易》进一步研究某个领域的学问或技巧，先搞懂《周易》卦爻辞究竟讲些什么，是最起码的基本功。否则无论说什么、怎么说，都不免心虚。

三、本书分为上、下两篇。上篇《学〈易〉入门指引》；下篇《〈周易〉卦爻辞浅释》。

四、《学〈易〉入门指引》，系对于《周易》的一些基本概念、《周易》义例及专有名词之介绍，为进一步研读《周易》卦爻辞做准备。笔者认为初学者该记忆、背诵之处，即在书中提醒读者特别注意。

五、《〈周易〉卦爻辞浅释》是对于《周易》六十四卦卦爻辞涵义的解说，内容力求浅显易懂、尽量贴近生活、避免涉及玄虚。

六、为便于初学，并使入门之学习单纯化，本书只针对《周易》卦爻辞作解说，《易传》内容不在本书范围之内。

七、《〈周易〉卦爻辞浅释》诠解《周易》卦爻辞，以义理为主，但在解释卦爻辞与卦画、爻位之间的关系时，不能不借助某些卦象理论，但未涉及卦变，以免初学者治丝益棼。

八、《〈周易〉卦爻辞浅释》说明“卦爻义”，虽不是“语译”而是“诠解”的性质，惟行文之间确实有意含括“语译”的功能。为求文字通畅及内在事理之连贯与逻辑性，必要时须有所引申、发挥，甚或加枝添叶。虽学力所限，不敢断言必能达到理想，但总以不违卦爻义为基本前提。

九、对于较少见、较费解或各家歧义较大之字、句,酌加"注释"以助理解,并使读者知悉本书释义之主要依据。

十、《〈周易〉卦爻辞浅释》各卦后均附"人生智慧"一栏,是笔者依据各卦卦爻辞内容,加上个人六十多年来所见、所闻之人生经验,引申发挥,所总结出来的一点心得。所论不见得一定正确,但一得之愚,对于初学者理解各卦立卦之核心精神,以及卦中期勉、劝诫之用心所在,或许不无助益。

十一、《〈周易〉卦爻辞浅释》以表列方式编排,虽与一般的解《易》书籍编排方式有异,但似更便于对照阅读及检索。

十二、本书所引文献,详列于书末附录《引用及参考书目》。为省篇幅,下列本书较常引用、参考之典籍,正文中一概使用简称:

全　　名	简　　称
〔魏〕王弼:《周易注》	《王注》
〔唐〕孔颖达:《周易正义》	《正义》
〔唐〕李鼎祚:《周易集解》	《集解》
〔宋〕程颐:《周易程氏传》	《程传》
〔宋〕朱熹:《周易本义》	《本义》
〔清〕王船山:《周易内传》	《内传》
〔清〕李光地:《御纂周易折中》	《折中》
〔清〕李道平:《周易集解纂疏》	《纂疏》

目次

1

下篇 《周易》卦爻辞浅释

目 次

上篇

学《易》入门指引

上篇

学《易》入门指引

第一单元　基本概念

一、名称辨析

（一）何以名《周易》？

1. 古有三《易》

依据《周礼·春官·大卜》之记载，古之大卜掌管三《易》之法："大卜……掌三《易》之法：一曰《连山》，二曰《归藏》，三曰《周易》。其经卦皆八，其别皆六十又四。"

有关《连山》、《归藏》之来历，文献无征，但汉代经师一般认为《连山》为夏《易》，《归藏》为殷《易》，而《周易》即为周之《易》。但也有人认为《连山》、《归藏》系仿《周易》而作。

2.《周易》命名之缘由

（1）"周"意指"周代"。

何以名为《周易》？因《周易》确为周代之书，"周"指"周代"应可相信。虽然也有人认为"周"是"周遍"、"周旋"之意，但二者相较，似以朝代名为长。

（2）"易"为"变化"。

至于"易"字，本指"蜥蜴"，因其会变色（如变色龙），故又引申为"变易"。《易》书即是一种有关"变化"的书。

郑玄认为，除"变易"外，"易"还含有"简易"、"不易"的涵义，三者合称"易之

3

三义"。这种说法本之于《易纬·乾凿度》:"易一名而含三义:所谓易也,变易也,不易也。"但引申太过,难免有迂阔之病,不如"变易"之说简洁精当。

(二) 何以又称《易经》?

《周易》之初学者,见坊间《易》书或称《周易》,或名《易经》,往往觉得困惑,不知何者正确。其实古人称引《周易》时,或称《周易》,或单名《易》,而不称《易经》。"经"字是因儒家尊奉《周易》为重要典籍,故由后人所加的一种尊称。所以二种称呼指的是同一部书。

二、《周易》作者与产生年代

《周易》的作者与产生年代,自古至今聚讼纷纭,迄无定论。《系辞上传》第七章曰:"《易》之兴也,其于中古乎? 作《易》者,其有忧患乎?"《系辞下传》第十一章曰:"《易》之兴也,其当殷之末世,周之盛德邪? 当文王与纣之事邪?"显然《系辞传》的作者也无法确知《周易》的作者与产生年代。不过,各种纷杂的说法仍可大致归纳为两大类:即长久以来的传统说法及近代学者的看法。

(一) 传统说法

1. 八卦:伏羲画八卦。

2. 六十四卦:文王重八卦为六十四卦。

3. 卦辞:文王作卦辞。

4. 爻辞:周公作爻辞;或说文王作卦、爻辞。

(二) 近代学者的看法

1. 八经卦:根据考古所得及文献记载,多数学者认为此乃许多卜者、筮者长期积累的成果,在西周以前即已出现,而非特定一人或一时之作。

2. 六十四重卦：一般认为是殷商或西周卜筮者所作。有学者根据考古资料，推测六十四卦有可能由"数字卦"演化而成，但仍非定论。

3. 卦爻辞：不少学者认为是西周初期的卜筮官所作,因《周易》所提到的历史人物及事件都不晚于西周初期。

三、《周易》的组织架构

《周易》的组织架构,包含下列各项:

（一）卦形（卦画、卦象）

卦的形状,由阴（▬▬）、阳（▬）两种符号组成。每六画组成一"重卦"（每一画,或阴或阳,都称为一"爻",详后）,《周易》共有六十四重卦。

（二）卦名

卦的名称,如"乾"、"坤"、"屯"、"蒙"等等。

（三）卦辞

每卦都有解说此卦总义的文字,称为"卦辞"。

（四）爻题

每一重卦有六爻,由下往上数,依次为初爻、二爻、三爻、四爻、五爻、上爻。如该爻为阳爻 ▬ 则称为"九",如为阴爻 ▬▬ 则称为"六"。例如第一爻为阳爻则称"初九",第二爻为阴爻则称"六二"（详后）。

（五）爻辞

每卦的每一爻都有解说该爻的文字,称为"爻辞"。

四、《周易》的性质与价值

（一）《周易》原为卜筮之书

《周易》原为卜筮之书，由其内容可以考察古代卜筮的情况。

（二）重要的古代社会、文化、历史资料

由《周易》的卦爻辞，可以探讨古代的历史、文化、风俗、制度，如战争、祭祀、渔猎、畜牧、农业、婚姻、讼狱、行旅等等。

（三）内含义理性与思想性

六十四卦的组织排列，有其整体性与系统性，并内蕴事物演变的某些基本原则，如"知几"、"物极必反"、"居安思危"、"中道思想"等等，都是古人的智慧结晶，深具思想与义理，至今不减其价值。

（四）指导趋吉避凶之道

《周易》是卜筮之书，但不可全然视为迷信。卦爻辞的内容，往往以实际的人生经验，指导人们为人处世的原则及趋吉避凶之道，如强调谦虚、勤劳、节俭等美德的重要性。且其内容包含甚广，各卦也大多有其劝诫及事理指导上的偏重。例如：

1. 处事，如：《乾》卦、《坤》卦。

2. 修身，如：《谦》卦、《无妄》卦。

3. 家庭，如：《家人》卦、《归妹》卦。

4. 教育，如：《蒙》卦。

5. 司法，如：《讼》卦、《噬嗑》卦。

6. 政治，如：《临》卦、《观》卦。

7. 军事，如：《师》卦。

8. 经济,如:《节》卦。

9. 处险,如:《坎》卦、《否》卦。

五、《周易》卦爻辞的文辞结构

（一）述说历史故事作为例证

此为利用史事以示休咎。例如:

《既济》九三:"高宗伐鬼方,三年克之。"

《明夷》六五:"箕子之明夷,利贞。"

《归妹》六五:"帝乙归妹,其君之袂,不如其娣之袂良。"

《升》六四:"王用亨于岐山,吉,无咎。"

（二）利用象征表达卦爻含义

此类文辞最多,例如:

《乾》九五:"飞龙在天。"

《坤》初六:"履霜,坚冰至。"

《屯》六三:"即鹿无虞,惟入于林中。"

《小畜》九三:"舆说辐,夫妻反目。"

《睽》上九:"睽孤,见豕负涂,载鬼一车,先张之弧,后说之弧,匪寇,婚媾。"

《小畜》卦辞:"密云不雨,自我西郊。"

《履》卦辞:"履虎尾,不咥人。"

（三）指出思想与行为的影响

此为明白说出某种思想、性格、行为将引起何种后果。例如:

《乾》九三:"君子终日乾乾,夕惕若,厉,无咎。"

《师》六五:"长子帅师,弟子舆尸,贞凶。"

《蒙》卦辞:"匪我求童蒙,童蒙求我。初筮告,再三渎,渎则不告。"

《讼》初六:"不永所事,小有言,终吉。"

《蛊》初六:"干父之蛊,有子,考无咎,厉,终吉。"

（四）吉凶悔吝厉咎的断占辞

《周易》断占之辞大多为"吉"、"利"、"凶"、"厉"、"悔"、"咎"、"吝"等字,以指示结果之休咎。但也有不用这些字而断占之意甚明者,仍属断占之辞。

断占之辞,高亨先生在其《周易九讲》中将其细分为五类,可供参考:

1. 概括断占

例如:"勿用";"无咎";"有悔";"吉"。

2. 就事断占

例如:"利见大人";"不利为寇,利御寇";"讼元吉";"在师中吉,无咎,王三锡命";"贞疾,恒不死";"不家食吉"。

3. 就人断占

例如:"大人吉";"幽人贞吉";"小人吉,大人否";"妇人吉,夫子凶"。

4. 方位断占

例如:"西南得朋,东北丧朋";"利西南,不利东北"。

5. 时间断占

例如:"女子贞不字,十年乃字";"月几望,君子征凶";"利涉大川,先甲三日,后甲三日"。

六、《易传》

（一）何谓《易传》?

1. 解"经"的书称为"传"。解说《周易》的"传"就是"易传"。

2. 解《易》的"传",历来最受重视的有七种,即:《彖传》、《象传》、《系辞传》、

《文言传》、《序卦传》、《说卦传》、《杂卦传》。由于这七种最受重视,"易传"的名称也因而由"通称"成为"特称",即专指这七种传文而言。

(二)《易传》又称《十翼》

《易传》虽只七种,但共有十篇,即:《彖传》(上、下各一篇)、《象传》(上、下各一篇)、《系辞传》(上、下各一篇),再加上单篇的《文言传》、《序卦传》、《说卦传》、《杂卦传》。汉人又称《易传》为《十翼》,推崇这十篇传文犹如《周易》之羽翼。

(三)《易传》的内容

1.《彖传》(上、下篇)

"彖"是"断"的意思。《彖传》是断一卦之义的说明文字,共六十四条,随经分为上、下两篇。内容大约是先论卦名、卦义,再言简意赅地发挥卦辞的义理,但并不解说爻辞。

2.《象传》(上、下篇)

因其内容多本乎卦象、爻象以立言,故称《象传》。《象传》也是随经分为上、下两篇。《象传》又分为《大象传》和《小象传》两部分。

《大象传》六十四条,分别解说各卦全卦所立之象,及其所含之义理,但没有针对卦辞作解说。

《小象传》三百八十六条,分别说明六十四卦三百八十四爻及《乾卦》用九、《坤卦》用六所从之象,及其取象之由,同时解说各爻爻象的吉凶之理。

3.《文言传》

专门解释《乾》、《坤》两卦之经文,因此只有两章,分别称为《乾文言》和《坤文言》。其内容,首先解释卦辞和《彖传》的义理;接着依序解释六爻之义理。

4.《系辞传》(上、下篇)

《系辞传》,汉人称为《易大传》,内容驳杂,但前后各章的观点基本一致,几可视为一篇"《周易》概论"。其内容归纳起来,大致涵盖几个重点:(一)推论《易》的起源、性质及作用。(二)阐述《易》的基本原理和思想内涵。(三)举例论述卦爻的品格特征。(四)阐述筮法的原则和体例。

5.《说卦传》

解说八卦的性质与功能,及其在自然界、生物界、人伦界所代表的象征意义(即"卦象"),以及其中蕴含的义理。

6.《序卦传》

解说六十四卦的排列顺序及其理由,并对卦名、卦义有所阐释。

7.《杂卦传》

分别解说六十四卦各卦的要义及特性。但其卦序排列未依《序卦传》之卦序,而是将六十四卦重新分为三十二组,两两相对为偶,并以精要文字概述各卦卦旨,且多由两卦相反的意义加以发挥。解说文字多数为一两个字,少数为五六个字,只有传中列于最后一卦的《夬》卦超过十个字。

(四)《易传》的作者与产生年代

1. 传统说法

(1)唐代以前,学者一致认定《十翼》都是孔子的著作。

(2)宋代疑古学风盛行,欧阳修作《易童子问》,影响尤大。欧阳修只相信《彖传》、《象传》为孔子所作,他认为《系辞传》、《文言传》有"繁衍丛脞之言"与"自相乖戾之说",而《说卦传》、《杂卦传》则显然是"筮人之占书",均非孔子所作。

2. 近代学者的看法

(1)近代学者从文体、语法、用韵及思想义理等方面加以详考,已经确定,《易传》绝非孔子所作。

(2)近代学者虽认为《易传》非一人一时之作,但至今仍无法确定其著者及著作之年代,且各家对于著作之年代看法不一。综合各家意见,大体说来,《易传》应该是儒家孔子后学所撰写,并多少吸收了道家的思想。十篇传文著作年代不一,一般认为《彖传》、《象传》最早,《文言传》、《系辞传》其次,《序卦传》、《说卦传》、《杂卦传》则较晚。

(3)虽然《易传》的著作年代无法确指,但有可能是战国中晚期的作品。

七、《周易》的篇次与版本

（一）《周易》篇次的演变

《周易》的成书,其篇章次第有其演变过程,并非一开始就如今日通行本所见之样貌:

1. 东汉以前《周易》与《易传》各篇各自独立。《汉书·艺文志》记载:"《易经》十二篇,施、孟、梁丘三家。"颜师古注曰:"上下经及十翼,故十二篇。"显然经、传各自独立。

2. 东汉郑玄撰《易注》,始将《彖传》、《象传》杂入《周易》经文之中。

3. 魏王弼撰《周易注》,又将《文言传》分列在《乾》、《坤》二卦之后。

4. 唐孔颖达撰《周易正义》,其经、传篇第即依照王弼《周易注》。

5. 宋代吕祖谦等学者,纷纷致力于恢复《周易》本来面貌。朱熹《周易本义》即依吕祖谦本,将《周易》上经、下经及十篇传文各自分立以成书。

6. 明永乐年间官修《五经大全》,又将《周易本义》改为今通行本之次第。

（二）今本《周易》的篇章次序

今日通行本《周易》之篇章次第:①

1. 在各卦卦辞之后,紧接该卦之《彖传》、《象传》。

2. 在各爻爻辞之后,紧接该爻之《象传》。

3. 在《乾》、《坤》二卦之后,分别加入《文言传》。

4. 在前述羼入《彖》、《象》、《文言》的《周易》经文之后,再依序编入《系辞上传》、《系辞下传》、《序卦传》、《说卦传》、《杂卦传》。

下面图一至图三为"经传分篇独立"的版本,图四至图六为"经传合一"的版本(以《坎》卦为例),可供对照:

---

① 唯《乾》卦之次第与诸卦不同,为:卦辞、爻辞、《彖传》、《象传》、《文言传》。

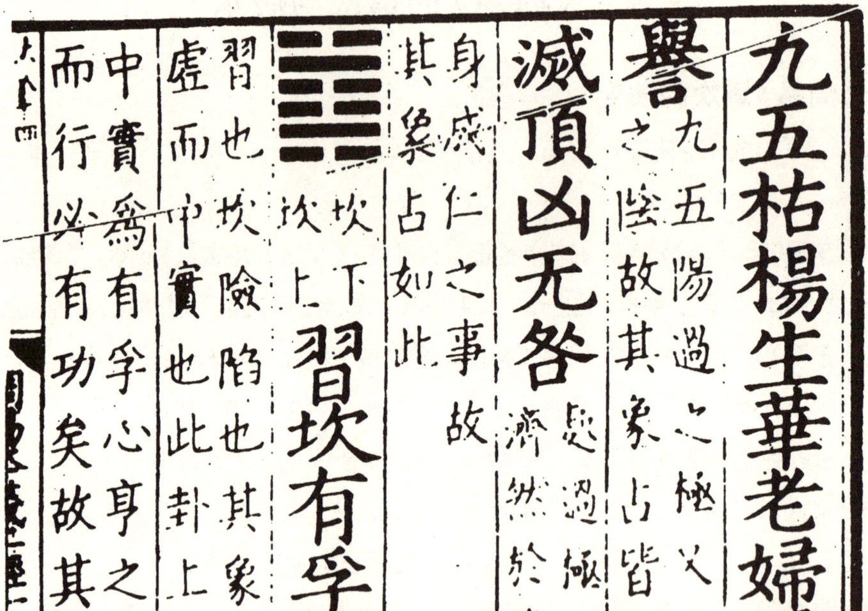

九五枯楊生華老婦得其士夫无咎无

譽

九五陽過之極又比過極
之陰故其象占皆與二反

上六過涉

滅頂凶无咎

其象占如此

身成仁之事故
惻然於義為无咎矣蓋殺
之地才弱不足以濟

習坎有孚維心亨行有尚

坎下
坎上

習坎

習坎險陷也其象為水陽陷陰中外
虛而中實也此卦上下皆坎是為重險

中實為有孚心亨之象以是
而行必有功矣故其占如此

初六習坎

图一　南宋版朱熹《周易本义》书影(《坎》卦)之一

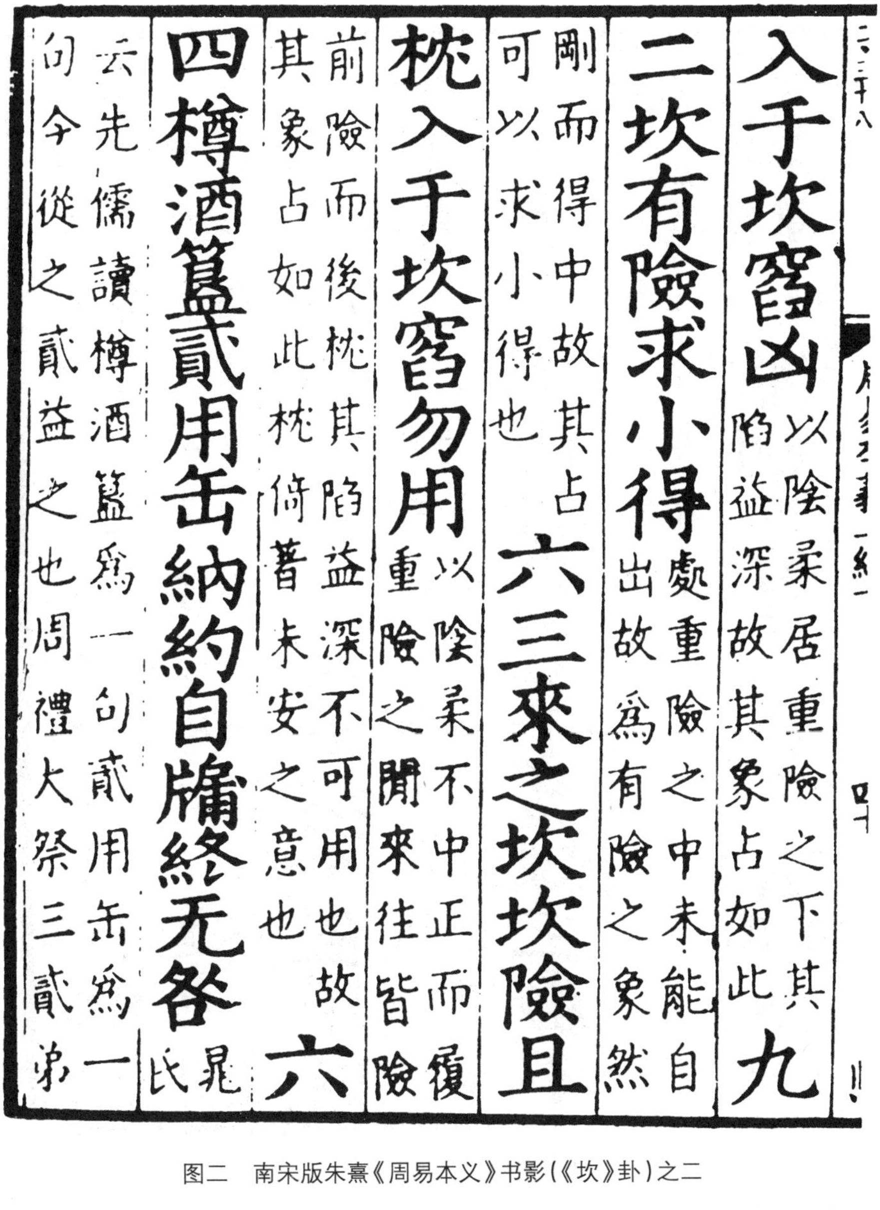

入于坎窞凶　以陰柔居重險之下其陷益深故其象占如此九

二坎有險求小得　處重險之中未能自出故為有險之象然

剛而得中故其占可以求小得也　六三來之坎坎險且

枕入于坎窞勿用　以陰柔不中正而復重險之間來往皆險

前險而後枕其陷益深不可用也故其象占如此枕倚著未安之意也六

四樽酒簋貳用缶納約自牖終无咎　晁氏

云先儒讀樽酒簋貳為一句貳用缶為一句今從之貳益之也周禮大祭三貳弟

图二　南宋版朱熹《周易本义》书影(《坎》卦)之二

13

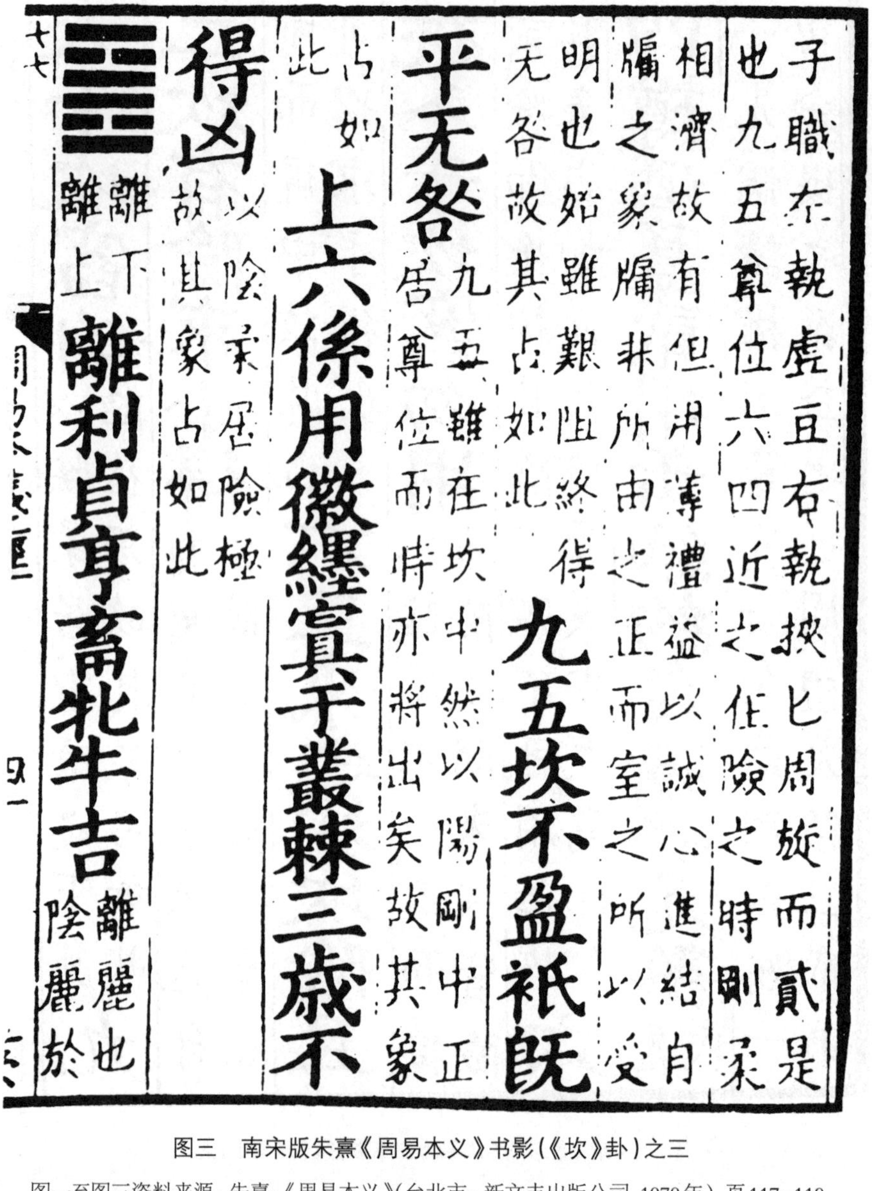

子職在執虗豆右執挾匕周旋而貳是
也九五尊位六四近尔位險之時則柔
相濟故有但用薄禮益以誠心進自
牖之象牖非所由之正而室之所以受
明也故其占雖艱阻終得
无咎故其占如此
平无咎
九五雖在坎中然以陽剛中正居尊位而將出矣故其象亦將出矣故其象

九五坎不盈祇既

上六係用徽纆寘于叢棘三歲不得凶
此占如
故其象占如此
以陰柔居險極

離下離上
離利貞亨畜牝牛吉
離麗也
陰麗於

图三　南宋版朱熹《周易本义》书影（《坎》卦）之三

图一至图三资料来源：朱熹：《周易本义》（台北市：新文丰出版公司，1979年），页117–119。

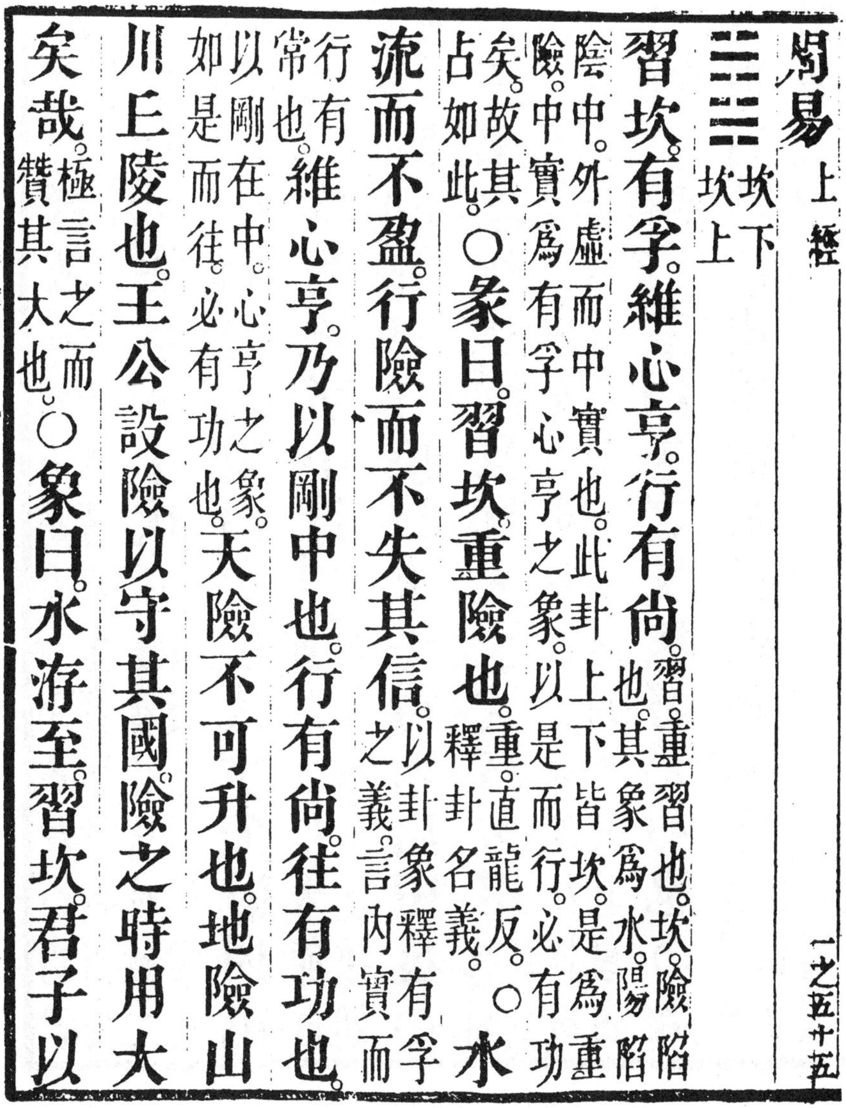

周易　上經

坎下
坎上

習坎有孚。維心亨。行有尚。　習重習也。坎險陷也。其象為水。陽陷陰中。外虛而中實也。此卦上下皆坎。是為重險。中實為有孚心亨之象。以是而行。必有功矣。故其占如此。○彖曰習坎重險也。　釋卦名義。水流而不盈。行險而不失其信。　以卦象釋有孚之義。言內實而行有常也。維心亨乃以剛中也。行有尚往有功也。　以剛在中。心亨之象。如是而往必有功也。天險不可升也。地險山川丘陵也。王公設險以守其國。險之時用大矣哉。　極言之而贊其大也。○象曰水洊至習坎。君子以

一之五十五

图四　清版《周易本义》书影(《坎》卦)之一

15

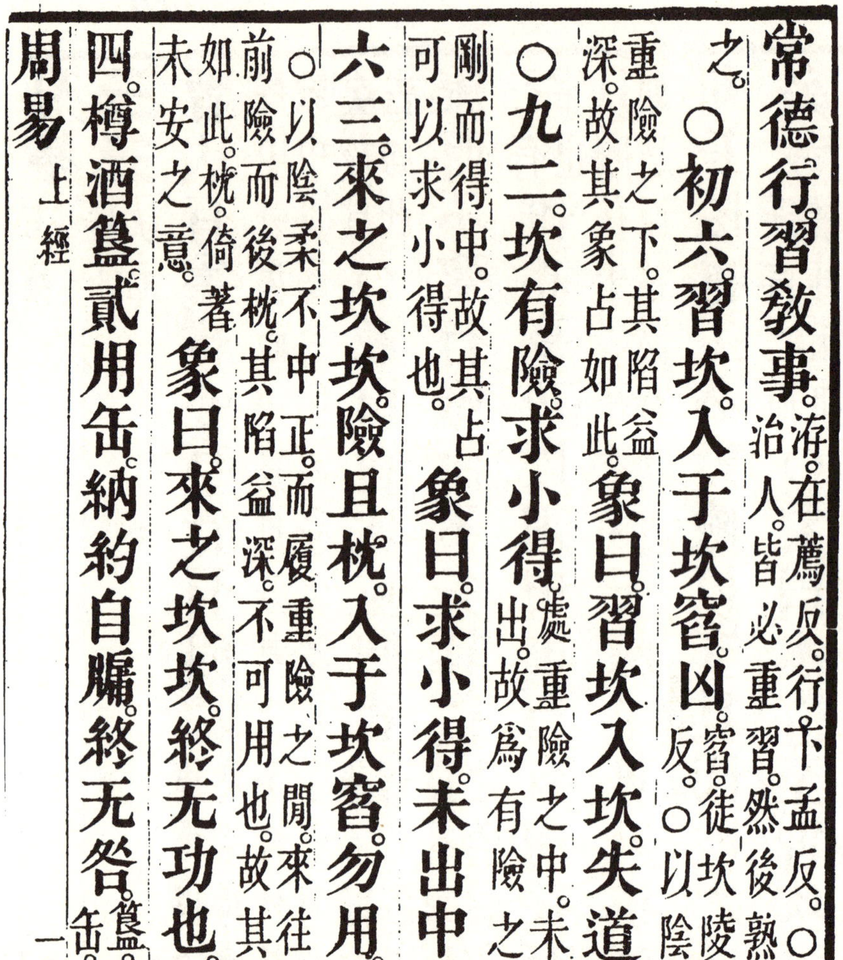

常德行習教事。洊在薦反。行卜孟反。○治己治人皆必重習然後熟而安之意。○初六習坎入于坎窞凶。窞徒坎反。○以陰柔居重險之下。其陷益深。故其象占如此。象曰習坎入坎失道凶也。○九二坎有險求小得。處重險之中。未能自出。故爲有險之象。然剛而得中。故其占可以求小得也。象曰求小得未出中也。○六三來之坎坎險且枕入于坎窞勿用。枕針甚反。○以陰柔不中正而履重險之間。來往皆險。前險而後枕其陷益深。不可用也。故其象占如此。枕倚著未安之意。象曰來之坎坎終无功也。○六四樽酒簋貳用缶納約自牖終无咎。簋音軌。缶音缻俯九

周易　上經

一之五十六

图五　清版《周易本义》书影(《坎》卦)之二

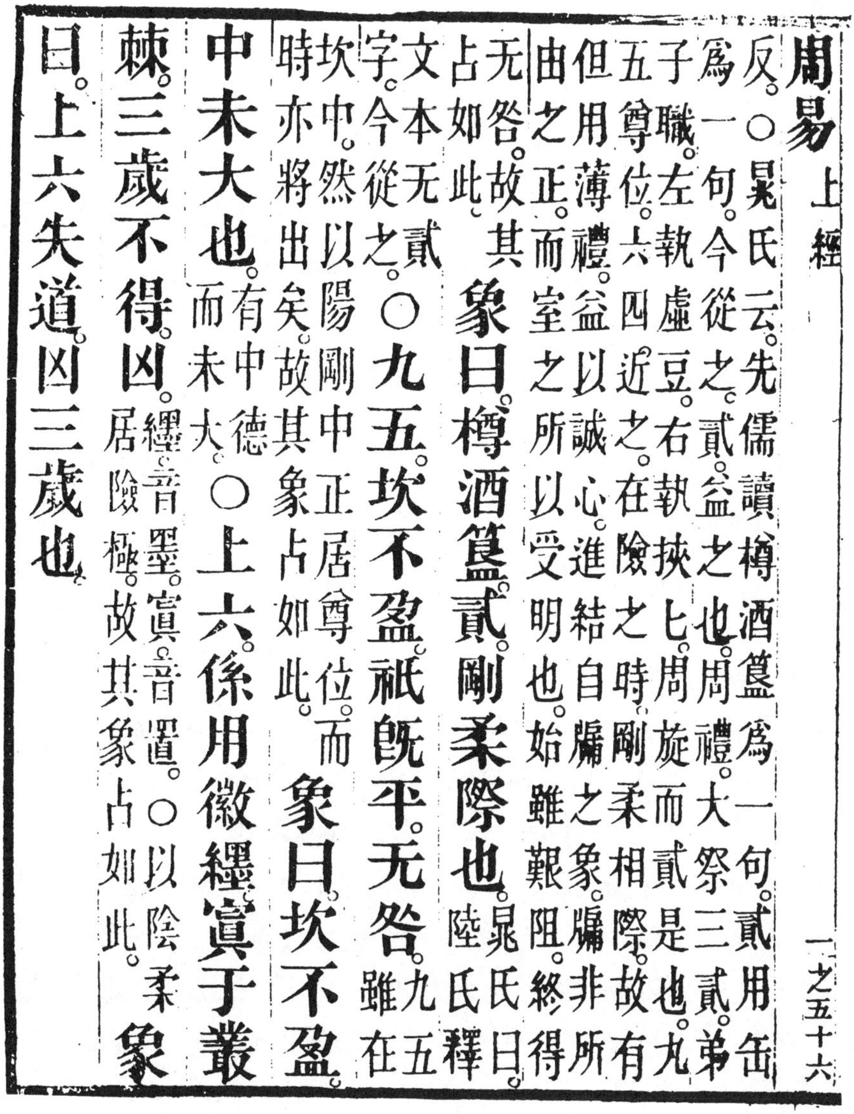

周易　上經

爲一句。○晁氏云：先儒讀「樽酒簋」爲一句，今從之。○貳，益之也。周禮大祭三貳，弟子職「左執虛豆，右執挾匕」是也。九四近君，爲大臣之象。但用薄禮，益之以誠心進結之。自牖，非所由之正而室之所以受明也。始雖艱阻，終得所由，故其象占如此。

象曰．樽酒簋貳，剛柔際也。

陸氏曰晁氏釋。九在五。

九五．坎不盈，祇既平，无咎。

祇既平。雖九在五，坎中未將出矣，亦將出矣。故其象占如此。然以陽剛中正居尊位，而時亦將出矣，故其象占如此。

象曰．坎不盈，中未大也。

而未大也。有中德而未大也。

上六．係用徽纆，寘于叢棘，三歲不得，凶。

徽音暉，纆音墨，寘音置。○以陰柔居險極，故其象占如此。

象曰．上六失道，凶三歲也。

图六　清版《周易本义》书影（《坎》卦）之三

图四至图六资料来源：《善本易经》（朱熹《周易本义》）（台北市：老古文化事业公司，1981年），页一之五十五—一之五十六。

17

（三）出土《周易》古本与今本之异同

1. 帛书《周易》

1973年在长沙马王堆3号汉墓出土的帛书《周易》，其卦爻辞与传世的通行本《周易》基本相同，而卦名与通行本相异者有33处，占半数以上，但其异文绝大多数是同音或音相近、可通假的字。

帛书《周易》与通行本最大的不同在于卦序。通行本《周易》卦序是始于《乾》，终于《未济》；帛书《周易》则始于《乾》（"乾"，帛书作"键"），终于《益》。

2. 安徽阜阳汉简《周易》

1977年，安徽阜阳双古堆1号汉墓出土大批竹简，其中有700多片为《周易》，包括今本《周易》六十四卦中的四十多卦，其中有卦画、卦辞的9片，有爻辞的60多片。每条爻辞之间，有圆点隔断，爻辞后附有卜事之辞。阜阳汉简《周易》与今本及帛书《周易》最大的差别，就在于卦爻辞的后面附有卜辞。

可惜竹简破损严重，无法得知原来的卦序，大部分的卜辞也与卦爻辞分开而不知从属了。

3. 王家台秦简《周易》

1993年，湖北江陵县荆州镇王家台15号秦墓，出土了一批与《易》占相关的竹简。竹简有两种，一种宽而薄，一种窄而厚，极可能是两种不同的抄本。竹简有编号者164支，未编号者230支，共计394支，总字数约4 000余字。

简中共有70组卦画，剔除相同的16组，不同的卦画计有54组。卦名出现共76次，除去重复的23个，实际卦名有53个，且大多与今本《周易》之卦名相同。

其文例以卦画开头，接着是卦名，卦名之后以"曰"字连接卜事之辞，然后是卦辞，但未见爻辞。其卦辞与今本《周易》不同，大多采用古史中的占筮之例。涉及的人物有黄帝、炎帝、后羿、周武王、周穆王等，还有后羿射日、武王伐殷等故事。

可惜这批竹简残缺过甚，至今仍未能拼凑出一支整简，顺序也难以排定。但由于竹简部分内容与保存在传世文献中的《归藏》佚文相同，许多学者认为，这些秦简极有可能就是《归藏》。

4. 上博馆藏楚竹书《周易》

1994年上海博物馆从香港文物市场购得一批楚竹书,其中有《周易》竹简58支,涉及35个卦的内容,字数有1 806字,还有25个卦画。与帛书《周易》和今本《周易》相同,此竹书《周易》亦由卦名、卦辞、爻题、爻辞组成,但用字、用辞、用句有所不同。竹简年代约在战国中晚期,是目前所见最早的《周易》版本。可惜上海博物馆收购时,竹简已如酱色面条般胶合在泥团中,无法得知原来的卦序。

除上述之外,尚有:(一)1987年在湖北荆门包山2号楚墓出土的卜筮祭祷简。(二)1994年在河南省新蔡县楚平夜君成墓出土的卜筮祭祷简。这两种易筮资料虽然完整性较差,但对《周易》研究仍有一定的参考价值。

八、易学的派别

(一)何谓"易学"?

所谓"易学",顾名思义就是研究《周易》的学问。《周易》既被奉为群经之首,备受重视,因而历代研究者众,逐渐形成一门专门的学问,即为"易学"。易学的内容,主要是对《周易》的经传所作的种种文字考据及义理的研究和阐释。

(二)易学的流派

自古以来,由于历代易学家对《周易》的解说各有其不同角度、不同见解,而形成各自的特色,再加上历代学者往往以其学术研究援之入《易》,或者援《易》以入其学术研究,因而形成了许多不同的易学流派。

一般说来,易学可以分为象数与义理两大派,而这两大派又可再分为数个宗派:

1. 象数学派

凡注重从阴阳奇偶之数、卦爻之象及八卦所象征的物象,来解说《周易》经传文义的,称为"象数学派"。此学派又可分为三宗:

（1）占卜：汉代古文经学派的易学属之。

（2）禨祥：京房和焦延寿以《易》言阴阳灾异之学属之。

（3）造化：陈抟和邵雍的务穷造化之学属之。

此三者之间，各自有着继承和发展的关系。

2. 义理学派

凡主要从卦名的意义和卦的性质以解说《周易》经传文义的，称为"义理学派"。此学派又可分为三宗：

（1）老庄：王弼黜象数，以老庄玄理说《易》属之。

（2）儒理：胡瑗和程颐以儒理说《易》属之。

（3）史事：李光和杨万里的引史说《易》属之。

此三者之间，也各自有其继承和发展的关系。

两个学派的易学随着历史的发展，而有互相消长之势。大体说来，汉代以象数易学为主流，魏晋隋唐时期义理派占上风，宋明时期则象数学派与义理学派并重，至清代又走向复兴汉代易学之路。

九、研读《周易》之前的思考

（一）为何读《周易》？

读《易》之前，应先自我省视读《易》的动机。先厘清自己的学习动机，才能把握正确的学习方向，找到正确的学习方法。读《易》的动机可以千奇百怪，但归纳起来不外四种倾向：

1. 好奇

为好奇而读《易》，听起来似乎不可思议。《周易》难读，人所共知，却反而使《周易》蒙上了一层神秘的面纱，不少人便被激起强烈的好奇心，因而明知其难，却偏要试试看，这是好奇心强而又勇于挑战的学习类型。这种类型的人，不会拘于一派一家之学，各方面都想认识、探索，但往往不能有始有终。

2. 思维训练

有人读《易》，是听说《周易》可以训练人的思维。研究易学，按照从具体到抽象的思维走下去，的确可以强化人的思维能力。这是由于《周易》的形式与内涵含括了诸多思维方式，如直观思维、形象思维、象数思维、逻辑思维、辩证思维等等。在学《易》过程中，经过不断的阅读、思考、印证，思维能力就在不知不觉间逐渐强化。

3. 求知

《周易》经传内涵丰富，包罗广阔，义理深邃，是个知识的大宝库。相信有许多人读《易》，就是为了从中汲取知识，并进一步将其吸收、内化为自己的智慧，以作为人生的指引、处事的锦囊。这是正确的学习方向，但得脚踏实地，按部就班，持之以恒。

4. 作为研习术数的基础

不可否认，有许多人是为了学习占筮，或为了学习术数而读《易》。要学《易》占，当然得先读通《周易》。至于认为《易》理是一切术数的基础，而将读《易》作为基本功夫，我们虽不鼓励这样的动机，但也无法否认，读《易》对于术数的学习，确实有所助益。

（二）如何读《周易》？

1. 基本功

（1）厘清基本概念

就是必须先对本单元前文所述的各个项目有所理解。

（2）熟悉易学的基本范畴、专有名词及《易》例

各种学术都有其基本范畴，各行各业也都有其专有名词，以作为知识传承的基础，易学当然也是如此。对于历代传下来的解《易》体例，尤须熟习。

（3）该熟记的项目一定要背诵

本书注明应熟记的项目，一定要熟记，如八卦的卦象、卦德，六十四重卦的卦形、卦序等一定要背熟，往下学习才会比较顺利。

2. 读懂卦爻辞涵义

（1）先读懂卦爻辞的文字

必须先逐卦、逐字、逐句读懂卦爻辞的文字意义。

（2）思考卦爻辞的内涵

边读边思考，以便更进一步地深入理解卦爻辞的义理内涵。

3. 选择适合自己的读本

（1）由浅入深

初学者，读《易》不要好高骛远，把标准悬得太高。建议先选择有白话注解、有口碑的现代人著作作为启蒙读本，比较容易入手。除非是学院中的大学生、研究生，或是已具古文基础、人文素养高的读者，否则一开始就读古文经典著作，极易因无法读懂而气馁，终至半途而废。现代学者掌握的资料丰富，统合能力强，在解读古典文献的资讯条件与分析能力上，并不见得一定逊于古人。不是非从经典古籍入手不可，读得下去最重要。至于进一步的研究，等已有基础后再说。

（2）依自己兴趣选择

初步掌握了卦爻辞的大致内容后，若欲继续精进，当然应接着读易学经典著作及研读《易传》。

选择读本时，应依据自己的兴趣做选择。例如，喜爱义理解经者，可以选择王弼《周易注》、程颐《程氏易传》或朱熹《周易本义》等书；喜欢象数派著作，可以选择李鼎祚《周易集解》、尚秉和《周易尚氏学》等书作为进阶读本。

（3）广搜博读多比较

董仲舒在《春秋繁露》中有言："所闻《诗》无达诂，《易》无达占，《春秋》无达辞。"其实《易》既无达诂，也无达占。只要比较一下各家诠解卦爻辞的说法，就可发现，不但众说纷纭，各说各话，甚至南辕北辙，令人无所适从。读者只能依凭自己的知识、经验、看法，斟酌取舍。

第二单元 太极、两仪、四象、八卦

一、太 极

（一）太极释义

1. "太极"这一范畴，始见于《系辞上传》："易有太极，是生两仪。两仪生四象，四象生八卦。"对这一段文字，有两种不同角度的解释：一是从揲蓍、画卦的过程解释；一是从宇宙论也即宇宙形成过程来解释。一般说来，大多以宇宙论的观点来诠释这段话。而对于"太极"这个范畴，则多在本体论的意义上运用，即以太极为宇宙最初的实体。

2. 太极作为宇宙最初的实体，后世也有不同的解释。汉代易学家赋予太极以实体的意义，以太极为元气，如郑玄谓："太极为极中之道，淳和未分之气也。"唐代孔颖达《周易正义》释太极之义曰："太极谓天地未分之前，元气混而为一，即是太初、太一也。"宋代周敦颐亦是以太极为阴阳二气混而未分的状态。由此可见，虽然说法不尽相同，但大多以太极为天地未分、阴阳未判、宇宙最初的气化状态。换言之，就是宇宙生化的本原。

3. 既然太极是天地未分、阴阳未判、宇宙最初的气化状态，则亦可谓：太极非阴非阳，亦阴亦阳，阳中有阴，阴中有阳。

（二）太极图

1. 根据太极的概念内涵，前人创制了多种式样的太极图，其中流传最广、影响最大的是黑白双鱼合抱式的太极图，俗称"阴阳鱼太极图"。此图起源不详，有学者认为极有可能是出自道教炼丹家，惟文献不足，仅止于推测。据张其成先生的研究，现存文献中最早的一张"阴阳鱼太极图"出自南宋张行成的《翼玄》。明初赵撝谦在其《六书本义》中亦录有此图，称为"天地自然河图"，但赵图与张图略有差异（见图示）。赵撝谦宣称《系辞上传》第十一章所谓的"河出图，洛出书，圣人则之"中"河出图"的《河图》就是这张图，并说此图是蔡元定得自四川青城山一位隐士的手中。胡渭《易图明辨》则认定这是陈抟传给种放，三传而至邵雍的图。明末赵仲全所作《道学正宗》一书中也录有此图，但在阴、阳鱼上各加了四条线，称之为"古太极图"。此后，人们一般便称此阴阳鱼图为"太极图"。

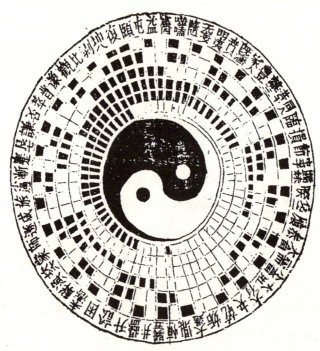

图七　《翼玄》太极图

24

图八 天地自然河图

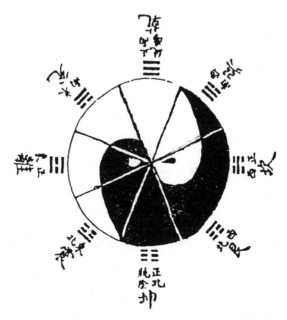

图九 古太极图

2. 不管来源究竟如何，不可否认，这张图的确制作得十分巧妙。图中黑白双鱼左右回互，白鱼代表阳，黑鱼代表阴。阳起于北而盛于南，阴起于南而盛于北。阳极生阴，阴极生阳，故白鱼中有一黑点，黑鱼中有一白点。而黑、白鱼首尾相咬，互相纠缠，说明阳气渐消的同时，阴气即渐长；阴气渐消的同时，阳气即渐长。阴阳消长，无法分割，循环不已，且蕴含"物极必反"之规律。

二、两 仪

（一）两仪释义

周敦颐《太极图说》云："太极动而生阳，动极而静，静而生阴。静极复动。一动一静，互为其根。分阴分阳，两仪立焉。"太极为浑沦一气，阴阳未分，及至分阴分阳，这阴、阳二气就称为"两仪"。

（二）阴、阳符号

阴 ▬ ▬

阳 ▬▬▬

（三）阴、阳的属性

1. 就文字学上说，"阴"本指"云覆日"的阴暗，而"阳"指"太阳普照"而言。由于中国气候北冷南热，阴阳二字，遂分别引申为北方、南方。南北相对，明暗相对，阴阳二字逐渐演变为一对互为对立的抽象概念，此即《易传》阴阳概念的基本渊源。

2. 阴、阳是"类概念"、"属性概念"，不是"实体概念"。

3. 周鼎珩先生谓："凡属气之向外挥发，因而发光发热，以成万有之能，即为阳；凡属气之向内凝聚，因而现形现体，以成万有之质，即为阴。"

4. 阴阳之属性，举例归类如下：

阳　　性	阴　　性
外散（由内向外,由下向上）	内凝（由外向内,由上向下）
能量（如:人体的元气）	形体（如:人体的水、血液）
动态	静态
刚性	柔性
奇数	偶数

（四）阴、阳的相互关系

1. 阴、阳之分是为了"取象比类",以方便分析,实际上并无纯阴、纯阳截然对立的实体。两者互相配合、互为成分,是"对立的统一"。

2. 阳中有阴,阴中有阳,宇宙万物每一个个体都是阴阳的合体,都可以视为一个太极。

3. 孤阴不生,独阳不长。

4. 阳极阴生,阴极阳生。

三、四　象

（一）四象释义

1. 气化性能流动不居,两仪之阴阳可以互相回环复合而形成四种气化型态:

（1）如阳仪有感,复一阳于其上,成为"阳中之阳",谓之"太阳"。

（2）如阳仪有感,复一阴于其上,成为"阳中之阴",谓之"少阴"。

（3）如阴仪有感,复一阳于其上,成为"阴中之阳",谓之"少阳"。

（4）如阴仪有感,复一阴于其上,成为"阴中之阴",谓之"太阴"。

2. 此太阳、少阴、少阳、太阴四者,即为"四象"。

（二）四象符号

| 太阳 | 少阴 | 少阳 | 太阴 |

四、八卦（三画卦、基本卦、经卦）

《系辞上传》第十一章说："是故易有太极，是生两仪，两仪生四象，四象生八卦，八卦定吉凶，吉凶生大业。"则八卦既可说是一种万物生成模式，也是自然界八种基本物质现象。而八卦各有其特性，故亦可说是一种万物的分类模式。以下就八卦的形成过程及其特性分述于下。这些都是读《易》的重要基本概念，必须熟习，否则往下就难以为继。

（一）八卦之形成及其名称

四象为阴阳二气之初步复合，再进一步演化，即形成"八卦"：

1. 太阳之上，再复以一阳，为"《乾》卦"。

2. 太阳之上，再复以一阴，为"《兑》卦"。

3. 少阴之上，再复以一阳，为"《离》卦"。

4. 少阴之上，再复以一阴，为"《震》卦"。

5. 少阳之上，再复以一阳，为"《巽》卦"。

6. 少阳之上，再复以一阴，为"《坎》卦"。

7. 太阴之上，再复以一阳，为"《艮》卦"。

8. 太阴之上，再复以一阴，为"《坤》卦"。

（二）八卦形成之次序

1. 八卦之形成次序

八卦之形成次序：乾一、兑二、离三、震四、巽五、坎六、艮七、坤八。其形成次序之数字，即为八卦之"先天卦数"。

2. 八卦形成次序图

八卦之形成次序,朱熹《周易本义》有图如下(本书依《本义》图说重绘):

图十　伏羲八卦次序图

(三)八卦的符号及名称(※请熟记)

☰ 乾(qián)　　☱ 兑(duì)　　☲ 离(lí)　　☳ 震(zhèn)

☴ 巽(xùn)　　☵ 坎(kǎn)　　☶ 艮(gèn)　　☷ 坤(kūn)

(四)八卦取象歌(※请熟背歌诀,以帮助记忆八卦符号)

☰ 乾三连,　　☷ 坤六断;　　☳ 震仰盂,　　☶ 艮覆碗;

☲ 离中虚,　　☵ 坎中满;　　☱ 兑上缺,　　☴ 巽下断。

(五)八卦的基本卦象与卦德(※请熟记)

1. 正象

☰ 乾为天,　　☷ 坤为地,　　☳ 震为雷,　　☶ 艮为山,　　☲ 离为火,

☵ 坎为水,　　☱ 兑为泽,　　☴ 巽为风。

2. 人象

☰ 乾为父,　　☷ 坤为母,　　☳ 震为长男,　　☵ 坎为中男,　　☶ 艮为少男,

☴ 巽为长女，　☲ 离为中女，　☱ 兑为少女。

3. 卦德

☰ 乾为健，　☷ 坤为顺，　☳ 震为动，　☴ 巽为入，　☵ 坎为陷(险)，

☲ 离为丽(明)，　☶ 艮为止，　☱ 兑为悦。

（六）八卦方位

1. 伏羲八卦方位（先天八卦方位）

《说卦传》曰：“天地定位，山泽通气，雷风相薄，水火不相射。”邵雍认为，此即伏羲所定八卦方位的文字表现，所以称为“伏羲八卦方位”，为与文王所定八卦方位区别，又称“先天八卦方位”，因伏羲在文王之前也。依八卦之取象，“天地定位”就是乾南坤北；“山泽通气”就是艮西北，兑东南；“雷风相薄”就是震东北，巽西南；“水火不相射”就是坎西，离东。

朱熹《周易本义》有伏羲八卦方位图如图十（本书依《本义》图说重绘。以下图十一亦同）：

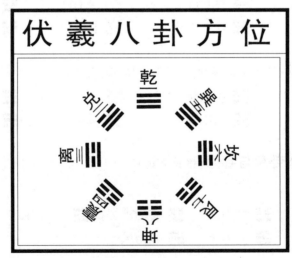

图十一　伏羲八卦方位图（先天八卦方位）

（※八卦图的方位，上南、下北、左东、右西，与现代地图的方位不同，请留意。）

2. 文王八卦方位（后天八卦方位）

《说卦传》:"帝出乎震,齐乎巽,相见乎离,致役乎坤,说言乎兑,战乎乾,劳乎坎,成言乎艮。万物出乎震,震东方也。 齐乎巽,巽东南也,齐也者,言万物之洁齐也。离也者,明也,万物皆相见,南方之卦也,圣人南面而听天下,向明而治,盖取诸此也。坤也者地也,万物皆致养焉,故日致役乎坤。兑正秋也,万物之所说也,故日说言乎兑。战乎乾,乾西北之卦也,言阴阳相薄也。坎者水也,正北方之卦也,劳卦也,万物之所归也,故日劳乎坎。艮,东北之卦也,万物之所成终而所成始也,故日成言乎艮。"

邵雍认为这段话旨在说明文王所定八卦方位,为与伏羲所定方位区别,故又称"后天八卦方位"。依据这段话,八卦之方位为:震东、巽东南、离南、乾西北、坎北、艮东北。兑为正秋,当在西,坤自然只能在西南。朱熹《周易本义》有文王八卦方位图如下:

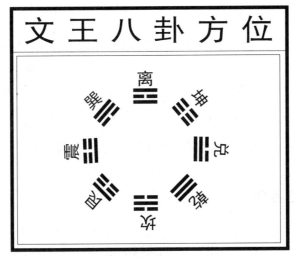

图十二 文王八卦方位图（后天八卦方位）

第三单元 《周易》六十四重卦

一、六十四卦之组成及名称

（一）六十四卦之组成

六十四卦乃在八卦之基础上演化而成，亦即六十四卦是由八个经卦（三画卦）自重或互重而成的六十四个重卦（六画卦），故又有重卦、别卦、六画卦、六爻卦等称呼。每个六画卦中，在下之经卦称为"下卦"或"内卦"，位于上方的经卦称为"上卦"或"外卦"。

六十四卦为《周易》的符号体系。周鼎珩先生认为六十四卦可理解为由宇宙万事万物所归纳出来的六十四种"宇宙气化的基本模型"。每一卦都显现出气化之各种不同的结构方式，结构方式圆满与否，便形成品质的良窳美恶。

（二）六十四卦之名称

六十四卦之名称，用表列的方式说明比较清楚，请参考下表：

六十四卦之卦名及结构

坤 地	艮 山	坎 水	巽 风	震 雷	离 火	兑 泽	乾 天	上卦 ／ 下卦
11 地天泰	26 山天大畜	5 水天需	9 风天小畜	34 雷天大壮	14 火天大有	43 泽天夬	1 乾为天	乾 天
19 地泽临	41 山泽损	60 水泽节	61 风泽中孚	54 雷泽归妹	38 火泽睽	58 兑为泽	10 天泽履	兑 泽
36 地火明夷	22 山火贲	63 水火既济	37 风火家人	55 雷火丰	30 离为火	49 泽火革	13 天火同人	离 火
24 地雷复	27 山雷颐	3 水雷屯	42 风雷益	51 震为雷	21 火雷噬嗑	17 泽雷随	25 天雷无妄	震 雷
46 地风升	18 山风蛊	48 水风井	57 巽为风	32 雷风恒	50 火风鼎	28 泽风大过	44 天风姤	巽 风
7 地水师	4 山水蒙	29 坎为水	59 风水涣	40 雷水解	64 火水未济	47 泽水困	6 天水讼	坎 水
15 地山谦	52 艮为山	39 水山蹇	53 风山渐	62 雷山小过	56 火山旅	31 泽山咸	33 天山遯	艮 山
2 坤为地	23 山地剥	8 水地比	20 风地观	16 雷地豫	35 火地晋	45 泽地萃	12 天地否	坤 地

（※ 各重卦组合应熟记，如"天泽履、天火同人……泽天夬、泽火革……"）

33

二、《周易》六十四卦卦序

（一）卦序之义

依据《序卦传》，六十四卦有其固定排列顺序及其前后相承之义。今通行本《周易》上下经经文即依此顺序排列。

六十四卦之顺序结构，往往以相因、相反及其蕴涵关系作为前后卦相承之依据，并借此说明自然与社会的发展过程，以及物极则反的转化思想，并非无意义的排列。学者对于六十四卦卦序，宜背诵熟习。

（二）上下经卦名次序歌（※请熟记）

为了便于记忆，前人编有"上下经卦名次序歌"：

> 乾坤屯蒙需讼师，比小畜兮履泰否，
> 同人大有谦豫随，蛊临观兮噬嗑贲，
> 剥复无妄大畜颐，大过坎离三十备。
> 咸恒遯兮及大壮，晋与明夷家人睽，
> 蹇解损益夬姤萃，升困井革鼎震继，
> 艮渐归妹丰旅巽，兑涣节兮中孚至，
> 小过既济兼未济，是为下经三十四。

有些卦名的发音，初学者可能较为陌生，兹附上汉语拼音，以助诵读：

乾（qián）坤（kūn）屯（zhūn）蒙（méng）需（xū）讼（sòng）师（shī），比（bǐ）小畜（xiǎo xù）兮履（lǚ）泰（tài）否（pǐ）。

同人(tóng rén)大有(dà yǒu)谦(qiān)豫(yù)随(suí)，蛊(gǔ)临(lín)

观(guān)兮噬嗑(shì hé)贲(bì)。

剥(bō)复(fù)无妄(wú wàng)大畜(dà xù)颐(yí)，

大过(dà guò)坎(kǎn)离(lí)三十备。

咸(xián)恒(héng)遁(dùn)兮及大壮(dà zhuàng)，

晋(jìn)与明夷(míng yí)家人(jiā rén)睽(kuí)。

蹇(jiǎn)解(xiè)损(sǔn)益(yì)夬(guài)姤(gòu)萃(cuì)，

升(shēng)困(kùn)井(jǐng)革(gé)鼎(dǐng)震(zhèn)继。

艮(gèn)渐(jiàn)归妹(guī mèi)丰(fēng)旅(lǚ)巽(xùn)，

兑(duì)涣(huàn)节(jié)兮中孚(zhōng fú)至。

小过(xiǎo guò)既济(jì jì)兼未济(wèi jì)，

是为下经三十四。

三、六十四卦的错综与交互

（一）错卦（旁通卦）

两个重卦所含各爻，阴阳完全相反者，谓之"错卦"。如：

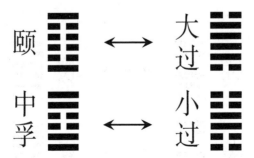

（二）综卦（覆卦、反对卦）

两个重卦所含各爻，排列顺序上下颠倒者，谓之"综卦"。如：

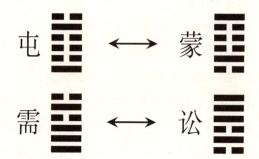

（三）交卦

重卦之内外卦互相易位所成之卦，谓之"交卦"（亦称"两象卦"或"上下易"）。如：

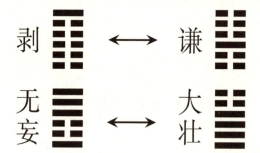

（四）互卦

取重卦之二、三、四爻为内卦，三、四、五爻为外卦，合之则为"互卦"。如：

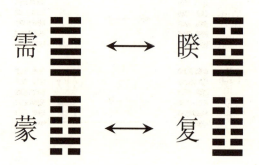

四、重卦之六爻

（一）六爻释义

六十四卦代表六十四种现象，而卦中的每一画称为一爻，每一爻代表各个卦象中某一阶段的动态，六爻即此一卦象发展中的六个阶段。六爻也可代表六个不同的位阶，象征其所处或上或下、或贵或贱的身份地位。由于六爻的爻位是由下而上递进，故其论时、论位，皆系由下而上，即由第一爻往第六爻层层递进。以机关编制为喻：初爻为基层职员，二爻为低阶主管，三爻为中阶主管，四爻为高阶主管，五爻为机关首长，上爻为已退休之机关首长、最高顾问、创办人之类。

（二）爻题

重卦六爻，由下往上数，第一爻称为"初爻"，第二爻为"二爻"，第三爻为"三爻"，第四爻为"四爻"，第五爻为"五爻"，第六爻为"上爻"。而爻又有阴阳之分，阳爻称"九"，阴爻称"六"。爻位与阴阳之配合即是"爻题"。以《鼎》卦为例：第一爻称"初六"，第二爻称"九二"，第三爻称"九三"，第四爻称"九四"，第五爻称"六五"，第六爻称"上九"。此"初六"、"九二"、"九三"、"九四"、"六五"、"上九"之称呼即是"爻题"。

《鼎》卦

（三）爻与爻的关系

1. 内卦、外卦（下卦、上卦）

六画卦中下三爻（即位于下方之经卦）称为"内卦"或"下卦"；位于上方之三爻（上方之经卦）称为"外卦"或"上卦"。

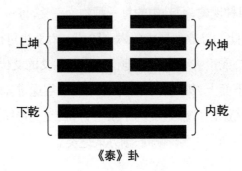

《泰》卦

2. 天、地、人三才

三画卦中上面一爻为天，下面一爻为地，中间一爻为人。

六画卦中上二爻为天，下二爻为地，中间二爻为人。

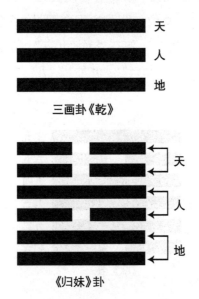

三画卦《乾》

《归妹》卦

3. 当位、不当位

（1）各爻所居的位置有阴阳之别。初、三、五爻的奇数位为"阳位"（或称"刚位"）；二、四、上爻的偶数位为"阴位"（或称"柔位"）。

（2）当位：阳爻居阳位，阴爻居阴位为"当位"。

（3）不当位：阳爻居阴位，阴爻居阳位为"不当位"。

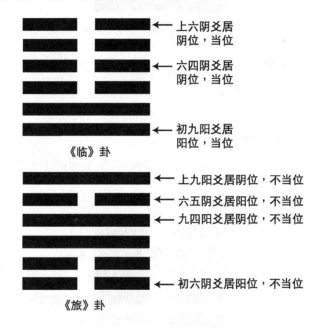

4. 居中、中正

（1）二爻、五爻各居内、外卦之中位，谓之"居中"。

（2）如居中又当位，即二爻为"六二"，五爻为"九五"时，谓之"中正"。

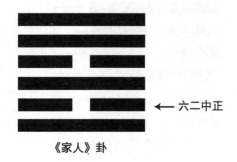

《家人》卦

《乾》卦

5. 相应、无应

（1）相应（正应）：初爻与四爻、二爻与五爻、三爻与上爻，彼此之间因属上、下爻之同位关系而互有牵连。如两爻之阴阳属性不同，称为"相应"或"正应"。彼此相得益彰，互相助长其功能（有如异性相吸也）。

（2）无应（敌应）：如两爻之阴阳属性相同，称为"无应"或"敌应"（有如同性相斥也）。

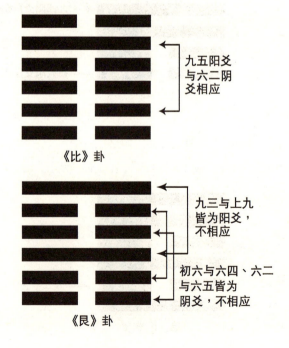

《比》卦

《艮》卦

6. 乘与承

（1）乘：相邻上下二爻，在上之爻对在下之爻谓之"乘"。

（2）承：相邻上下二爻，在下之爻对在上之爻谓之"承"。

（3）如"阳乘阴、阴承阳"，乃阳统阴，其势顺而吉；如"阴乘阳、阳承阴"，其势逆而凶。

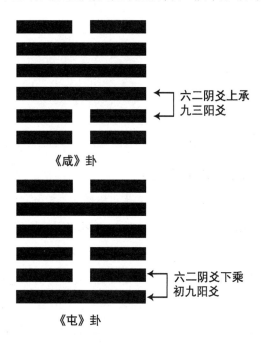

7. 比与亲比

（1）相邻二爻之关系称为"比"（初与二、二与三、三与四、四与五、五与上）。

（2）如相邻二爻之阴阳属性不同，谓之"亲比"。

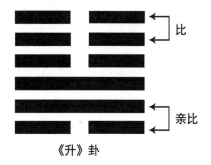

第四单元　筮法简介

（一）学习筮法之前的几点建议

1. 演卦之主要目的在于熟习《易》卦经文，不可过于执迷。切记《周易》之要旨在于鼓励向善、向上（积极方面），以及劝诫、救偏（消极方面）。能把握此要点，才能达到学《易》汲取人生智慧之终极理想。

2. 如以自己之智慧即足以解决之问题，应自行解决，千万别倚赖占卜。确有"两难"之问题需要问占作为判断之参考，才用占。一旦动占，则应精神专一而真诚，不可亵玩、轻慢。否则，勿占（天人互动之几在"真诚"，占卦致用之功在"修为"）。

3. 为人本分，须先"尽人事"，人事已尽才可以"听天命"。因而卦象仅供"参考"，勿作为"依据"。须知以理性分析，尽人之本分，才是为人之根本。

4. "《易》为君子谋，不为小人谋。"

5. "占者有是德，方应有是占。"

6. 注意卦爻辞的"但书"（前提、条件），如不循"但书"规定，吉凶不但未定，更有可能逆转。

（二）占筮之前的准备工作

1. 演卦之所，以安静、整洁之处为佳。

2. 准备蓍草或其代用品（竹签或牙签之类）五十根，长约三寸至五寸，以备为演算之"策"。

3. 静下心来，摒除杂念。

4. 所问之时、事需单一而清楚，不可复杂、含混；不可一占而问多事。

5. 集中精神于所欲占问之事上。

一、大 衍 筮 法

（一）求第一爻（初爻）

1. 第一变。

（1）分二：取竹签49根，随意分成2份（**大衍之数五十，其用四十有九，分而为二以象两**）。

（2）挂一：从右边的筮策中取出1根（由左边取亦可，此处以从右边取为例），夹于指间（或置于桌上）（**挂一以象三**）。

（3）揲（shé）四（1）：将右边挂一后所余的策数除以4（**揲之以四以象四时**），若整除，余数不计为0，而计为4；除以4后所余之策夹于指间（或置于桌上）（**归奇于扐（lè）以象闰**）。

（4）揲四（2）：再将左边的策数除以4（※注意：左边不须先取出1根，直接除以4即可），所余之策夹于指间（或置于桌上）（**再揲之以四**）。

（5）归奇：将夹于指间（或置于桌上）"挂一"及左右两边除以4以后的余策，合在一起，置于固定位置（**五岁再闰，故归奇而后挂**）。

※ 49策经以上"分二"、"挂一"、"揲四"、"归奇"四道程序(《周易》术语为"四营"),左右两边所余之策数合计,必然为44或40策(因经"四营"程序后,左右两边除以四后之余数,左余1,右必余3;左余2,右必余2;左余3,右必余1;左余4,右必也余4。左右之余数相加,非4即8,故左右两边所余之策数合计必为48−4＝44或48−8＝40)。以上程序总称为"第一变"。

2. 第二变。

(1) 将第一变后左右两边之策合在一起(此时总策数非44根,即为40根)。

(2) 如同第一变,将"分二"、"挂一"、"揲四"、"归奇"四道程序再做一遍。指间所余之策合置于另一固定位置。第二变左右两边所余之策数合计,必然为40或36或32(44−4＝40或44−8＝36;40−4＝36或40−8＝32)。

3. 第三变。

(1) 将第二变后左右两边之策合在一起(此时总策数必为40、36或32)。

(2) 如同第二变,将"分二"、"挂一"、"揲四"、"归奇"四道程序再做一遍。指间所余之策合置于第三处。第三变左右两边所余之策数合计,必然为36或32或28或24(40−4＝36或40−8＝32;36−4＝32或36−8＝28;32−4＝28或32−8＝24)。

4. 历三变后,得初爻。

(1) 将第三变后左右两边所余之策数之和除以4,必然产生四种情形:

  ① 36÷4＝9(9为老阳)。

  ② 32÷4＝8(8为少阴)。

  ③ 28÷4＝7(7为少阳)。

  ④ 24÷4＝6(6为老阴)。

(2) 在纸上记录下六画卦之第一爻(初爻。因起卦系由下往上,故第一爻为初爻),注明为6、7、8、9之哪一数字。

（二）求第二爻至第六爻（上爻）

1. 还原为演卦最初之49策，如同求第一爻之程序，历经四营、三变求出第二爻（即历经第四变、第五变、第六变求出第二爻）。

2. 依此类推，每求一爻，必还原为49策，再按同样之程序，依次求出第三爻（第七变、第八变、第九变）、第四爻（第十变、第十一变、第十二变）、第五爻（第十三变、第十四变、第十五变）及第六爻（第十六变、第十七变、第十八变）。

3. 以上历经十八变，求得一个六爻卦。

（三）"本卦"与"之卦"

1. 如所得之卦，均由少阳7与少阴8组成，则所成之卦不变（六爻均不变称为"静卦"）。

2. 因"阳极生阴，阴极生阳"，老阳9及老阴6是为"动爻"，必须阳变阴，阴变阳。

3. 如卦中含有老阳9或老阴6之爻，则老阳应变为少阴；老阴应变为少阳。

4. 由于阳变阴，阴变阳，原来演出之卦，即变为另一卦。未变之前的卦称为"本卦"，所变之卦称为"之卦"。

二、以钱代蓍成卦法

（一）取圆币三枚，自行设定阳面及阴面。

（二）掷钱六次，求出六爻。由下而上起卦，换言之，第一次掷出者为初爻，依此类推。

（三）老阳、老阴、少阳、少阴之决定：

　　（1）三钱皆为阳面，为老阳（在其旁做一表示"老阳"之记号）。

　　（2）三钱皆为阴面，为老阴（在其旁做一表示"老阴"之记号）。

　　（3）二阴面、一阳面为少阳（阳卦多阴）。

　　（4）二阳面、一阴面为少阴（阴卦多阳）。

（四）逢老阳、老阴，则须变爻（与筮法同）。

三、随机取数成卦法

如身边正好没有任何可以起卦的工具,如竹签、铜板之类,可随机应变,用不需任何工具之随机取数成卦法,例如报数、抽签、翻书的页数等等。总之,就是要随机取得3个3位数的数字。首先第一个数字除以8,以其余数对照"先天卦数"作为下卦;第二个数字除以8,其余数对照"先天卦数"作为上卦,合并上下卦即为占得之重卦。最后再以第三个数字除以6,其余数即为动爻之爻位。下面以报数法为例:

(一)首先要记住"先天卦数":乾1、兑2、离3、震4、巽5、坎6、艮7、坤8。

(二)由求占者自报3个3位数的数字,由下而上将数字写下来。接着将最下面的第一个数字除以8,取其余数为下卦(若除尽,则余数为8)。假设余数为1,下卦即为《乾》。

(三)第二个数字除以8,取其余数为上卦(若除尽,则余数为8)。假设余数为8,上卦即为《坤》。上下卦合为《泰》卦。

(四)最上面的第三个数字除以6,其余数即为动爻(如除尽,则余数为6)。假设余数为4,则《泰》卦六四即为动爻。

四、断 卦 方 法

(一)朱熹断卦法

六爻不变	用"本卦"卦辞为断。
一个爻变	用"本卦"变爻之爻辞为断。
两个爻变	用"本卦"两个变爻之爻辞合断,但以居上一爻之爻辞为主。
三个爻变	用"本卦"卦辞及"之卦"之卦辞合断,但以"本卦"卦辞为主。
四个爻变	以"之卦"两个不变爻之爻辞合断,但以居下一爻之爻辞为主。

续　表

五个爻变	以"之卦"不变爻之爻辞为断。
六爻全变	1. 如六爻都是老阳(即《乾》卦),以《乾》卦用九之辞为断;如六爻都是老阴(即《坤》卦),以《坤》卦用六之辞为断。 2. 《乾》《坤》以外各卦,则以"之卦"卦辞为断。

资料来源:整理自〔宋〕胡方平:《易学启蒙通释》,《钦定四库全书》经部易类古籍电子复刻本(新北市:紫微学堂),卷下,页37-41。

(二)南怀瑾断卦法

六爻不变	用"本卦"卦辞为断。
一个爻变	用"本卦"变爻之爻辞为断。
两个爻变	用"本卦"两个变爻中之阴爻为断(阳主过去,阴主未来故也)。 若两变爻同为阳爻或同为阴爻,以居上一爻之爻辞为断。
三个爻变	以所变三爻中间一爻之爻辞为断。
四个爻变	以两个不变爻中居下一爻之爻辞为主。
五个爻变	以不变爻之爻辞为断。
六爻全变	1. 如六爻都是老阳(即《乾》卦),以《乾》卦用九之辞为断;如六爻都是老阴(即《坤》卦),以《坤》卦用六之辞为断。 2. 《乾》《坤》以外各卦,则以"之卦"卦辞为断。

资料来源:整理自南怀瑾:《易经杂说》(台北市:老古文化事业公司,1987年),页81-82。

(三)高亨"宜变之爻"断卦法

1. 求"宜变之爻"

(1)依"本卦"求出"宜变之爻"。

(2)以55(天地之数)减去"本卦"成卦时所得之六爻营数(即六爻所得6、7、8、9之合计数;如六爻全为老阳,其营数即为54;如六爻全为老阴,其营数即为36;其余依此类推。故减后余数最少为55-54=1;最多为55-36=19)。

（3）将天地之数减去营数后之余数，由"本卦"初爻往上数至上爻，再由上爻重复一次数至初爻，反复数到该余数为止。若余数落点正好在其任一变爻上，该变爻即为"宜变之爻"。

2. 断卦法

六爻不变	用"本卦"卦辞为断。
一个爻变	（1）如该变爻适为"宜变之爻"： 　　　主要以"本卦"该变爻之爻辞为断。 （2）如该变爻非"宜变之爻"： 　　　主要以"本卦"卦辞为断。
两个爻变	（1）如其中一变爻恰为"宜变之爻"： 　　　主要以"本卦"该"宜变之爻"爻辞为断。 （2）如其中无"宜变之爻"： 　　　主要以"本卦"卦辞为断。
三个爻变	（1）如其中一变爻恰为"宜变之爻"： 　　　主要以"本卦"该"宜变之爻"爻辞为断。 （2）如其中无"宜变之爻"： 　　　主要以"本卦"与"之卦"之卦辞合断。
四个爻变	（1）如其中一变爻恰为"宜变之爻"： 　　　主要以"本卦"该"宜变之爻"爻辞为断。 （2）如其中无"宜变之爻"： 　　　主要以"之卦"卦辞为断。
五个爻变	（1）如其中一变爻恰为"宜变之爻"： 　　　主要以"本卦"该"宜变之爻"爻辞为断。 （2）如其中无"宜变之爻"： 　　　主要以"之卦"卦辞为断。
六爻全变	（1）《乾》、《坤》二卦： 　　　如全变之卦为《乾》卦，主要以《乾》卦用九爻辞为断； 　　　如全变之卦为《坤》卦，主要以《坤》卦用六爻辞为断。 （2）《乾》卦、《坤》卦以外全变之卦： 　　　主要以"之卦"卦辞为断。

资料来源：整理自高亨：《周易九讲》（北京市：中华书局，2011年），页61–62。

（四）刘君祖断卦法

1. 求"宜变之爻"

刘君祖先生认同高亨先生"宜变之爻"之说，其求法与高亨先生同。

2. 断卦法

六爻不变	以"本卦"卦辞、卦象为断。
一个爻变	（1）如该变爻适为"宜变之爻"： 以"本卦"该变爻之爻辞为断。 （2）如该变爻非"宜变之爻"： 仍以"本卦"卦辞、卦象为主断占，但须参考该变爻之变动意向，并留意变为"之卦"后可能之发展。
两个爻变	（1）如其中一变爻恰为"宜变之爻"： 以该"宜变之爻"爻辞为主断占。另一变爻亦列为参考。宜变之爻爻变所得之卦象，以及两爻齐变所成之卦象与本卦之间的因果关连，亦应用心思考。 （2）如其中无"宜变之爻"： 仍以"本卦"卦辞、卦象为主断占；但二变爻之爻辞及"之卦"卦辞、卦象仍应参考，以观察其"欲变"之缘由、意向。
三个爻变	（1）如其中一变爻恰为"宜变之爻"： 以该"宜变之爻"爻辞为主断占。同时应重视、参考该"宜变之爻"爻变所成的"之卦"卦辞、卦象；三爻齐变后的"之卦"卦辞、卦象，也应一并参考。 （2）如其中无"宜变之爻"： 以"本卦"与"之卦"的卦辞、卦象合参断占（因"贞悔相争"）。
四个爻变	（1）如其中一变爻恰为"宜变之爻"： 因可变之爻已过半，应以四爻齐变后的"之卦"卦辞、卦象断占；但因有"宜变之爻"，该爻之爻辞亦应予以参考以助断占。 （2）如其中无"宜变之爻"： 直接以四爻齐变后的"之卦"卦辞、卦象断占。
五个爻变	（1）如其中一变爻恰为"宜变之爻"： 因可变之爻已过半，应以五爻齐变后的"之卦"卦辞、卦象断占；但因有"宜变之爻"，该爻之爻辞亦应予以参考，并思考由本卦变之卦的缘由，以助断占。 （2）如其中无"宜变之爻"： 直接以五爻齐变后的"之卦"卦辞、卦象断占。

六爻全变	（1）如六爻都是老阳（即《乾》卦），以《乾》卦用九之辞为断；如六爻都是老阴（即《坤》卦），以《坤》卦用六之辞为断。 （2）《乾》《坤》以外各卦，则直接以六爻齐变后的"之卦"卦辞、卦象断占。（六爻全变不必求"宜变之爻"，因已无意义。）

资料来源：整理自刘君祖：《刘君祖易断全书》（北京市：九州出版社，2013年），上册，页15-24。

五、占断语之涵义

（一）吉

吉者，必有福祥之事。断辞中尚有"元吉"、"大吉"、"初吉"、"中吉"、"终吉"之分。

（二）利

利者，有利、适宜。断辞中有正面的"利"、"无不利"；也有反面的"不利"、"无攸利"。

（三）无咎

无咎者，本当有咎，因防范得法，终得无咎。故《系辞上传》谓："无咎者，善补过也。"

（四）无眚

无眚者，无有灾祸之谓。

（五）吝

吝者，遭遇艰难之事。有自吉向凶之兆。

（六）悔

悔者，悔恨。但所谓悔，往往只是困厄而已，且有避凶趋吉之征。

（七）厉

厉者，危险也。

（八）咎

咎者，是比悔重、比凶轻的灾患。

（九）凶

凶者，祸殃也。

第五单元　图书与五行干支

一、河　图　洛　书

（一）河图

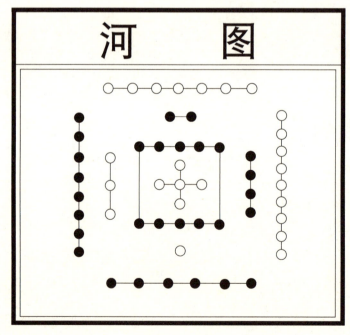

图十三　河图

1. 来源

河图、洛书的来源,文献上神话式的说法暂且不论,经籍所载,亦皆片言只字,语焉不详,难以查考。我们今日所见之"河图",系朱熹在蔡元定协助下所完成的图。在朱熹之前,宋真宗时的太常博士刘牧所著的《易数钩隐图》已列有河图、洛书,但刘牧的河图是四十五点,洛书才是五十五点,与朱熹以五十五点为河图、四十五点为洛书正好相反。由于朱熹在儒学界的威望,后世遂以朱熹的版本为定本。

2. 河图的涵义

《系辞上传》第九章曰:"天一,地二,天三,地四,天五,地六,天七,地八,天九,地十。天数五,地数五,五位相得而各有合。天数二十有五,地数三十,凡天地之数五十有五,此所以成变化而行鬼神也。"河图之数,即此五十有五之数所分布而进退者。

3. 天数与地数

图中白点部分,为"天数",亦即阳数、奇数;图中黑点部分,为"地数",亦即阴数、偶数。

4. 生数与成数

(1)朱熹《易学启蒙》谓:"天以一生水,而地以六成之;地以二生火,而天以七成之;天以三生木,而地以八成之;地以四生金,而天以九成之;天以五生土,而地以十成之。"

(2)河图分为内、外二层,一、二、三、四、五居内,是为"生数";六、七、八、九、十居外,即为"成数"。所谓"生数",尚属先天气化阶段,当现象发生之初,仍是动态,故在内隐而难知;所谓"成数",乃后天形化阶段,正现象完成之际,而为静态的数,故在外显而易见(请参阅图十二。此图是依据朱熹《周易本义》图说重绘,图十三洛书图亦同)。

5. 河图歌诀

为便于记忆,有人将河图之数与五行方位配合,编成如下歌诀:

一六水在北,二七火在南,三八木在东,四九金在西,五十土在中。(※尽量熟记)

（二）洛书

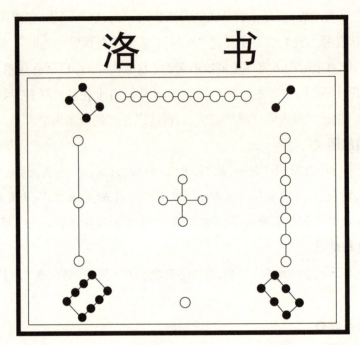

图十四　洛书

1. 洛书的涵义

洛书之数，乃由河图而来。河图横列之二、七、六、一，即洛书右方之二、七、六、一；河图纵列之九、四、三、八，即洛书左方之九、四、三、八。然河图之数有十，洛书则无十，此乃因河图为"体"，故得数之全而有十；洛书为"用"，故从数之变，盖"九者究也"，九居数之究，至十则又变而为一矣。

2. 洛书歌诀

洛书亦有歌诀：

戴九履一，左三右七；二四为肩，六八为足；中央部位，其数为五。（※尽量熟记）

3. 洛书配后天八卦

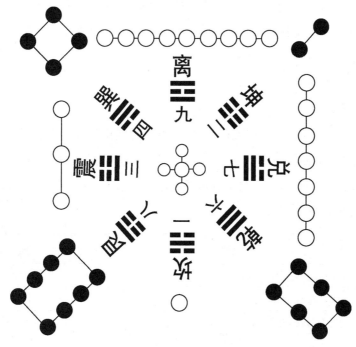

图十五 洛书配后天八卦图

（1）洛书配后天八卦可得后天卦数：坎一、坤二、震三、巽四、乾六、兑七、艮八、离九。

（2）为便于记忆，可以背诵下列"后天卦数歌诀"：

一数坎兮二数坤，三震四巽数中分，五寄中宫六乾是，七兑八艮九离门。（※尽量熟记）

二、五 行

（一）五行源流

五行观念的萌芽应该甚早，但文献不足征，究竟始于何时，至今仍难以定论。《尚书·洪范》曰："五行：一曰水，二曰火，三曰木，四曰金，五曰土。水曰润下，火曰炎上，木日曲直，金日从革，土爰稼穑。润下作咸，炎上作苦，曲直作酸，从革作辛，稼穑作甘。"是对五行较有系统的论述。战国时期的邹衍，结合阴阳与五行相生、相胜（相克）的学说，创"五德终始说"，建立了阴阳五行学派，五行之说遂成显学。到西汉的董仲舒，五行之说更被进一步的神圣化了。

（二）五行的涵义

根据前述《尚书·洪范》对五行的论述，五行可以说是中国古人通过对各种物质基本特性的分析和归纳，在"阴阳"底下再分类的五种基本元素。所谓"水、火、木、金、土"并不是物质性的描述，而是五种气化运行的情态，所以称为"五行"。五行所代表的涵义及其特性，表列如下：

五　行	代　表　涵　义	特　　性
水	气化中蕴育之湿，乃水之源头。	润下而下向运行
火	气化中蕴育之热，乃火之源头。	炎上而上向运行
木	气化中蕴育之温，乃木之源头。	外发而外向运行
金	气化中蕴育之寒，乃金之源头。	内敛而内向运行
土	中和湿热温寒之气化，以促进其功能，乃土之源头。	平实而平向运行

（三）五行生克

五行学说认为，自然界各种事物之间互有关联，并因而产生了彼此之间或互相促进或互相抑制的关系，此即五行相生或相克（相胜）的理论。

1. 五行相生

如五行之间互相促进、互相增长，即为相生的关系，其规律如下：

金→水→木→火→土→金。

2. 五行相克

如五行之间互相抑制、互相削弱，即为相克关系，其规律如下：

木→土→水→火→金→木。

（四）事物的五行属性

在五行理论不断发展的过程中，五行与万事万物的类比范围也不断地扩充，其中虽有缺乏科学根据的附会之处，但其对应关系也有相关的理路可寻，不妨作为必要时的参考。兹将前人所归纳的事物五行属性表列如下：

五行	八卦	天干	地支	五方	五季	五色	五音	五气	五脏	五味
木	震、巽	甲、乙	寅、卯	东	春	青	角	风	肝	酸
火	离	丙、丁	巳、午	南	夏	赤	徵	暑	心	苦
土	坤、艮	戊、己	辰、戌丑、未	中	长夏	黄	宫	湿	脾	甘
金	乾、兑	庚、辛	申、酉	西	秋	白	商	燥	肺	辛
水	坎	壬、癸	亥、子	北	冬	黑	羽	寒	肾	咸

三、天 干 地 支

（一）干支理论

依阴阳气化理论，五行可再分阴阳，成为"十天干"。天干仍属气化，而在气化走向形化的过程中，十天干便遁为十二地支，亦即五行在形化过程中分阴分阳而化为十二地支。

此种干支理论，显然是前人在为事物做类比归纳时，不断扩张分类的结果。阴阳分类之不足，则有五行；五行分类之不足，则有干支。

（二）天干

1. 天干之由来

五行分阴阳而成十天干：

水分为壬癸——壬为阳水，癸为阴水。

火分为丙丁——丙为阳火,丁为阴火。

木分为甲乙——甲为阳木,乙为阴木。

金分为庚辛——庚为阳金,辛为阴金。

土分为戊己——戊为阳土,己为阴土。

"甲、乙、丙、丁、戊、己、庚、辛、壬、癸"即为"十天干"。

2. 八卦纳天干(简称"纳甲")

阳卦纳阳干:乾纳甲、壬(内卦纳甲,外卦纳壬),艮纳丙,坎纳戊,震纳庚。

阴卦纳阴干:坤纳乙、癸(内卦纳乙,外卦纳癸),兑纳丁,离纳己,巽纳辛。

(三) 地支

1. 地支之由来

十天干为先天浮动之气化,在由气化降为后天作用之形化过程中,十天干便遁为十二地支,亦即五行在形化过程中分阴阳而化为十二地支:

水分为亥子——子为阳水,亥为阴水。

火分为巳午——午为阳火,巳为阴火。

木分为寅卯——寅为阳木,卯为阴木。

金分为申酉——申为阳金,酉为阴金。

土分为辰戌丑未——辰、戌为阳土,丑、未为阴土。

"子、丑、寅、卯、辰、巳、午、未、申、酉、戌、亥"即为"十二地支"。

2. 六爻纳地支(简称"纳支")

乾	内三爻纳:子、寅、辰。 外三爻纳:午、申、戌。
震	内三爻纳:子、寅、辰。(与乾同) 外三爻纳:午、申、戌。(与乾同)
坎	内三爻纳:寅、辰、午。 外三爻纳:申、戌、子。

艮	内三爻纳：辰、午、申。 外三爻纳：戌、子、寅。
坤	内三爻纳：未、巳、卯。 外三爻纳：丑、亥、酉。
巽	内三爻纳：丑、亥、酉。 外三爻纳：未、巳、卯。
离	内三爻纳：卯、丑、亥。 外三爻纳：酉、未、巳。
兑	内三爻纳：巳、卯、丑。 外三爻纳：亥、酉、未。

3. 综合纳甲与纳支

【乾卦】	【震卦】	【坎卦】	【艮卦】
上爻　壬戌	上爻　庚戌	上爻　戊子	上爻　丙寅
五爻　壬申	五爻　庚申	五爻　戊戌	五爻　丙子
四爻　壬午	四爻　庚午	四爻　戊申	四爻　丙戌
三爻　甲辰	三爻　庚辰	三爻　戊午	三爻　丙申
二爻　甲寅	二爻　庚寅	二爻　戊辰	二爻　丙午
初爻　甲子	初爻　庚子	初爻　戊寅	初爻　丙辰
【坤卦】	【巽卦】	【离卦】	【兑卦】
上爻　癸酉	上爻　辛卯	上爻　己巳	上爻　丁未
五爻　癸亥	五爻　辛巳	五爻　己未	五爻　丁酉
四爻　癸丑	四爻　辛未	四爻　己酉	四爻　丁亥
三爻　乙卯	三爻　辛酉	三爻　己亥	三爻　丁丑
二爻　乙巳	二爻　辛亥	二爻　己丑	二爻　丁卯
初爻　乙未	初爻　辛丑	初爻　己卯	初爻　丁巳

4. 地支与月份

子月(十一月),丑月(十二月),寅月(正月),卯月(二月),辰月(三月),巳月(四月),午月(五月),未月(六月),申月(七月),酉月(八月),戌月(九月),亥月(十月)。
(※夏历建寅,商历建丑,周历建子。今用夏历)

5. 地支与生肖

子鼠,丑牛,寅虎,卯兔,辰龙,巳蛇,午马,未羊,申猴,酉鸡,戌犬,亥猪。

6. 地支与时辰

子时	晚11时~次晨1时
丑时	晨1时~晨3时
寅时	晨3时~晨5时
卯时	晨5时~晨7时
辰时	晨7时~晨9时
巳时	晨9时~晨11时
午时	晨11时~午1时
未时	午1时~午3时
申时	午3时~午5时
酉时	午5时~晚7时
戌时	晚7时~晚9时
亥时	晚9时~晚11时

(四) 干支纪年

1. 六十甲子

将天干、地支配合以纪年,是中国独特的纪年方式。每六十年循环一个周期,称为"六十甲子",或称"六十花甲"。六十甲子之顺序,请参阅下表:

1 甲子	2 乙丑	3 丙寅	4 丁卯	5 戊辰	6 己巳	7 庚午	8 辛未	9 壬申	10 癸酉
11 甲戌	12 乙亥	13 丙子	14 丁丑	15 戊寅	16 己卯	17 庚辰	18 辛巳	19 壬午	20 癸未
21 甲申	22 乙酉	23 丙戌	24 丁亥	25 戊子	26 己丑	27 庚寅	28 辛卯	29 壬辰	30 癸巳
31 甲午	32 乙未	33 丙申	34 丁酉	35 戊戌	36 己亥	37 庚子	38 辛丑	39 壬寅	40 癸卯
41 甲辰	42 乙巳	43 丙午	44 丁未	45 戊申	46 己酉	47 庚戌	48 辛亥	49 壬子	50 癸丑
51 甲寅	52 乙卯	53 丙辰	54 丁巳	55 戊午	56 己未	57 庚申	58 辛酉	59 壬戌	60 癸亥

2. 三元甲子

术家有所谓"三元甲子"之说,即:上元甲子、中元甲子、下元甲子。例如:

上元甲子:公元1864年~1923年。

中元甲子:公元1924年~1983年。

下元甲子:公元1984年~2043年。

第六单元 十二辟卦与先天卦气图

一、十 二 辟 卦

（一）十二辟卦释义

1. 十二辟卦又称"十二消息卦"、"十二月卦"、"十二璧卦"，其说源于汉宣帝时的经学大师孟喜的卦气说。

2. 十二辟卦可以真切地表现出卦气的阴阳消息（阳进阴退为"息"；阳退阴进为"消"），同时也可以指示一年十二节气的气候变化。

（二）十二辟卦与节气

十一月①：由"大雪"而"冬至"。一阳始生，天运初回，故为"复卦"。

十二月：由"小寒"而"大寒"。阳气渐舒，生机振作，故为"临卦"。

正月：由"立春"而"雨水"。阴阳谐和，欣欣向荣，故为"泰卦"。

二月：由"惊蛰"而"春分"。阳德普施，物皆壮实，故为"大壮卦"。

三月：由"清明"而"谷雨"。阳过于猛，精华尽泄，故为"夬卦"。

四月：由"立夏"而"小满"。阳气运行，至此已极，故为"乾卦"。

---

① 此月份为夏历（农历）月份，下同。

五月：由"芒种"而"夏至"。阳极阴生，生机渐敛，故为"姤卦"。

六月：由"小暑"而"大暑"。阴气上长，阳气减退，故为"遯卦"。

七月：由"立秋"而"处暑"。阴阳乖逆，万物凋零，故为"否卦"。

八月：由"白露"而"秋分"。内在空虚，徒具体魄，故为"观卦"。

九月：由"寒露"而"霜降"。阴过于盛，生机剥落，故为"剥卦"。

十月：由"立冬"而"小雪"。阴气上升，至此已极，故为"坤卦"。

请参阅下列图表：

十 二 辟 卦

复		子月（十一月）
临		丑月（十二月）
泰		寅月（正月）
大壮		卯月（二月）
夬		辰月（三月）
乾		巳月（四月）
姤		午月（五月）
遯		未月（六月）
否		申月（七月）
观		酉月（八月）
剥		戌月（九月）
坤		亥月（十月）

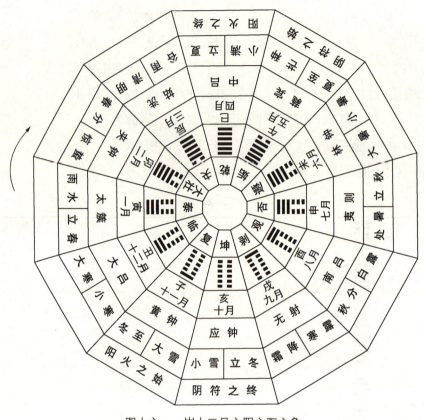

图十六 一岁十二月六阴六阳之象

二、先天卦气图

（一）伏羲（先天）六十四卦次序图

伏羲六十四卦次序之说法出于邵雍。邵雍依据《系辞上传》"易有太极，是生两仪。两仪生四象，四象生八卦"之说，推衍出："是故一分为二，二分为四，四分为八，八分为十六，十六分为三十二，三十二分为六十四。故曰：'分阴分阳，迭用柔刚''易六位而成章'也。"这就是程颐所谓的"加一倍法"。朱熹认为由此产生的卦序才是合理的，并赞誉道："尤见法象自然之妙也。"依此次序绘图，即伏羲六十四卦次序图或称先天六十四卦次序图(如图十六。此图是依据朱熹《周易本义》图说重绘,以下图十七、十八、十九亦同)。

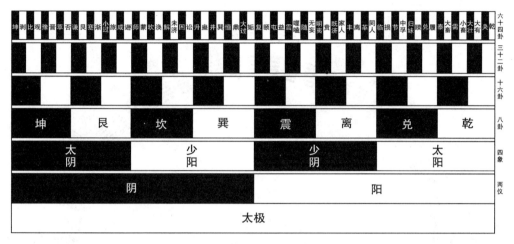

图十七　伏羲六十四卦次序图

(二)伏羲六十四卦圆图

1. 布图方法

根据伏羲八卦方位图,将伏羲六十四卦次序图展开,将《乾》定于南居上;《坤》定于北居下;然后使《乾》系各卦居左,象征天左旋;《坤》系居右,象征地右动,即可排列出伏羲六十四卦圆图。具体布图法如下:

(1)将六十四卦分为八组,左边四组分别以《乾》、《兑》、《离》、《震》为纲,右边四组分别以《巽》、《坎》、《艮》、《坤》为纲,亦即伏羲八卦之方位。

(2)每组统八个卦,例如《乾》卦一组即有《乾》、《夬》、《大有》、《大壮》、《小畜》、《需》、《大畜》、《泰》八卦。

(3)《乾》卦一组八卦之卦序排列,内卦皆为《乾》;外卦则按乾一、兑二、离三、震四、巽五、坎六、艮七、坤八之先天卦序排列。同理,《兑》卦一组八卦之卦序排列,内卦皆为《兑》,外卦亦均按乾一、兑二、离三、震四、巽五、坎六、艮七、坤八之顺序排列。其余各组均依此类推。

（4）左边的《乾》、《兑》、《离》、《震》四组，都是由右向左排列；右边的《巽》、《坎》、《艮》、《坤》四组，都是由左向右排列（参阅图十七）。

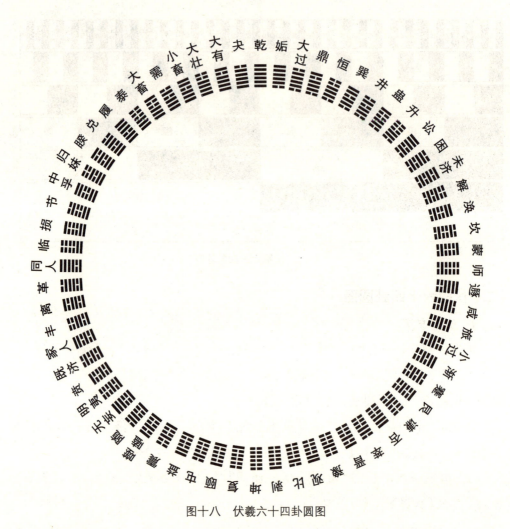

图十八　伏羲六十四卦圆图

2. 圆图的作用

邵雍的伏羲六十四卦圆图，是用来描述人类历史的发展，即借此推演天地从开辟到毁灭，十二万九千六百年中阴阳二气消长的情况。邵雍的《皇极经世》（其实是经别人整理的书），利用此圆图，以"元会运世"的理论与规则，详细论述了他的推演方法。其法颇为繁琐复杂，在此不赘。

（三）伏羲六十四卦方图

1. 布图方法

将伏羲六十四卦次序图从《乾》到《坤》分为八节，迭加起来，就成为一个伏羲六十四卦方图。具体布图方法如下：

（1）由下而上，将六十四卦分为八组，依照乾一、兑二、离三、震四、巽五、坎六、艮七、坤八之先天卦序排列。

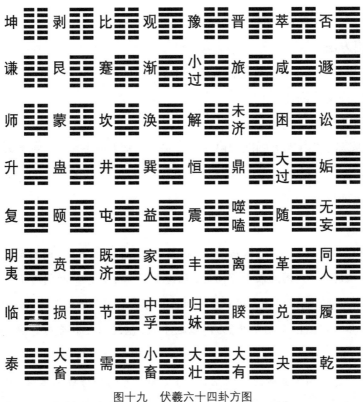

图十九　伏羲六十四卦方图

（2）每一横列之八个卦，其内卦均同。亦即：由下而上，第一排的八个卦，内卦都是《乾》；第二排内卦都是《兑》；第三排内卦都是《离》；第四排内卦都是《震》；第五排内卦都是《巽》；第六排内卦都是《坎》；第七排内卦都是《艮》；第八排内卦都是《坤》。

（3）每一横列八个卦的外卦，由右而左，均按乾一、兑二、离三、震四、巽五、坎六、艮七、坤八之先天卦序排列。

2. 方图的作用

先儒对于方图甚少解释，甚至有谓"方图义无可取，置之不用可也"。但周鼎珩先生认为，方图是表示空间的，有形体才能显得出空间，而方图布卦，正可说明地球以及一切生物形体之构造。其详细说明，在此从略。

（四）伏羲六十四卦方圆图

1. 布图方法

伏羲六十四卦方圆图，只是将方图置于圆图之内（如图十九）。圆图、方图之布图方法，已在前文分别详细说明。

2. 方圆图布卦之意涵

朱熹《周易本义》谓方圆图："圆于外者为阳，方于中者为阴；圆者动而为天，方者静而为地者也。"但未进一步说明。周鼎珩先生在其《周易》讲座讲义中，有较详细之说明，择要摘录于下：

六十四卦的圆图和方图，概括的说，就是《易经》的宇宙观，圆图是表示时间的，而为古往今来的宙；方图是表示空间的，而为上下八方的宇。时间乃不断的往来，而属于动，圆者动也，故以圆图象之；空间则为实际的存在，而属于静，方者静也，故以方图象之。其所以圆图布之于外，方图布之于内，盖因圆之数奇而为阳，方之数偶而为阴，阴阳两者之间的关系，阳则统阴而为主，阴则承阳而为从。……时间为什么以圆图来表示？这是因为圆者是动的象征，与时间往来的轨迹极相类似，时间往来，周而复始，其动的轨迹，是圆的循环，故能永恒不息。……既是圆的循环，那么，已往的

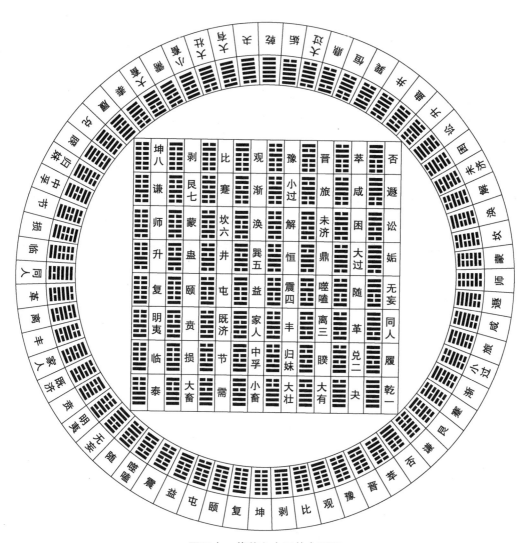

图二十　伏羲六十四卦方圆图

和未来的,就会发生不可分的关系。假使已往是在圆的循环线上某一点,如继续依照循环线向前运行,未来总有一个时期,仍然到达某一点的方位。似此,大概的来说,已往的有些情形,可能就是未来的;未来的有些情形,可能就是已往的。……不过阳的性能是向外扩张的,阳所表现的圆,就像以石投水掀起水面上的波纹圈一样,波纹圈逐渐向外扩张,一圈比一圈大,所以已往在圆的循环线上的某一点,运行到了未来,只是循环线上接近某一点,而不是仍旧原来那一点。因为圆的循环线,已经扩张成为另一个循环了。……而在一个国家里,未来的盛衰治乱,与已往的盛衰治乱,固然同样的是盛衰治乱,但如究其内容,也不能完全一致。……时间是周而复始,往来推移,一如圆图之卦气运行,故《皇极经世》即以圆图所布之卦为依据,以衍"元会运世"之数。……《易》例,阳主动,阴主静,宇宙万有的能,都基于阳气化而来,能是动态的表现;宇宙万有的体,都基于阴气化而来,体是静态的存在。……在数就是由多到少,逐渐收缩,所以方图布在圆图之内,以示其小于圆图,所布之卦,皆比并在一起,而向内收缩也。

下篇

《周易》卦爻辞浅释

《周易》上经

乾卦　第一

卦 爻 辞	卦 爻 义	注 释
▤ 下乾上乾·乾为天 乾①：元、亨、利、贞②。	《乾》卦纯阳之体，以"刚健"为义，积极进取，具有元、亨、利、贞四德： 元—创始之源（《乾》是宇宙创始的动力根源）。 亨—通达无碍（《乾》一旦发挥开创之力，即能排除障碍，通达无碍）。 利—合宜得益（《乾》德的发用，合宜而得益）。 贞—持正固守（《乾》德固守正道，坚持不懈）。	① 乾：卦名，象征"天"，其义为"健"。 ② 元、亨、利、贞："元亨利贞"四字之解释，古今各家异说竞陈，莫衷一是，尤以"贞"字争议最大，对初学者造成极大困扰。董仲舒《春秋繁露·精华》云："所闻《诗》无达诂，《易》无达占，《春秋》无达辞。"其实《易》岂止"无达占"，更是"无达诂"。《易》之卦爻辞，年代久远，文字简古，涵义隐晦。由于体会不同，门户有别，根据有异，各家诠解不一，甚至南辕北辙，且往往句读不同，令人无所适从。 就以此《乾》卦为例，至少就有五种不同句读： A. 乾，元、亨、利、贞。 B. 乾，元亨利贞。 C. 乾，元亨，利贞。 D. 乾元，亨，利贞。 E. 乾元亨，利贞。

卦爻辞	卦爻义	注　释
		由于后世主张"元亨利贞"四字为"四德"者众,《文言》亦以"四德"申论,本书从之,故采"乾,元、亨、利、贞"之断句。"四德"之说,《正义》谓:"元、亨、利、贞者,是乾之四德也。《子夏传》云:'元,始也。亨,通也。利,和也。贞,正也。'言此卦之德,有纯阳之性,自然能以阳气始生万物而得元始亨通,能使物性和谐,各有其利,又能使物坚固贞正得终。此卦自然令物有此四种,使得其所,故谓之四德。" 以"元亨利贞"为四德,为多数学者所认同,但各家对于"元亨利贞"四字之解释,又不尽相同,起码有十几种说法,各有各的道理。本书对此四字之诠解,仅为笔者个人之看法,读者当然可以有自己的选择和意见(以下对各卦、各爻卦爻辞之诠解亦同)。读者若能博览各家之说,而别有所悟,只要言之成理,且不违基本文义及《易》之体例,即使跳脱各家,尝试自我诠释,亦无不可。此固非易事,然读《易》之乐,正在于此。
初九,潜龙勿用①。	凡事行动之前,应有充分准备。在地位太低、基础尚弱、力量不足、时机不成熟的阶段,都不宜轻举妄动。 此时宜沉潜修养,充实自我,厚植根基,以待时而起。就如一条可以上陆、飞天的龙,必须暂时潜伏在水中一样。	① 潜龙勿用:潜龙,潜伏的龙,象征一个有能力的人暂时潜伏的状态。潜龙勿用,喻示根基未稳固,时机未成熟,宜沉潜修养,不宜轻举妄动。
九二,见(xiàn)龙在田①,利见(jiàn)大人②。	准备充分,时机成熟,可以开始展开初步行动。犹如蛟龙出潜离隐,现身在地面上,已经准备发挥作用、有所作为。 此时极须仰赖有才德、有地	① 见龙在田:见,同"现",出现。田,地上。见龙在田,象征出潜离隐的时机成熟,即将有所作为。 ② 利见大人:此句各家看法分歧。主要问题在于:大人是谁?是谁利见大人?主要

卦 爻 辞	卦 爻 义	注　释
	位之大人提携，而九五正是这样的大人。九二应该去晋见九五，以积极创造有利的条件。	意见有两种：其一，九五为大人，九二利见九五。其二，九二为大人，天下之人利见九二。本书认为，九二刚出潜离隐，有如事业方欲起步，有赖有力人士之提携、相助，而九五即是有力人士，故九二利于往见九五。至于以九二为大人，天下之人利见之，亦可备一说。
九三，君子①终日乾乾②，夕惕若③，厉④，无咎⑤。	九三已到下卦最高层，表示志业已略有所成，但尚未完全稳固，这时候如果掉以轻心，则将前功尽弃。必须日夜戒慎恐惧，自我警惕，以确保成果。 　　若能如此，纵使其间遭遇危险状况，因素有准备，应付得宜，最终也能免于咎害。	① 君子：九三何以不言"龙"？有多种解说。依《折中》引杨时谓："《乾》之九三独言君子，盖九三，人之位也。" ② 乾乾：乾为健。乾乾，即健而又健，是一种强调的语气。 ③ 夕惕若：惕，戒惧警惕。若，语助词。夕惕若，日夜都抱持着兢兢业业、戒慎恐惧的态度。 ④ 厉：危险。 ⑤ 无咎：咎，咎害，是比"悔"重、比"凶"轻的一种灾害。无咎，即免于咎害。
九四，或跃在渊①，无咎。	九四前进到上卦之下层，已具有更上一层楼的能力。但究竟应该一鼓作气，追求成长、往上跃进比较好，或是留在原处、伺机而动比较妥当，应权衡厉害，观察情势，谋定而后动。 　　如能谨慎评估，小心行事，就不会有咎害。	① 或跃在渊：或飞跃前进，或留在原处，须审时度势而定。本爻虽未言"龙"，然其省略之主语亦应为"龙"。
九五，飞龙在天①，利见大人②。	九五志业大成，德位已臻至尊，犹龙飞于天，俯瞰天下，照护群生。 　　但位高权重，责任也重，志业越盛，越须有贤明大德之才从旁辅佐。而九二正是这样的人才，九五应该接见九二，诚心延揽，才更有利于施政。	① 飞龙在天：象征德位已臻至尊，或事业已发展至最完美阶段。 ② 利见大人：利于见到有大德之人，此处"大人"指九二。或以九五之尊为大人，天下之人利见之，亦可备一说。

卦 爻 辞	卦 爻 义	注　释
上九，亢龙①有悔②。	上九居《乾》卦之极，志得意满，竟然得意忘形。不明盛极必衰之理，知上而不知下，知进而不知退，高高在上。 　　骄亢不知收敛的结果，必然引起反弹，而有悔憾之事发生。	① 亢龙：亢，极度，过甚。亢龙，象征过于骄亢，知上不知下，知进不知退。 ② 悔：悔恨、遗憾。悔比"咎"的伤害轻。
用九，见（xiàn）群龙无首①，吉。	筮得六爻皆九，即为纯阳之卦，以"用九"辞为占。而占得六爻皆九，六爻都变，即成为纯阴之《坤》卦。象征"刚而能柔"，能秉谦德而不为物先。此犹如群龙现身，但都不恃强，不占先，全体和谐，是以得吉。	① 见群龙无首：群龙同时出现，互相谦让，不恃强为首，不占先逞能。象征人人均有君子谦让之风的整体和谐之状态。 《王注》云："夫以刚健而居人之首，则物之所不与也。"《程传》曰："刚柔相济为中，而乃以纯刚，是过乎刚也。见群龙，谓观诸阳之义，无为首则吉也。以刚为天下先，凶之道也。"《本义》谓："盖六阳皆变，刚而能柔，吉之道也。"王、程、朱三说共参，其义更明。

【人生智慧】

一、人生是不断开创的过程。开创后，继之发展，发展成熟必须设法守住成果。然而光是守成无法持久，因循于现状而无所作为可能使原有的成果消蚀，甚或幻灭。故须有随时再开创的警觉与做法，以永保自强不息的精神与刚健的活力，此即"贞下起元"的真谛所在。

二、自强刚健的活力与精神固然是一种积极进取的正面能量，但要注意两点：其一，要注意所处的时机与地位如何，亦即"时"与"势"如何，该动即动以免丧失先机；该静即静不可妄动，以免弄巧成拙，欲得反失。其二，必须有程序，有步骤，而其程序与步骤之拟定，又须配合时、势而定，并且要有详密的计划与布局，也需要适当的奥援。

三、盛极必衰，自满必败。"飞龙在天"之际，不可一时或忘"亢龙有悔"之诫。

坤卦 第二

卦 爻 辞	卦 爻 义	注 释
䷁下坤上坤·坤为地　坤①：元、亨②，利牝(pìn)马之贞③。君子有攸(yōu)往④，先迷，后得主⑤。利西南得朋，东北丧朋⑥。安贞，吉⑦。	《坤》卦纯阴之体，以"柔顺"为义。乾资始，坤资生，乾、坤合德，共创万物。故《坤》卦与《乾》卦同具创始、通达的"元、亨"之德。 　　惟坤以"柔顺"为义，坤阴须顺承乾阳，犹如雌马之顺从雄马，才是合宜有利的正道。君子若有所为，即须秉此"牝马之贞"的柔顺之德，不可争先，而应跟从作主之人的领导，才不至迷失方向。 　　欲得朋友之助，须走对方向才有利。依《说卦传》，坤属西南阴方，往西南可得同类阴卦诸朋之助，若往东北为阳方，则不会有同类友朋之助，孤立无援，较为不利。 　　乾为主，坤为从，坤须顺从乾之领导，此乃坤道之常。能安于坤道之常，坚守坤顺之正，则必致吉祥。	① 坤：卦名，象征"地"，其义为"顺"。 ② 元、亨：与《乾》四德之元、亨涵义相同。此即《正义》所云："乾、坤合体之物，故《乾》后次《坤》，言地之为体，亦能始生万物，各得亨通，故云'元、亨'，与《乾》同也。"惟《本义》则以"元亨"为"大亨"，亦可备一说。本书从《正义》。 ③ 利牝马之贞：坤阴顺承乾阳，须如雌马随从雄马般的柔顺，才是合宜有利的正道。 　　或谓"利"字应与"元、亨"连读合为"元、亨、利"。但本书认为，乾、坤虽共始生万物，毕竟有主从之别，故坤之"贞"，必须是"牝马之贞"，才是合乎正道的"贞"，才有"利"。因此《坤》卦的"贞"、"利"是有前提的，不是无条件的，不能与《乾》卦之贞利等量齐观，本句仍以"利牝马之贞"为宜。 　　至于坤德为何以"牝马之贞"为喻，《折中》引俞琰之说可供参考："北地马群，每十牝随一牡而行，不入它群，是为'牝马之贞'。坤道以阴从阳，其贞如牝马之从牡则利，故曰'利牝马之贞'。" ④ 君子有攸往：攸，所。君子有攸往，君子有所作为。 ⑤ 先迷，后得主：先，抢先。先迷，抢先则迷失方向。后，随从于后。后得主，即不争先而随从人后，则有作主之人指引方向。

卦 爻 辞	卦 爻 义	注 释
		⑥ 利西南得朋，东北丧朋：往西南较有利，因可得到朋友的帮助；往东北就没朋友了。 何以西南得朋，东北丧朋？说法虽多，但似以《说卦传》第五章所叙八卦之方位为依据，较为圆通。若以《本义》所附"文王八卦方位图(后天八卦方位图)"参照，更为清楚。依《说卦传》：东震，西兑，南离，北坎，乾西北，巽东南，艮东北，坤西南。是以西、南方位坤、离、巽、兑等卦均为阴卦，故"西南得朋"；而东、北方位乾、坎、艮、震诸卦均为阳卦，故"东北丧朋"。 "朋"之义也有歧说，有释为"阴阳为朋"者，如尚秉和《周易尚氏学》；有释为"同类为朋"者，如《正义》、《内传》。亦有释"朋"为"朋贝"，即"财物"者，虽言之有据，但似乏深意。本书从"同类为朋"义。 《坤》卦之卦辞，各家之断句歧异甚多。有"先迷后得，主利"者，如《程传》、《本义》；有"先迷后得主，利"者，如《内传》；有"先迷后得主，利西南得朋"者，如《折中》。本书认为，《周易》多言"利某某"，如"利有攸往"、"利见大人"，而鲜言"某某利"，亦无以"利"字单独为句者，故本书从《折中》。 ⑦ 安贞，吉：安于坤道之常，坚守坤顺之正，则吉。
初六，履霜，坚冰至①。	脚踏地面，发现地面已经开始结霜，立即警觉寒气渐临，坚冰将至，必须小心防范寒害。 这是告诫人们应养成一种见微知著、防微杜渐的"知幾"功夫。	① 履霜，坚冰至：当脚踏地面，发现地面已经开始结霜，即知结冰的日子即将随着到来，而小心防范寒害。这是一种"见微知著"、"防微杜渐"，"一叶落而知秋"的"知幾"功夫。履，践履，即"踩、踏"之意。

卦　爻　辞	卦　爻　义	注　　释
六二，直方大①，不习②，无不利。	六二居中得正，故其内心正直，行为规矩。与《乾》九五合德，故能成就伟大之功。 秉其德，自有其功，毋须日日刻意学习、修营而功自成，不会有任何不利。	① 直方大：《坤》之德，内心正直，行为规矩。《坤》之体，其六二与《乾》九五合德，其功无限，至为伟大。 此句各家说法不一，以下诸说，可互相比较参照，以助理解： A.《本义》："柔顺正固，坤之直也；赋形有定，坤之方也；德合无疆，坤之大也。" B.《内传》："阴之为德，端凝静处而不妄，故为直；莫位不移而各得其宜，故为方；纯乎阴，则大矣。直、方，其德也；大，其体也。" C、黄庆萱《周易读本》："六二居中故直，直为正直，朱子《本义》谓'柔顺正固'；居阴得位故方，方为合矩，朱子《本义》谓'赋形有定'；与《乾》五合德故大，大为伟大，朱子《本义》谓'德合无疆'。" ② 不习：不必刻意学习。正如《王注》所谓："居中得正，极于地质，任其自然而物自生，不假修营而功自成，故'不习'焉而'无不利'。"
六三，含章可贞①，或从王事②，无成有终③。	六三阴居阳位，虽不当位，但有才有能，内含章美，且能固守阴德之正，含蓄而不张扬。 由于具有逊顺之美德，如有机会为朝廷服务，一定尽忠职守，有始有终。事情成功之后，也不敢居功。	① 含章可贞：内含章美，且能固守正道。 ② 或从王事：如有机会从事朝廷公务。或，不定之辞，含括"机会"与"选择"之意。王事，朝廷的公务。 ③ 无成有终：尽忠职守，功成不居。无成，不敢居功；有终，恪尽其职。
六四，括囊①，无咎无誉②。	谨言慎行，含蓄内敛，不逞才扬己。犹如囊口紧束，不使囊中之物外露。 如此谨慎小心，虽不能有积极作为，无法博得赞誉，但也不会招惹咎害。	① 括囊：括，结，束紧。括囊，束紧囊口。比喻谨言慎行，含蓄内敛，不逞才扬己。 ② 无咎无誉：谨言慎行可避免咎害，但无积极的表现，也不会博得赞誉。

卦 爻 辞	卦 爻 义	注 释
六五,黄裳①,元吉。	六五以阴得中居尊位,贵而能下。犹不著黄衣而著黄裳,其中顺之德充于内而见于外。 因其居上位,而能谦逊自抑,尽柔顺之德,故必然大吉。	① 黄裳:黄为中色,裳为下服,象征"居中处下",在上位而能谦顺之意。 "黄裳"之义,论者虽繁,本书认为《折中》引《朱子语类》说得最浅白易懂而合理:"'黄裳元吉',不过是说在上之人能尽柔顺之道。黄,中色。裳,是下体之服。能似这个,则无不吉。这是那居中处下之道。"
上六,龙战于野①,其血玄黄②。	上六阴极而转为阳刚,失去柔顺之性,乃至与阳争胜。两强互斗的结果,终至两败俱伤。 这情况可以这样比喻:坤体与乾龙交战于郊野,双方都受了伤,流出来的血交杂混成为玄黄的颜色。说明两强相争,终至两败俱伤,对谁都没有好处。	① 龙战于野:此句文辞浅白易懂,涵义却晦涩难解。"龙"字究为何指?为何而战?各家诠解,缤纷缭乱,令人无所适从。 既然孰优孰劣无法判定,姑以简洁明白之《本义》解说为据:"阴盛之极,至与阳争,两败俱伤,其象如此。" ② 其血玄黄:阴阳交战,两败俱伤,其血交杂,其色玄黄。此依《坤》之《文言》:"阴疑于阳必战……夫玄黄者,天地之杂也,天玄而地黄。"
用六,利永贞①。	筮得六爻皆六,即为纯阴之卦,以"用六"辞为占。而占得六爻皆六,则六爻都变,成为纯阳之《乾》卦,象征"以坤承乾"。 坤道之正、之利,在于永远顺承乾阳,与乾阳"阴阳合德",造福天下,裨益众生。	① 利永贞:利于永远固守正道。

【人生智慧】
一、人生无法求得绝对的"平等"。或因性格,或因能力,或因环境,或因运势,人与人之间总有无法消弭的差距存在。如形势使然,只能依附于人或顺从于某种领导力,这时最该秉持的行事原则就是"柔顺"。"柔"是身段柔软、态度谦和,不是"软弱";"顺"是诚心全力配合,不是阿谀谄媚。更重要的是不抢先、不居功,避免引起"功高震主"的疑虑。
二、谨言慎行,但要外圆而内方,守住"直、方"的原则,才能成其"大"。
三、要防微杜渐,需有敏锐的观察力,更要"知几"——"履霜坚冰至"、"一叶落而知秋"。

屯卦 第三

卦 爻 辞	卦 爻 义	注 释
䷂ 下震上坎·水雷屯 屯①：元亨②，利贞③。勿用有攸往④，利建侯⑤。	凡事草创之际，是最艰难的时期，但也是获致成长、大亨通的好机会。 此时应谨守正道，不可走入歧途。且不宜轻举妄动，贸然求进。同时应建立人脉，以奠定良好的基础。	① 屯：卦名，象征"初生之艰难"。 ② 元亨：元，大。元亨，大为亨通。 ③ 利贞：贞，正。利贞，利于守正。 ④ 勿用有攸往：不宜轻举妄动，贸然求进。用，此处为"应、宜"之意。 ⑤ 利建侯：利于建立人脉，广结善缘，寻求助力。
初九，磐桓(pán huán)①，利居贞②，利建侯③。	屯难之初，不免犹豫不前。惟慎思谨行之外，还须固守正道，并积极建立人脉，广结善缘，寻求助力，才是最有利的作法。	① 磐桓：磐，通"盘"。磐桓，即"盘桓"，徘徊难进之状。 ② 利居贞：利于守正。 ③ 利建侯：同卦辞注释⑤。
六二,屯如邅(zhān)如①，乘马班如②，匪寇，婚媾③。女子贞不字④，十年⑤乃字。	六二居中得正，与九五正应。惟六二以阴下乘初九阳刚，受初九羁绊，以致难以前进。九五欲来应合六二，也因初九从中作梗而盘桓不得进。 九五前来应合，犹如骑马来求婚，而不是来当强盗，奈何受初九阻碍，一时不能如愿。 惟六二中正，有贞正之德，虽一时受到阻碍，但宁可耐心等待时机，时机成熟后，才与九五相应。这犹如女子守贞，非其人不嫁，宁可等待十年之久，排除障碍后再嫁。	① 屯如邅如：遭遇困难而难以前进的样子。两个"如"字，都是语助词。 ② 乘马班如：骑着马盘桓不进的样子。 ③ 匪寇，婚媾：不是强盗，而是来求婚。匪，非。 ④ 不字：不嫁。字，女子许嫁。 ⑤ 十年：表示时间很长，不必实指十年。
六三，即鹿无虞(yú)，惟入于林中①，君子几②，不如舍，往吝③。	六三不中不正，又无应与，却急躁冒进，那是很不智的。犹如到森林中追捕麋鹿，若没有管理山林的虞人作为向导，就很容易迷路。	① 即鹿无虞，惟入于林中：到森林中追捕麋鹿，却没有虞人当向导。即，就，此指"追逐"。虞，虞人，为掌管山林的官员。 ② 几：知几。见事之几微，即知其后果，谓之"知几"。《系辞传》云："几者，动之微。"

卦 爻 辞	卦 爻 义	注　释
	君子如果知幾，应放弃追捕，及时而退。如果继续贸然前进，必然遭遇艰吝之事。	③ 吝：遭遇艰难之事。
六四，乘马班如，求婚媾，往吉，无不利。①	六四为近君大臣，上承九五中正之君，本应立即前往辅助九五，以济屯难。惟自感力弱，欲求贤能之才为伴，共同前往。因一时未能决定，在马上犹豫盘桓。最后终于下定决心，前往求助于与自己正应之初九，共同前往辅佐九五。 　　这情况类似求婚媾。当婚姻对象一时难以决定时，难免犹疑彷徨。一旦立下决心，付诸行动，与理想对象结成完美婚姻，必然吉祥如意，没有不利。	① 本爻爻辞文句明白而涵义模糊。主要疑义："求婚媾"是谁向谁求婚媾？"往吉"是谁往？往何处？归纳诸家异说约有： A. 四往五与五合。 B. 初往求四。 C. 四往求初。 D. 四往求初而后初与之共往。 本书认为：四与五为相比关系，似不如其与初之相应关系合于"婚媾"之喻。如谓初往求四，似非四之爻辞应有之立场，应非四之爻义；四往求初，又与《易》例有违，盖自外入内应为"来"而非"往"也；如谓四往求初而后初与之共往，似较周延可取。《程传》之说庶几近之："六四以柔顺居近君之位，得于上者也。而其才不足以济屯，故欲进而复止，'乘马班如'也。己既不足以济时之屯，若能求贤以自辅，则可济矣。初，阳刚之贤，乃是正应，己之'婚媾'也，若求此阳刚之婚媾，往与共辅阳刚中正之君，济时之屯，则吉而无所不利也。"
九五，屯(tún)其膏①，小贞吉，大贞凶②。	九五仍身处屯难坎险之中，能够运用的资源十分有限，恩泽难以下施，民众未受其惠，威信尚未建立。 　　此时逢小事，犹可渐进而获吉；若遇大事，勉强去做，则将因力有未逮而致凶。	① 屯其膏：字面义为"屯聚膏泽"，实即"恩泽难以下施"之意。此因屯难之时，资源有限，故能下施之恩泽也有限。屯，此处作"屯聚"义较为通顺。膏，膏泽，恩泽。 ② 小贞吉，大贞凶：此句有歧义。然依《文言》："贞者，事之干也。"此句似可释为：处理小事，犹可获吉；若大事，则凶。

卦 爻 辞	卦 爻 义	注 释
上六，乘马班如，泣血涟如①。	上六阴柔质弱，又居坎险之上、屯难之极。乘马彷徨求助，无奈无所应援。 孤立无助，悲伤至极，乃至涕泣不止。	① 泣血涟如：悲伤至极而泪流不止。泣血，无声流泪如血之出。涟如，泪流不止貌。

【人生智慧】

一、万事起头难，"创业维艰"是一定的道理。草创之际，最重要的是"谨慎"，凡事谋定而后动，做好准备才能跨出第一步，且须量力而为。

二、把握正确方向是迈向成功的第一步，而对于不熟悉的领域，必须有专家引导，不可盲目前进，以免误入陷阱或迷失了方向。

蒙卦 第四

卦 爻 辞	卦 爻 义	注 释
 下坎上艮· 山水蒙 蒙①：亨。匪我求童蒙，童蒙求我。初筮告②，再三渎（dú）③，渎则不告，利贞。	启蒙之要，在于得法，得法则顺利亨通。 启蒙之道，必须是积极主动、真正想学习的人来求我，我才教他。如果专心诚意地来求教，我就有问必答；如果漫不经心，对同样的问题，一问再问，态度不够专诚，亵渎了学问之道，我就置之不理。 这道理就如同占筮的道理一样。同样的问题，诚心占问一次就够了，如果一再占问，就是亵渎神明。 总之，无论教或学，一定要坚守正道，也就是说，必须遵循正确的原则与方法，这样对双方都有利。	① 蒙：卦名，象征"蒙昧幼稚"。 ② 初筮告："筮"为以蓍草演卦占问。初筮，只为一事占问一次，表示其专心诚意。此为比喻学童向蒙师请教之诚心，使蒙师乐于指教。 ③ 再三渎：筮占问事，问一次就够了，如果就同一事再三反复占问，表示不信任所占，是一种亵渎、轻慢的行为。比喻学童态度轻慢，未专心诚意地接受蒙师教诲，以致一再询问同样的问题。

卦爻辞	卦爻义	注　释
初六，发蒙①，利用刑人②。用说(tuō)桎梏(zhìgù)③，以往吝。	启迪蒙昧，应先建立罚则，使蒙昧的学童知所警惕，不至犯错。如果放任他而不加约束，就会有遗憾之事发生。	① 发蒙：启迪蒙昧。 ② 利用刑人：利于施用刑罚。刑人，"刑罚"之意。亦有以"刑"为"型"之说，即树立典型、榜样，使童蒙有所效法，不至犯错。亦通，可备一说。 ③ 用说桎梏：放任而不加约束。说，通"脱"。桎梏，在足曰桎，在手曰梏。此处借喻为"拘束"。
九二，包蒙①吉。纳妇吉，子克家②。	九二以阳居中，为发蒙者，具中道之德，大度有容。能够含容诸蒙，有教无类，是以得吉。 　道统因而传承不绝，就如娶妻建立家庭，生子承继家业，使家业不至中断，所以吉祥。	① 包蒙：包容蒙昧。 ② 纳妇吉，子克家：九二阳刚居中，当发蒙之任，而六五阴柔为童蒙。九二有其德而胜任其事，故吉。九二与六五相应，为阳纳阴，故以"纳妇"为喻，曰"纳妇吉"。"子克家"者，以九二在卦下位，而能胜任其事，故以"子克家"为喻。 此句亦多歧义：何者为夫？何者为妇？何者为子？何者为父？说法多歧。本书取下列二家之说： A.《本义》："九二以阳刚为内卦之主，统治群阴，当发蒙之任者。……以阳受阴，为'纳妇'之象。又居下位而能任上事，为'子克家'之象。" B.《折中》引梁寅曰："卦唯二阳，而九二以刚居中，为内卦之主，与五相应，当发蒙之任，尽发蒙之道。……以阳受阴，是为'纳妇'，言其志之相得也；居下任事，为子能克家，言其才之有为也。"
六三，勿用取女。见金夫，不有躬，无攸利。①	六三阴柔，蒙昧无知，不中不正，见异思迁。本应就教于正应之上九，因见九二从学者众，即欲转向九二求教。 　这种不能专心受教之人，实在不堪造就。犹如女子一见多金男子就把持不住而失去自我，这样的女子，绝不可娶进	① 本爻之关键在于：何谓"金夫"？"金夫"指谁？"金夫"的意思，有多金男、美男子、刚勇之武夫等不同说法。至于"金夫"指的是谁及据以推演出的爻义，比较重要的说法有二： A. 九二为金夫，以《程传》为代表："三以阴柔处蒙暗，不中不正，女之妄动者也。正应在上，不能远从，近见九二为群蒙

卦爻辞	卦爻义	注　释
	门,娶进来没有任何好处。	所归,得时之盛,故舍其正应而从之,是女之'见金夫'也。女之从人,当由正礼,乃见人之多金,说而从之,不能保有其身者也,无所往而利矣。" B. 上九为金夫,以《正义》为代表:"此童蒙之世,阴求于阳,是女求男之时也。'见金夫'者,谓上九,以其刚阳,故称'金夫'。此六三之女,自往求见金夫。女之为体,正行以待命而嫁。今先求于夫,是为女不能自保其躬,固守贞信,乃非礼而动。行既不顺,若欲取之,无所利益,故云'不有躬,无攸利'也。" 本书认为,《正义》之说较迂回,且六三与上九本为正应,两相应合为理所当然,故依《程传》。 至于"不有躬",意为:不能保有自己的人格及为人处世的原则。
六四,困蒙,吝。	六四所比之六三、六五及所应之初六,皆为阴爻。象征既困于蒙昧,又未逢明师,无从启蒙,因而有所憾惜。	
六五,童蒙①,吉。	六五柔中,居尊位,下应九二。以其柔中之德礼贤下士,犹如童蒙虚心求教,使九二感而乐于效命。 六五得刚明之才辅佐,当然吉利。	① 童蒙:比喻六五礼贤下士,犹如童蒙虚心求教,非谓六五为童蒙也。
上九,击蒙①,不利为寇②,利御寇③。	上九居《蒙》卦之终,阳刚而不中,采用的是较为激烈的启蒙手段。 但施教时应注意把握分寸。如果手段激烈得像强盗,结果必然适得其反,是很不利的。如能宽严适中,犹如抵御强盗,	① 击蒙:采用较为猛烈严厉的启蒙方法。 ② 不利为寇:手段过激,像强盗般的刚暴,很不利。 ③ 利御寇:能把握分寸,像抵御强盗般,只要达到防卫的目的即可,不过于猛烈,较有利。

续 表

卦 爻 辞	卦 爻 义	注 释
	只要达到正当防卫的目的即可,不要过于猛烈,结果就比较有利。	

【人生智慧】

一、学习的动机与态度关乎学习结果的成败。有强烈的学习动机,诚心而谦虚地求教,必然事半功倍,易于有成。被动及用心不专的人,往往难以成才。

二、教育必须因材施教,宽严适中,过于放纵或过于严苛都不好。至于如何拿捏才适当,那完全要靠教育者的学识、经验与智慧而定。

需卦 第五

卦 爻 辞	卦 爻 义	注 释
䷄ 下乾上坎·水天需 需①: 有孚②,光亨③,贞吉④,利涉大川⑤。	当情势有所不利之时,不可贸然行动,须耐心等待有利的时机。 　　等待之时,应以诚信及光明磊落的胸怀,坚守正道,坦然面对。 　　若能如此等待,时机一旦成熟,必能凡事亨通,吉祥如意。任何困难险阻,都能予以克服,顺利向前迈进。	① 需: 卦名,象征"等待"。 ② 有孚: 心怀诚信。 ③ 光亨: 光明磊落而亨通。 ④ 贞吉: 得其正而获吉。 ⑤ 利涉大川: 大川,比喻艰难险阻之事。利涉大川,即有利于克服艰难险阻,顺利行事。
初九,需于郊①,利用恒②,无咎。	初九居《需》卦之最下,远离坎险,犹如在城郊避险待时。 　　此时宜安守常道,耐心等待,不可妄动,才不会有咎害。	① 郊: 城外郊区。 ② 利用恒: 利于安守其常,不妄动。
九二,需于沙①,小有言②,终吉。	九二犹如在近水的沙滩等待,由于距坎险又更近了些,因而稍微受到些言语的中伤,但没有大碍,最终还是吉利的。	① 沙: 沙滩。 ② 小有言: 稍受言语中伤。

卦 爻 辞	卦 爻 义	注　释
九三,需于泥①,致寇至②。	九三居下卦上爻,已濒临坎险,又过刚不中,容易受到危害。犹如在近水泥滩等待,易于招致盗寇的攻击,必须谨慎防范。	① 泥:泥滩。 ② 致寇至:寇,强盗,比喻"危害"。致寇至,招致危害。
六四,需于血(xuè)①,出自穴②。	六四居于上卦坎险之下爻,犹如陷于杀伤之地的血泊中等待,已置身于险地。 　幸六四柔顺得正,能以敬慎之心顺应时势,处理得宜。且上承九五,下亲九三,远应初九,以阴从阳而终得脱离险境。	① 血:血泊。此处比喻危险的境地,《本义》谓:"'血'者,杀伤之地。" ② 出自穴:穴,比喻险之深,《本义》谓:"'穴'者,险陷之所。"出自穴,谓脱离险境。
九五,需于酒食①,贞吉。	九五虽仍在险中,但阳刚中正,已据有利位置。 　此时应养身、养心,保持平常心,照常饮食起居,安以待时。但要注意节制,遵守正道,才能获吉。	① 需于酒食:与平时一样地饮食起居,安心等待。
上六,入于穴①,有不速之客②三人来,敬之终吉。	上六居上体《坎》卦之终,处于极险之境,而又无可逃避,有如陷身穴中。 　此时其下应之九三偕同九二、初九正联袂进逼而至,有如三位不请而来的客人。上六阴柔得正,能以诚心敬顺而待之,终于化险为夷,化戾气为吉祥。	① 入于穴:比喻上六以阴居上体《坎》卦之终,处于极险之境,有如陷身穴中。此句也有多种不同解读,如《程传》云:"《需》,以险在前,需时而后进。上六居险之终,终则变矣,在《需》之极,久而得矣。阴止于六,乃安其处,故为入于穴。穴,所安也。"《本义》则谓:"阴居险极,无复有需,有陷而入穴之象。"一谓"安",一谓"险极"。上六居《坎》之终,似以《本义》之说较为合理。 ② 不速之客:速,邀请。不速之客,不请自来的客人。

【人生智慧】

一、人生难免遭遇危险、困顿、停滞之境,此时最重要的就是"停、看、听",最忌讳的就是急躁莽进。此时之境,务必平心静气,耐心等待适当时机,才能有所动作。

二、化险之道,态度上要"敬慎",策略上要"审时度势",伺机而动。面临险境,必须因时、因地、因条件而有不同的对应之策。

讼卦　第六

卦爻辞	卦爻义	注　释
䷅ 下坎上乾·天水讼 讼①：有孚窒惕 (zhì tì) ②，中吉③，终凶④。利见大人，不利涉大川。	有争讼，都是因为彼此缺乏诚信，无法沟通，心怀忧惧而起。 　　遇有争讼之事，如能行中道，自我克制，不走极端，适可而止，就能避凶趋吉。要是一意孤行，争讼到底，最终必有凶险。 　　争讼之时，如能请公正有力的大人居中调解、裁决，则有利止讼。如在争讼之中，还要去执行冒险犯难之事，那是非常不利的。	① 讼：卦名，象征"争讼"。 ② 有孚窒惕：有孚，诚信。窒，阻塞。惕，忧惧。"有孚窒惕"，意谓彼此之间的诚信已经荡然无存，而难以沟通，因而心生忧惧，乃至争讼。 　　本句各家另有"有孚，窒惕，中吉"、"有孚窒，惕中吉"、"有孚窒，惕，中吉"、"有孚窒惕中吉"、"有孚，窒，惕，中吉"等不同断句，可供参考。 ③ 中吉：行中道，不走极端，适可而止则吉。 ④ 终凶：争讼到底必凶。
初六，不永所事①，小有言②，终吉。	初六居《讼》之始，涉讼不深，如愿退后一步，不坚持到底，虽然难免还是有些口舌之争，但毕竟伤害不大，最终仍吉。	① 不永所事：永，长。事，指争讼之事。不永所事，即不长久争讼。 ② 小有言：稍有言语争执。
九二，不克讼①，归而逋 (bū) ②。其邑人三百户③，无眚 (shěng) ④。	九二与九五两刚敌应而兴讼。九二以下讼上，不能致胜，于是逃归其属地。那是人口只有三百户的小城邑，对九五不构成威胁，因而得以免除灾祸。	① 不克讼：二与五两刚敌应而兴讼，九二以下讼上，不能致胜。克，胜。 ② 逋：逃。 ③ 其邑人三百户：人口只有三百户的小城邑。 ④ 眚：眼睛生翳曰"眚"，亦为"灾祸"之意，此处义为"灾祸"。
六三，食旧德①，贞厉，终吉②。或从王事，无成③。	六三以柔居刚，处坎险之中，又在二刚之间，质本柔弱，处境不利。 　　如能安分守正，防止危厉，则终必获吉。一旦有机会为朝廷服务，事有所成也不可居功。	① 食旧德：本义为"享用旧有的俸禄"，但此处有"安于其本分所当得，而不妄求"之意。 ② 贞厉，终吉：守正以防危厉，终能获吉。 ③ 无成：不居功。其义与《坤》六三"或从王事，无成有终"同。

卦 爻 辞	卦 爻 义	注 释
九四，不克讼，复即命①。渝(yú)，安贞②，吉。	九四以阳居阴，不中不正，承五君位，乘三阴柔，初正应而顺从，都不是可争讼的对象。 如果勉强争讼，也不见得有胜算。不如冷静地回归理性，改变争讼之心，循正理，守正道，安分守己，以致吉祥。	① 复即命：回复理性，就于正理。复，返回。即，就。命，天命、正理。 ② 渝，安贞：改变争讼之心，安守正道。渝，改变。
九五，讼，元吉。①	九五阳刚既中且正，高居仲裁者之尊位，而能公正听讼，果决明断，因而大吉。	① 本爻似以《王注》所解较为圆通："处得尊位，为《讼》之主。用其中正以断枉直，中则不过，正则不邪。刚无所溺，公无所偏，故'讼元吉'。"
上九，或锡①之鞶(pán)带②，终朝三褫(chǐ)之③。	上九阳刚居《讼》之极，争强好讼，并因争讼得胜，而受赏大带，获得高官厚禄。 但利用争讼的手段斗垮他人，因而受爵受禄，毕竟不是真本事。不但无法受人尊敬，而且爵禄也不能持久，终于遭受一天之内多次被剥夺爵禄的耻辱。	① 锡：通"赐"。 ② 鞶带：皮制大带，用于装饰官服，在此喻指高官厚禄。 ③ 终朝三褫之：一日之内，多次被剥夺。终朝，一日之内。三，喻多次，不必指实为三次。褫，剥夺。

【人生智慧】

一、与他人有矛盾冲突，难免产生争执，如双方都能理性，理即越辩越明。如确实无法合理解决争端，不得已才走上诉讼一途。

二、诉讼是不得已的手段，能调停就尽量接受调停，为争一口气而争讼到底，是不智的行为。只要诉讼就不是好事，不管是胜诉或败诉，双方都不是赢家。

师卦　第七

卦爻辞	卦爻义	注　释
䷆ 下坎上坤·地水师 师①：贞②，丈人③吉，无咎。	出兵打仗，须是师出有名的正义之师，同时要任命老成持重、练达时务、德高望重的将才为统帅，才能获吉，而无咎害。	① 师：卦名，象征"兵众"。 ② 贞：正。言师出必以正，不正则师出无名，而民不服。 ③ 丈人：老成持重、练达时务、德高望重之人。
初六，师出以律①，否臧（pǐ zāng）②，凶。	初六为《师》之始，只要一出兵，就须约束兵众严守纪律，如军纪不佳，必有凶险。	① 师出以律：军事行动中必须严格遵守军纪。 ② 否臧：不善，即军纪不佳。否，不。臧，善。
九二，在师，中①，吉，无咎，王三锡命②。	九二阳刚居中，领导军队，能行中道。与六五正应，得君王之宠幸，不但获吉而无咎害，并且多次受到君王的奖赏。	① 在师，中：统率军队，能合于中道。在师，犹言"率师"。中，中道，不偏不倚。 ② 王三锡命：多次受君王奖赏。三，泛指多次。锡命，犹言"奖励"。锡，通"赐"。
六三，师或舆尸①，凶。	六三阴柔不正，又与上六无应。用兵不当的结果，导致伤亡惨重，载尸以归，结局十分凶险。	① 舆尸：以车载尸而归。
六四，师左次①，无咎。	六四阴柔，虽得正而无应。整体情势不佳，显然无法进击克胜。知势不可为，于是撤退驻扎，静观待时。 　　六四能知难而退，以保存实力，是识时务的做法，不会有咎害。	① 左次：兵法尚右。又，依《左传·庄公三年》："凡师，一宿为舍，再宿为信，过信为次。"左次，即"撤退驻扎"之意。
六五，田有禽①，利执言②，无咎。长子③帅师，弟子④舆尸，贞凶。	六五阴柔居中，非穷兵黩武之君。只有当外敌来犯时，才不得不出兵反击。此乃师出有名之正当防卫，犹如有禽兽来田中伤我禾稼，必须前往猎杀，以保我粮食。	① 田有禽：田中有禽兽来侵犯禾稼，比喻有外敌入侵。 ② 利执言：禽兽犯苗，自当猎捕之。比喻外敌来犯，自当声讨之，即"师出有名"之意。即卦辞所谓"师，贞"。执，捕取。言，语气助词。

卦 爻 辞	卦 爻 义	注 　释
	任命统帅,应选择有才有德、老成练达的将才,绝不可任命无才无德之庸才。否则将导致战败载尸而回的后果,虽出师以正,结果仍凶。	③ 长子:犹卦辞所言之"丈人"。 ④ 弟子:相对于"长子"而言,即无才无德之人。
上六,大君①有命,开国承家②。小人勿用。	上六为《师》卦之终,战争结束,论功行赏。君主按功劳大小,或给予封国为诸侯,或给予封邑为卿大夫。 　　但品德不佳的小人,绝不可授以实权,以免养虎遗患。	① 大君:指六五。对于"大君"所指为何,各家有不同看法。如王船山以六五为大君,荀爽以九二为大君,吴澄以上六为大君。本书认为依《易》例,卦之六爻,其时、位皆有定指,五为君位,"大君"当以六五为宜。 ② 开国承家:封为诸侯为"开国";封为卿大夫为"承家"。

【人生智慧】

一、战争要有正当性,必须"师出有名"。如果师出无名或捏造事实,即使打胜仗,也会名誉受损,得不偿失。

二、打胜仗除了天时、地利的配合外,人和是最重要的条件。而人和的第一要件就是统帅得人,若所用非人,必败无疑。其次是军纪严明。再次是事权须专一,若统帅之外再派"监军"从旁掣肘,焉能克敌致胜?企业管理之道,与此相侔。

比卦　第八

卦 爻 辞	卦 爻 义	注 　释
䷇ 下坤上坎・水地比 比①:吉,原筮②,元永贞③,无咎。不宁方来④,后夫⑤凶。	人与人之间互相亲比,表示人际关系和谐,是吉利的。但与人亲比之前,必须对所欲亲比之人仔细观察,慎重抉择。如其人具有元善、恒常、贞正的德行,则与之亲比就不会有咎害。 　　如果必须归附于人,就应把握时机及时行动。如果行动太	① 比:卦名,象征"亲密、依从"。 ② 原筮:原筮之义,说法分歧。本书认为《正义》"原谓原穷比者根本,筮谓筮决求比之情,以求久长无咎"之说法可从。傅隶朴《周易理解》谓:"原筮便是选择过程,原是推求,筮是抉择。"正可作为《正义》的注解。 ③ 元永贞:"元"为善,"永"为长,"贞"为

91

卦　爻　辞	卦　爻　义	注　　释
	慢,等到连原本反对的人都已前往归附,方才迟迟表态,结果会因丧失了先机而有凶险。	正。元永贞,谓具有元善、恒久、贞正之德。 ④ 不宁方来:原本不顺从的人也来归附。 ⑤ 后夫:迟来归附的人。
初六,有孚比之①,无咎。有孚盈缶(fǒu)②,终来有它吉③。	秉持诚信与人亲比,就不会有咎害。 　　初六居《比》之初,虽无应与,但内心满怀诚信,犹如外表朴实无华的瓦制酒罐,里面却装满了可口的美酒。 　　以诚待人,人必以诚报之,最终获得意想不到的吉利。	① 有孚比之:以诚信与人亲比。 ② 有孚盈缶:内心满怀诚信,犹如素朴的瓦制酒罐中装满了酒一般。 ③ 终来有它吉:最终获得了意想不到的吉利。
六二,比之自内①,贞吉。	六二柔顺中正,应九五之召,自内往外,与之亲比。 　　六二非汲汲营求,丧失自我主动依附,而是感于九五同具中正之德,故发自内心,乐于归附。所作所为,合于正道,因而获吉。	① 比之自内:《本义》、《折中》及苏轼等诸大家,皆谓此为内卦六二正应外卦九五之意。惟《内传》谓六二系首先内比于初、三,再同归心于五。《程传》则以"自内"为"由己"。本书认为,由卦象论,似以《本义》"上应九五,自内比外"之说较为合理。然《象传》谓:"比之自内,不自失也。"《程传》以"自内"为"由己"的说法,亦言之有据,且较有深义。不妨两义并取,较为周延。
六三,比之匪人①。	六三阴柔又不中不正,乘二、承四及相应之上六诸爻,都是阴爻,均非适合亲比之对象,因而虽欲比而不得其人。 　　其情势之不利,自不待言。	① 匪人:不得其人。匪,通"非"。
六四,外比之①,贞吉。	六四居外卦,上承九五而亲比之。 　　六四虽不中,但居正位,又得以近比中正之贤君,故能行正道而获吉。	① 外比之:六四居外卦而亲比于九五,故曰外比之。

续 表

卦 爻 辞	卦 爻 义	注 释
九五，显比①，王用三驱，失前禽②，邑人不诫③，吉。	九五中正之君，光明正大，得以彰显比道于天下。犹如古代君主狩猎，三面围堵，一面开网放行，展现出一种"舍逆取顺"、"来者不拒，去者不追，不强求"的胸怀。 人主身居君位，众望所归，而能秉持"王用三驱"的仁恕之心，对天下民众以光明无私的胸怀一视同仁，任人自由决定是否来归，绝不勉强，地方民众因而毋须有戒惧之心。 这样的亲比关系，当然是吉利的。	① 显比：光明正大的亲比而能彰显亲比之道。 ② 王用三驱，失前禽：据《史记·殷本纪》记载："汤出，见野张网四面，祝曰：'自天下四方皆入吾网。'汤曰：'嘻，尽之矣！'乃去其三面，祝曰：'欲左，左。欲右，右。不用命，乃入吾网。'诸侯闻之，曰：'汤德至矣，及禽兽。'"汤在围猎时，见猎场张网四面，惟恐禽兽灭绝，而去三面网，只留一面。后代帝王则围三面，三面驱赶而虚其一面，由兽自去，其用意也是效法商汤的德意。故谓："王用三驱，失前禽。" ③ 邑人不诫：地方民众不需要有戒惧之心。
上六，比之无首①，凶。	上六居《比》卦之终，阴极柔弱偏又孤高自傲。虽有心亲比九五，却迟迟不肯行动，以致丧失了先机而有凶险。	① 比之无首：不率先比附，亦即卦辞所说的"后夫"。无首，就是不早、不率先。

【人生智慧】

一、人与人之间的沟通、交往，最重要的是"诚信"。以领导者与被领导者的关系而言，领导者光明正大、公正无私，必得下属之爱戴；被领导者忠诚不二、全力以赴，必得领导者之信赖。

二、若必要依附于人，必须及早行动，抢得先机。但是良禽择木而栖，眼睛必须雪亮。跟对人前程似锦，跟错人则一事无成，甚或身败名裂。

小畜卦　第九

卦 爻 辞	卦 爻 义	注 释
下乾上巽· 风天小畜 小畜①：亨，密云不雨，自我西郊②。	《小畜》卦六四一阴居五阳之间，象征以阴畜阳、以小畜大。 以阴畜阳，亦能以柔济刚，有助于阳。加以九二、九五阳刚而中庸，既有意志力，又有执行力，终能致亨通。	① 小畜：卦名，象征"以阴畜阳、以小畜大"。"畜"同"蓄"，有畜积、畜养、畜止诸义。 ② 密云不雨，自我西郊：俗云："云行东，车马通；云行西，雨凄凄。"虽然天上乌云密布，但云从西边飘来，水气不足，仍

卦 爻 辞	卦 爻 义	注 　 释
	不过,以阴畜阳,毕竟所畜有限,虽然最终能够达致亨通的目的,但如畜积不足,一时之间还不能有积极作为。 　　这情况犹如天上乌云密布,似乎就要下雨,但云从西边飘来,表示下雨的时机未到,水气鼓动不足,仍然不会下雨。必须等到阴畜积了足够的能量,阴阳调和了,才能下雨。	然不会下雨。象征阴畜阳之能量不足,未能阴阳调和,故不能成雨。
初九,复自道①,何其咎? 吉。	初九以刚居刚,志欲上进,而六四得时得位,且与初九正应,故初九本欲进而为六四之阴所畜。 　　惟初九居下力弱,如为四所畜,必为所制。而初九当位得正,具阳健之德,故终能知幾不进,复归于在下之位而守其正道。 　　初九能够复归于正道,不失本性,这样怎么会有咎害呢? 当然是吉利的。	①　复自道: 本句费解。何为"复"? 何为"道"? 各家说法分歧,难以定论。大体说来有两大派,一派以初九上进为四所畜为复,例如程、朱;一派以初九回归本位不为四所畜为复,例如《折中》引龚焕与俞琰之说。 《程传》云:"初九阳爻而乾体,阳在上之物,又刚健之才足以上进,而复与在上同志,其进复于上,乃其道也。" 《本义》云:"下卦乾体,本皆在上之物,志欲上进,而为阴所畜。然初九体乾,居下得正,前远于阴,虽与四为正应,而能自守以正,不为所畜,故有进复自道之象。" 《折中》引龚焕谓:"复自道,此'复'字与'无往不复'、'不远复'之义同,谓复于在下之位而不进也。初九以阳刚之才,位居最下,为阴所畜,知幾不进,而自复其道焉,何咎之有? 九二'牵复',亦谓与初九牵连而内复也。《易》及诸经,无有以复为上进者。" 《折中》引俞琰谓:"复,谓返于本位也。以初九之刚,往应六四之柔而受其制,岂不失道而有咎? 今也返而以正道自守,故能转咎而为吉。"

卦 爻 辞	卦 爻 义	注　释
		本书认为,去而复返谓之"复",较合语义。程、朱谓阳本在上之物,故以上进为"复"。此种说法实不具说服力。六十四卦乃阴阳相推而产生,阴阳爻之位置因不同之情况而有不同之位置,岂有阳爻定须在上之理? 相较之下,龚、俞二氏之说较通顺,尤以俞氏更具说服力。 盖初九之刚力弱,如为六四之阴所畜,必为阴所制而失其阳刚之本性。
九二,牵复①,吉。	九二本欲上行受畜于四,惟以刚居中,上无应与,而与初九相比。故一方面能以中道自我审度,另一方面受初九牵连影响,也能复归本位。 　　九二复归本位,不失阳德,所以获吉。	① 牵复: 受初九牵连影响而复归本位。
九三,舆说(tuō)辐①,夫妻反目。	九三重刚而不中,躁动冒进。与六四亲比,且为六四所乘,因而为六四所畜而受制,不能自主行动。 　　九三受制,其情况之糟,犹如车轮的辐条脱落,无法前进;也似夫妻反目般相持不下,不得安宁。	① 舆说辐: 车子的辐条脱落。舆,车子。说,通"脱"。辐,车轮的辐条。或谓"辐"应作"輹"。輹与辐不同,輹是车伏兔(垫在车厢与车轴之间的木块)。
六四,有孚,血去惕出①,无咎。	六四以阴居阴,能以柔顺之正道上承九五。 　　由于中心之诚,博得九五的信任,故虽以小畜大,以下畜上,却能免于伤害与忧惧,而没有咎害。	① 血去惕出: 伤害避去,忧虑免除。血,伤害。惕,忧虑。
九五,有孚挛(luán)如,富以其邻。①	九五阳刚中正,以诚信待六四,且两者又相邻亲比,如君臣彼此相得而互信,关系有如	① 此爻费解,各家说法歧异甚大。本书认为李光地与王夫之的解说较符《小畜》卦"以阴畜阳、以小畜大"之卦义:

卦 爻 辞	卦 爻 义	注 释
	互相牵引般的紧密。 　九五虽因大环境而受畜于六四,但以其积德之富,推及六四,使六四受感召,合其志以辅之,而共成畜道之美。	《折中》曰:"此爻之义,从来未明。今以卦意推之,则六四者近君之位也,所谓小畜者也。九五者君位也,能畜其德以受臣下之畜者也。四曰'有孚',是积诚以格其君;五亦曰'有孚',是推诚以待其下,上下相孚而后畜道成矣。……五曰'以其邻'者,指四也。四与五相近,故曰'邻'。又,邻即臣也,《书》曰'臣哉,邻哉'是也。富者积诚之满也,积诚之满,至于能用其邻,则其邻亦以诚应之矣。" 《内传》曰:"'挛如',相结不舍也。'以'犹'与'也。九五刚中,阳德方富,而与巽为体,下与四孚以辅之,而成畜阳之美,四亦借之以富,而不忧其孤。上《象》所谓'合志'者是也。阴为卦主,故五降尊而称'邻'。"
上九,既雨既处(chǔ)①,尚德载②。妇贞厉③,月几望④,君子征凶。	卦至上九,阴阳调和,畜道已成,犹如原本密云不雨的状态,现已降下雨来。 　这时六四即应停止继续畜阳,因为至此阴畜阳已经畜足了,如果阴过于壮大,必将引起众阳的疑虑。犹如妇人过于强势,将引发其夫之不满、反击;亦如月亮已接近十五望日的满月,一旦月亮盈满,则将与太阳争光,这样会有危险。六四必须坚守本分,以防止危险真的发生。 　就阳的立场来说,阴畜阳之功已成而趋于壮大,此时阳不可再行动,否则将受制于阴。君子应体认此种情势,如果遭遇这样的情况,绝不可轻举妄动,否则会有凶险。	① 既雨既处:本来密云不雨,现已下雨,表示阴阳调和,畜道已成。此时不应再继续畜阳,应该停止。处,止。 ② 尚德载:阳德已被阴所积累畜满。尚,同"上";尚德,指阳德。载,积累。 ③ 妇贞厉:阴若过于壮大将疑于阳,而有危险。故应坚守本分,以防止危险发生。妇,象征阴。 ④ 月几望:月亮接近满月之时。几,几乎,接近。望,阴历每月十五日月满之时。

【人生智慧】

一、居下位者与在上位者的相处，是一种修养，也是一种艺术。说修养，是一方面要尽忠职守，完成上级交代的任务，并且要谨守上下之间的分际；说艺术，是既不可以不力求表现，但又不能有锋芒盖过上级的势头，以免"功高震主"，引人疑虑。这分寸之间的把握，端在个人的智慧。

二、善于用人者，一要诚恳，二要有度量。诚恳对待属下，属下除非是别有居心，或是冥顽不灵，否则大多能以诚心尽力回报。宽宏大量不忌才，让下属发挥所长，下属圆满完成任务，岂不也是自己领导有方的功劳？部属有杰出表现而升迁，也等于是替自己增添一份升迁的筹码。别担心下属有一天爬到自己的头顶上，即使如此，那也是人家的本事，人家也会饮水思源，心存感激。有这样的度量，就能有一份宽适平和的心境，这是权势、金钱所买不到的福分。

三、凡事不可太满，日中则昃，月满即亏。此处所谓的"满"，指的是一种心态，"自满"就不会有进步，且惹人厌；贪得无厌的"求满"，就易盲目冲动，不得反失。能够"适可而止"，是一种观照四方的智慧，但也需要悬崖勒马的勇气。

履卦　第十

卦爻辞	卦爻义	注　释
䷉ 下兑上乾·天泽履 履虎尾①，不咥(dié)②人，亨。	为人行事，必须谨慎小心，犹如紧跟在老虎尾巴后面走路一样，须步步留意，让老虎不会回过头来咬你。 　能够如此谨慎小心，行事就能顺利亨通。	① 履虎尾：履，原为卦名，象征"践履"、"行事原则"，此处为卦辞。"履虎尾"为跟在老虎尾巴后面行走，一说踩在老虎尾巴上面。与后面的"不咥人"连起来看，似以紧跟在老虎尾巴后面较为合理。虽说只是一种比喻，但如说踩在老虎尾巴上面，老虎还不会咬人，实在很难令人理解。 ② 咥：咬。
初九，素履①，往无咎。	初九处《履》之始，居下位而能安分守己、平平实实地为人处事，则有所行动时就不会有咎害。	① 素履：安分守己、平平实实地做事、做人。

卦爻辞	卦爻义	注　释
九二，履道坦坦①，幽人②贞吉。	九二质刚用柔，行事中庸，惜与九五不相应。 惟九二秉其幽静之德，乐于恬淡隐居，无所挂碍。心境犹如行走在平坦的大路般自在安适，同时能够安于本分，坚守正道，因而获吉。	① 履道坦坦：行事坦坦荡荡，犹如行走在平坦的大道般，没有挂碍。 ② 幽人：幽静恬淡之人、幽居之人。
六三，眇（miǎo）能视①，跛（bǒ）能履②，履虎尾，咥人，凶。武人为于大君③。	六三不中不正，质柔用刚，才不堪用而自以为是。就如同瞎了一眼，还自以为看得很清楚；亦如跛脚之人自以为还很能走一样，缺乏自知之明。结果往往履险而不知险，犹如有人跟在老虎的尾巴后面，以为没什么关系，其实是冒着被老虎咬的凶险。 又如一个只知好勇斗狠的武夫，自恃刚猛足以服人，竟妄想恃勇登上君主之位，那也是极易招来杀身之祸的致凶之由。	① 眇能视：瞎了一只眼，却以为自己还能看得很清楚。眇，偏盲，即一只眼看不见。 ② 跛能履：跛脚的人自以为还很能走。 ③ 武人为于大君：此句见仁见智，解说分歧。一说是武人妄想做大君（君主）；另说是武人为大君效力。本书认为第一说较顺，因其正可为"履虎尾，咥人凶"之补充，用以说明致凶之由。另说虽亦可通，但本爻爻辞前皆说凶，后又突然转折为正面，即使当作劝诫之词，也有些勉强。
九四，履虎尾，愬愬（sè sè）①，终吉。	九四以阳居阴，不中不正，但因刚而能柔，知危知惧。上承九五之君，就如跟在老虎尾巴后面那样，戒慎恐惧，步步小心，因而终获吉祥。	① 愬愬：戒慎恐惧貌。
九五，夬（guài）履①，贞厉。	九五阳刚中正，行事刚断果决。虽然有位有权，可以独断独行，没有阻碍，但过刚易于产生危机，必须坚守正道并节制自己的行为，方能避免危险发生。	① 夬履：行事刚断果决。
上九，视履考祥①，其旋②元吉。	上九已至《履》卦之终，于是回头审视自己过去的行事，以考察其中的吉凶祸福。	① 视履考祥：回头审视自己所作所为的吉凶得失。考，考察。祥，征祥，即吉凶祸福之征兆、迹象。

卦 爻 辞	卦 爻 义	注 释
	如果过去的所作所为,自始至终周旋无亏,事理圆满,必然大吉。	② 旋:各家说法不同,本书认为《程传》"旋,谓周旋完备,无不至也"及《本义》"周旋无亏"之说,较为通顺。

【人生智慧】

一、人生处处有风险,小心谨慎是处事之道的第一要件。

二、安分守己、平平实实地做事做人,是最为保险的行事原则。安分、平实不是消极,而是脚踏实地。目光不妨远大,理想可以憧憬,但一步一脚印,必须踏踏实实,才不会徒劳无功。

三、人必须有自知之明,就怕"半桶水",却又自以为了不起。不自量力的结果,往往受伤累累,甚而身陷险境。

四、懂得时时自我检讨,并且能够汲取教训的人,比较有成功的机会。

泰卦 第十一

卦 爻 辞	卦 爻 义	注 释
下乾上坤·地天泰 泰①:小往大来②,吉亨。	地气由下往上腾,天气由上向下降,天地阴阳之气因而相交。 　天地相交,阴阳调和,万物得以生长、茁壮,是以吉祥而亨通。	① 泰:卦名,象征"通泰"。 ② 小往大来:指阴爻居外卦,阳爻居内卦的卦象。小,指阴爻;往,由内往外。大,指阳爻;来,由外来内。
初九,拔茅茹(rú),以其汇①,征吉。	初九阳刚处于最下,志在上行,遂纠合同样有上进之志的二、三爻一起行动,结伴而行。就如同茅草根部相连,拔一根,其它茅草也相牵连而跟着拔起一样。 　因有志同道合的人一起行动,可以彼此照应,互相鼓励,所以得吉。	① 拔茅茹,以其汇:拔茅草时,根部互相牵连的茅草一起被拔起。茹,根部互相牵连状。以,与。汇,同类。

99

卦 爻 辞	卦 爻 义	注 释
九二，包荒①，用冯（píng）河②，不遐遗③，朋亡④，得尚于中行⑤。	九二以刚居柔得中，上与六五正应，君臣相得，为六五所信任。 九二以干练之才，心胸宽阔，包容广大，并且勇于冒险犯难，不结党营私，连远方之人也能容纳。这些作法都属于能够发挥中道之德的行为。	① 包荒：心胸宽阔，包容广大。 ② 用冯河：不用舟楫，涉水过河。比喻勇于冒险犯难。 ③ 不遐遗：即"不遗遐"的倒装，意为不遗弃远方之人。遐，远。 ④ 朋亡：绝弃结党营私的作法。 ⑤ 得尚于中行：能够合乎中道。尚，配合。中行，中道之行。
九三，无平不陂（pō）①，无往不复②，艰贞③，无咎。勿恤其孚④，于食有福⑤。	九三正处于上、下卦的转折点，应该提高警觉，防止不利的变化。必须知道，没有那种从头到尾都是平地而不会遇到斜坡的道路，也不会有一直往前发展而不会转回来的事物。 明白这种天道循环的道理，懂得居安思危、防患然然，就可以免除咎害。 此外，如遇艰难之境，仍然坚守正道，就不用担心不能取信于人，而且将有安享食禄的福气。	① 无平不陂：没有那种从头到尾都是平地而不会遇到斜坡的道路。亦即凡事不可能永远平顺。陂，斜。 ② 无往不复：不会有一直往前发展而不会转回来的事物。意即事物会受到自然循环法则的约束。 ③ 艰贞：遇到艰难之时仍然坚守正道。 ④ 勿恤其孚：不用忧虑不能取信于人。恤，忧。 ⑤ 于食有福：有享受食禄的福气。
六四，翩翩不富，以其邻不戒以孚。①	六四居上卦之初，当此上下交泰之际，带领五、上二阴爻一起急飞而下，来与下卦三阳相应。 因三阴爻都有往下求阳的诚意，所以有志一同，彼此信任，不用互相警戒。	① 此爻断句各家不尽相同，但大多断为："翩翩，不富以其邻，不戒以孚。"按此断句说解，总觉不顺。本书试改为："翩翩不富，以其邻不戒以孚。"不敢谓必当，但期能使句义更为流畅。以"翩翩不富"连读，揆诸《象传》"翩翩不富，皆失实也"的说法，似亦有据。兹将全爻分句注解如下： 翩翩不富：翩翩，急飞貌。此处是形容六四带领六五、上六向下与三阳爻相应、相交的状态。不富，按《易》例，阳为实，为富；阴为虚，即不富。四、五、上三阴爻相偕而下，故谓"翩翩不富"。

卦 爻 辞	卦 爻 义	注 释
		以其邻不戒以孚：六四与其相邻之六五、上六都不须互相警戒，而是志同道合，互相信任。前一"以"字意为"与"。后一"以"字意为"而"。
六五，帝乙归妹①，以祉(zhǐ)②元吉。	六五阴居尊位而得中，下与九二相应，象征君主纡尊降贵、诚心下求贤臣的美德；亦如殷商的帝王帝乙下嫁女儿给臣子一般。 六五具有此种美德，必然得获福祉而大吉。	① 帝乙归妹：殷商的帝王帝乙嫁女儿。帝乙，殷帝以乙为名者，不只一人，或谓商汤，或谓纣父，难以确指。归妹，少女出嫁。 ② 祉：福。此处作为动词，意为得福。
上六，城复于隍①。勿用师，自邑告命②，贞吝③。	上六居《泰》之极，物极必反，泰极趋衰。犹如城墙日渐倾颓，墙土将塌入城沟一般。 此时势弱，政令所及仅自己驻守的城邑而已。当务之急，应是治理好辖区内的内政，绝不可妄想用武力解决问题。同时应谨守正道，以避免艰吝之事发生。	① 城复于隍：城墙倾覆塌入城沟之中。复，通"覆"。隍，护城河有水为"池"，无水为"隍"。古时建城，挖土筑墙，掘地成沟，未贮水者即为隍。 ② 自邑告命：由盛趋衰，影响力减弱，只能在自己驻守的城邑中颁行政令。 ③ 贞吝：谨守正道，以避免艰吝之事发生。或谓"贞吝"意为守其常而不知变通则吝，亦通。或谓"虽正犹吝"，本书认为《易》之积极面在于"劝勉"，消极面在于"劝诫"，劝勉或劝诫守正防吝，乃有鼓励之作用，如强调虽正亦吝，一片悲观，岂是《易》之本意？

【人生智慧】

一、不管是个人与个人、个人与团体或团体与团体，彼此之间的交往，一定要非常重视"沟通"。不论是上下的关系或是平行的关系，沟通的管道一定要畅通。且不可只是单向的传达，而必须是彼此静心倾听，充分吸收、理解对方的意见，这才是真正的沟通。

二、天道循环，人事也是如此。质言之，一切事物都无时无地不在发生着无情的变化，不以人的意志而转移。这是客观规律，非人力所能抗拒。因此，盛极必衰就成为一种普遍性的现象。有鉴于此，明智者就必须居安思危，预做因应的准备，以设法减免可能的损害。

否卦　第十二

卦爻辞	卦爻义	注　释
䷋ 下坤上乾· 天地否 否之匪人①,不利 君子贞,大往小来 ②。	否塞之时,君子道消,小人道 长。小人居位用事,正气不伸, 不利于君子坚守正道。 　　《否》卦乾上坤下,阳往外 走,阴来居内,正象征内小人而 外君子之人事乱象。	① 否之匪人:否,原为卦名,象征"否闭 不通",此处为卦辞。"否之匪人"句, 诸家说法不一。《正义》曰:"否之匪人 者,言否闭之世,非是人道交通之时, 故云'匪人'。"《程传》曰:"天地不交, 则不生万物,是无人道。"何谓"人道 交通"? 何谓"无人道"? 实难以理 解。《本义》曰:"或疑'之匪人'三字 衍文,由《比》六三而误也。《传》不特 解其义,亦可见。"干脆避开"匪人"之 疑义,正反映此句之晦涩不明。参考 《彖传》所云"内小人而外君子,小人道 长,君子道消也"并卦辞所谓"不利君 子贞",则在用事者均非其人,即《折 中》引王宗传曰:"匪人,所谓非君子人 也。"梁寅谓:"居其位,非其人。"讲得 更直白清楚。比对《比》六三爻辞"比 之匪人"义,似以王、梁二人之说较为 顺畅,意谓:小人居位当道,所用非人, 正气不伸。 ② 大往小来:《易》例阳大阴小,外卦乾, 内卦坤,故谓大往小来。
初六,拔茅茹,以 其汇①,贞,吉亨。	处《否》之初,其质柔弱,如 拔茅草时,其根同类连动一样, 应与六二、六三两阴爻共守正 道不妄动,才能吉利而亨通。	① 拔茅茹,以其汇:字义请参阅《泰》初九 注①。但二者喻义不同,《泰》初九鼓励 "共进",此处乃劝诫须"共守"。 又,此处阴爻不作"小人"解,而作屈居 下僚之君子解。
六二,包承①,小 人吉,大人否,亨。	六二阴柔居中,上应九五。 在否闭之世,有枉己屈道,承顺 九五,以求自保之象。这对于 小人而言,的确是求吉之方。	① 包承:包容、承顺。

卦 爻 辞	卦 爻 义	注 释
	但若是有德的大人，就宁可安处于否，也不愿委屈顺承于上，而与小人同群。虽因而身陷否运，但所坚守的君子之道，却是亨通的。	
六三，包羞。①	六三不中不正，居下卦之上位，近承九四，远应上九。虽居非其位，仍以奉承谄媚之道，求得包容。 如此尸位素餐，实在恬不知耻。	① "包羞"照字义解，似为"包容羞辱"之意。《象传》谓："位不当也。"阴居阳位，是位不当，但何以因而即"包羞"？爻辞未言吉凶，且如越王句践之卧薪尝胆，亦是包羞，故包羞也有正向之意义。各家虽说法不一，但均有"不知羞耻"之意。例如《折中》引游酢曰："在下体之上，位浸显矣。当否之世而不去，忍耻冒处，故谓之'包羞'。"又引郭雍曰："尸禄素餐，所谓'包羞'者也。"虽总觉不甚妥帖，姑从众说以"不知羞耻"释之。
九四，有命①，无咎。畴离祉②。	九四已由下卦进入上卦，否既过半，已有济否致通的条件。此乃大势所趋，有如天之授命，不可逆转，故无咎害。 九四与九五、上九同类相附丽，共同济否，终将转否为泰，获得福祉。	① 有命：大势所趋，有如天之授命，故曰"有命"。 ② 畴离祉：谓同类皆能附丽之，而得福祉。畴，同类；离，附丽；祉，福祉。惟何者为同类，说法不一，有谓上三阳，有谓下三阴，有谓初六。本书认为，既云"类"，似以上三阳较为合宜。本书从《本义》所说："否过中矣，将济之时也。九四以阳居阴，不极其刚，故其占为'有命无咎'，而畴类三阳，皆获其福也。命谓天命。"
九五，休否①，大人吉。其亡其亡，系于苞（bāo）桑②。	九五中正，居君位，有其力亦有其责以休止否闭的状态。 这是居尊位、有其德、得其时的大人才能办得到的事情，整体情势是吉利的。 但情势虽然有利于转否为泰，却不可因而掉以轻心，仍须	① 休否：休，休止。休否，即休止否闭的情势。 ② 其亡其亡，系于苞桑：这是劝诫之辞。提醒人们须存防范危亡之心，时时有"将亡"之戒，方能使好的情势如丛生之桑根那样稳固，不至再罹将亡之险境。苞桑，丛生之桑根。

103

续　表

卦 爻 辞	卦 爻 义	注　释
	存有防范危亡之心,时时有"将亡"之戒。这样才能巩固好转的情势,就如丛生之桑根那样坚实稳固,不至又踏入危亡的险境。	
上九,倾否①,先否后喜②。	上九否道已发展到极点,是该倾覆的时候了。 　情势发展至此,虽不免先有否极之忧,但随后即将有转泰之喜。	① 倾否:倾覆否闭的状态。 ② 先否后喜:先有否极之忧,随后即有否极转泰之喜。

【人生智慧】
一、天道循环,有治必有乱,故逢乱世也不必太丧气,更不可丧志,因乱后必治,否极泰来。
二、在"君子道消,小人道长"时必须懂得明哲保身,谨言慎行。心存正念、不同流合污即可,避免以硬碰硬,引来难以预期的危险。争气于一时非明智之举,斗志不斗气才能持久不溃。

同人卦　第十三

卦 爻 辞	卦 爻 义	注　释
下离上乾·天火同人 同人于野①,亨,利涉大川,利君子贞。	心胸旷达,无门户之见,无朋党之私;不分远近亲疏,即使对待偏野地区之人,也是一律平等,力求彼此异中求同,和睦相处。 　但与人和同,不可因企求心切而有邪僻之心与不当之行,必须坚守正道,行君子之谊。 　若能如此,则我乐与天下人同,天下人也乐与我同,必然处事亨通,任何困难险阻都能够顺利度过。	① 同人于野:"同人"原为卦名,象征"与人和同",此处为卦辞。"同人于野",谓远至原野之地亦能与人和同,比喻心胸宽大,没有私心。

卦 爻 辞	卦 爻 义	注　释
初九，同人于门①，无咎。	初九以阳居阳，当位得正，与四同为阳爻，无所系应，故能无所偏私。 初九与六二亲比，象征一出门即可与门外之人和同，表现出廓然大公的胸襟，如此不会有咎害。	① 同人于门：与门外之人和同，象征不私昵。此处之"门"指门外而言，初九《象传》曰："出门同人，又谁咎也。"可为佐证。
六二，同人于宗①，吝。	《同人》之要义，在于大公而无私狎。 六二与九五正应，象征六二专与宗党和同，未能大公无私，此乃致吝之道也。	① 同人于宗：宗，宗党。同人于宗，谓仅与其宗党和同。
九三，伏戎于莽①，升其高陵，三岁不兴②。	九三以阳居阳，质刚用刚，容易冲动。由于下乘六二，有意借亲比关系与之和同。 但六二与九五正应，顺理成章地与九五和同。九三心有不甘，于是伏兵于林莽之间，并屡屡登上高冈以窥探九五之虚实，想要伺机抢夺六二。 结果因双方实力悬殊，九三窥探许久，自知不敌，终究不敢出兵。	① 伏戎于莽：埋伏兵戎于草丛之中。莽，草丛。 ② 升其高陵，三岁不兴：登上高冈窥探对方虚实，但窥探许久，自知实力悬殊，终究不敢出兵。
九四，乘其墉(yōng)，弗(fú)克攻①，吉。	九四以阳居阴，体刚用柔，知所进退。 本欲争取与六二和同，因九三挡在前面，于是登上城墙，意欲攻之。继而揆度情势，知六二与九五乃是正应，无论与九三或九五争均无意义。于是悬崖勒马，放弃攻击别人之企图。 迷途知返，不强求，避免无谓的损失，结果是吉利的。	① 乘其墉，弗克攻：登上城墙，本欲进攻。自我检讨之后，认为不宜进攻而放弃。墉，城墙。

105

卦 爻 辞	卦 爻 义	注　释
九五，同人，先号咷(háo táo)①而后笑，大师克相遇。	九五中正居尊位，与六二为正应，本当顺理成章与六二遇合以和同。但因九三、九四恃强横梗在前阻挠，九五一时不能如愿，因而放声大哭。后来终能得遂所愿，与六二遇合，随即破涕为笑。 　　之所以最终能够如愿，是因有强大的武力为后盾，所拥有的大军足以克敌致胜的缘故。	① 号咷：放声痛哭。
上九，同人于郊①，无悔。	上九处于《同人》之最终、最外，且无应与。有如置身于城郊，欲得一和同之人而不可得。 　　然而虽不获同志，却远离内争，因而也无悔吝之事发生。	① 同人于郊：卦辞"同人于野"是象征心胸旷达无私，与人和同；上九"同人于郊"则是象征置身城郊而无和同之人，句法虽相似，但意义却大不同。

【人生智慧】
一、人情有同则有异，所谓"同人"，不是强求别人与我同，而是异中求同，同中容异，相互尊重，
　　力求彼此和谐相处。
二、心胸越宽大，越无私心，越能与人和同、与更多人和同。

大有卦　第十四

卦 爻 辞	卦 爻 义	注　释
䷍下乾上离·火天大有 大有①：元亨②。	《大有》卦离上乾下，六五以柔居尊，五阳宗之。五阳皆与六五相感应，亦即五阳均归六五所有。《易》例阳大阴小，其所有者皆大，故为《大有》。 　　《大有》卦体内刚健外文明，既富有，又健明，是以事事通达，无往不利，大为亨通。	① 大有：卦名，象征"大收获"、"大富有"。 ② 元亨：大亨。

卦 爻 辞	卦 爻 义	注 释
初九，无交害①，匪咎，艰则无咎。	初九居卦之最下，与四无应，象征无人与之交往，亦无骄盈之心。 无交往则无利害冲突，不会互相侵害，因而没有咎害。 但不可就此掉以轻心，仍须以艰难自守、戒慎恐惧的态度立身处世，以确保咎害不会发生。	① 无交害：初九无应，未与人交往，故无咎害。此句各家说法分歧，且有断句为"无交，害"者。本书兼取程子与朱子的解释： 《程传》："九居《大有》之初，未至于盛，处卑无应与，未有骄盈之失，故无交害，未涉于害也。" 《本义》："虽当《大有》之时，然以阳居下，上无系应，而在事初，未涉乎害者也。"
九二，大车以载①，有攸往，无咎。	九二阳刚居中，有才、谦顺且具中道之德，足以担当大任。犹如大车可以载重，且上应六五，为六五所信任。 有如此条件，即可勇往直前，放手去做，不会有任何咎害。	① 大车以载：能力足以担当大任，犹如大车可以载重物。
九三，公用亨(xiǎng)于天子①，小人弗克②。	九三当位得正，居下体之上，为股肱之臣。 六五中德而谦，礼贤下士，九三归心，如公侯朝献天子般忠贞。这要是鄙吝的小人，就办不到了。	① 公用亨于天子：公侯向天子朝献。亨，通"享"，意为朝献。 ② 弗克：不能够。
九四，匪其彭①，无咎。	九四阳居阴位，体刚用柔，谦抑自处。能以恭顺之心侍奉六五，不恃强炫能夸耀其盛，避免六五之猜忌，因而没有咎害。	① 匪其彭：不显耀其盛。彭，盛大貌。
六五，厥孚交如①，威如②，吉。	六五以柔爻居尊位，且具中道之德，能以诚信对待众阳。众阳感其心，也以诚信回报，君臣相得。 惟君主无威则不重，仍须保有必要的威严，与臣下亲而不狎，方能获吉。	① 厥孚交如：六五与众阳互以诚信相交接。厥，其。如，语助词。 ② 威如：威严的样子。

续　表

卦 爻 辞	卦 爻 义	注 释
上九，自天祐之，吉，无不利。①	上九以刚居《大有》之终，而能不恃其有，愿意下从六五，履信而尚贤。是以吉祥而无不利，犹如获得上天之庇祐。	① 本爻辞所述，《王注》、《正义》、《程传》、《本义》均归诸上九之德所得之善果。但《折中》认为上九爻辞是总结《大有》全卦之结语，"自天祐之，吉无不利"是对卦主六五而言。《折中》引郭雍之言可为参考："《系辞》曰：'祐者助也，天之所助者顺也，人之所助者信也，履信思乎顺，又以尚贤也。'六五之君实尽此，而言于上九者，盖言《大有》之吉以此终也。故《象》曰：'《大有》上吉'，则知此吉《大有》之吉也，非上九之吉也。"但本书认为爻辞系于上九，乃是上九之爻辞，如归诸六五，即使言之成理，总觉心有未惬。

【人生智慧】

一、有舍才有得，不执着于其所有，反而能保其所有。

二、害人之心不可有，防人之心不可无，"无交害"的前提是"艰则无咎"。如无戒慎之心，有时躺着也可能中枪。

三、持盈保泰之道，不论对上、对下，都要"匪其彭"，最忌炫富自大，以免招惹祸殃。

谦卦　第十五

卦 爻 辞	卦 爻 义	注 释
䷷ 下艮上坤·地山谦 谦①：亨，君子有终②。	以谦虚之心待人接物，则处事顺利亨通，没有阻碍。 　　但能长久保持谦逊之德，也不是人人都可以做到的，只有品德高尚的正人君子，才能有始有终，永远保持谦逊之心。	① 谦：卦名，象征"谦虚"。 ② 有终：自始至终保持谦虚的美德。

卦 爻 辞	卦 爻 义	注　释
初六，谦谦①君子，用涉大川②，吉。	初六以柔居《谦》卦最下，为谦之又谦的至谦君子。 以其谦德为人处世，即使必须冒险犯难，最后也能获得吉祥的结果。	① 谦谦：谦之又谦，谦虚至极。 ② 用涉大川：以其谦德冒险犯难。用，以。
六二，鸣谦①，贞吉。	六二柔顺中正，谦虚的名声远播。只要不被名声冲昏了头，坚定地谨守谦德，就能获吉。	① 鸣谦：谦虚之名远播。
九三，劳谦①，君子有终，吉。	九三为《谦》卦之主，唯一的刚爻，而甘居下体以承上。 此爻象征君子勤劳付出而不居功，且自始至终谦虚自守。使人由衷佩服，当然吉祥。	① 劳谦：劳而有功，仍然谦虚。
六四，无不利，㧑(huī)谦①。	六四处六五之下的"多惧"之位，又在众所尊崇的九三之上，处境不利。 但如能发挥谦德，巽顺自抑，就不会有不利的情况发生。	① 㧑谦：发挥谦虚的美德。㧑，同"挥"。
六五，不富以其邻①，利用侵伐，无不利。	六五柔中居尊，谦虚为怀，因而得到臣民的爱戴，愿意为他效命。 有此民气可用，就算有不服之众，必须用武力征讨，也能在民众的支持下顺利进行，无所不利。	① 不富以其邻：六五以谦德服人，臣民皆乐为所用。"不富"，此处喻"谦虚"。以，用。邻，指六四与上六。 "不富"，各家解说不一。《易》例，阳为实，阴为虚，六五为阴，故为不富。若以六五为阴爻释"不富"，虽合于《易》例，但无法周圆其说，何以不富而能收服同为不富之邻？又，有以"财"释"富"者，谓"不富"即不以财富而得人心，可备一说。但如苏轼谓："五无所有，故曰不富以其邻"，则费解，夫六五居于尊位，怎能"无所有"？《王注》："居于尊位，用谦与顺，故能不富而用其邻也。"《折中》引胡炳文曰："盖不富

续　表

卦 爻 辞	卦 爻 义	注 释
		者,六五虚中而能谦也;以其邻者,众莫不服五之谦也。"以"谦虚"释"不富",虽迂回,但紧扣《谦》卦之卦义,较为可取。
上六,鸣谦①,利用行师,征邑国②。	上六居《谦》卦之极,虽然谦名远播,但谦退至极,反有柔弱之病。必须辅之以刚健,方能服人。 譬如自己领地有不服之众,就必须以武力征伐之。	① 鸣谦:同六二注①。 ② 邑国:自己的领地。

【人生智慧】

一、《谦》卦六爻皆吉,可见谦德之重要。而"满招损,谦受益"人人朗朗上口,可见谦德之要,人人皆知。然知之不见得能行之,此所以自大自满者众,而自谦自抑者寡,乃为世间常态。

二、谦德是由内心自然而然发出的美德,非仅是客套的礼貌表态,更不是虚伪的做作。其间差别在于:是否使人感受诚恳、是否始终如一、是否人前人后如一、是否明处暗处如一、是否对上对下如一。谦德之所以难能可贵者在此,之所以大吉大利者亦在于此。

三、谦虚的确是美德,但必须有实力作后盾,没实力,谦虚可能被视为"心虚"。有实力而谦虚,方能使人心悦诚服。

豫卦　第十六

卦 爻 辞	卦 爻 义	注 释
 下坤上震· 雷地豫 豫①:利建侯行师。	《豫》卦下坤上震,九四一阳为主,而上、下皆应之。 内顺外动,人心和悦,故无论建立诸侯以宣德泽、分天下,或出师讨逆以除暴乱、安天下,都能顺应民心,使百姓安居乐业。	① 豫:卦名,象征"安乐"。

卦 爻 辞	卦 爻 义	注 释
初六,鸣豫①,凶。	初六以阴居阳,且居下位,并无豫乐的条件,只因上应九四,恃有强援而自鸣得意。 但如此不自力量,耽于豫乐,必有凶险。	① 鸣豫:自鸣得意。
六二,介于石①,不终日②,贞吉。	六二柔顺中正,又无系应,在众阴之间特立独行,操守耿介如石。 不仅如此,六二尚有知幾之明,不待一天终竟就能够及早发现问题,并立即果断解决。 六二能够如此坚守正道,当然获吉。	① 介于石:操守耿介,如石之坚。介,耿介。于,如。 ② 不终日:不待一天终竟。
六三,盱(xū)豫①,悔。迟有悔②。	六三阴柔失正,上承九四,有为了享受逸乐不惜媚上求荣之象,将来必定后悔。 如能及早醒悟,则回头是岸,犹未为晚;若迟迟不知悔改,将来再后悔,就已经来不及了。	① 盱豫:媚上以求豫乐。盱,仰视貌,媚上之象。 ② 迟有悔:不及早醒悟,将来一定有迟悔之憾。
九四,由豫①,大有得②,勿疑,朋盍(hé)簪③。	九四是卦中唯一的阳爻,拥有丰厚的资源,众人之所以获得豫乐,都是由于他的缘故。 九四得上下五阴相应,必然使志大行而大有所得。但须诚心对待他人,不可对人有所疑虑,别人才能对你完全信任。 这样彼此信任,就如同用一只簪子把头发束合起来一样,大家合作无间,力量就更大了。	① 由豫:众人由之以得豫乐,即众人都是由于他的缘故而得豫乐。 ② 大有得:其志得行而大有所得。 ③ 朋盍簪:志同道合的朋友聚集在一起,就如同用发簪把头发束合起来一样。朋,朋友,此处指众阴爻。盍,通“合”。簪,绾发用的发簪。
六五,贞疾①,恒不死②。	六五以阴居阳,又以柔乘刚,本身没有资源,必须仰赖九四强臣。因此,绝不可耽于逸乐,而应时时警惕,以防此弊病。 有此自觉,方能长保平安而不至覆亡。	① 贞疾:固守正道,以防止安于逸乐的弊病。 ② 恒不死:长久生存而不覆亡。

111

续 表

卦 爻 辞	卦 爻 义	注 释
上六,冥豫成①,有渝②无咎。	上六居《豫》卦之极,豫极耽乐而冲昏了头脑。沉迷其中不可自拔,是非常危险的状况。 　　如能及时醒悟,改过迁善,就可避免咎害发生。	① 冥豫成:昏冥纵乐的现象已经形成。冥,昏昧,头脑不清。成,形成。 ② 渝:转变。

【人生智慧】

一、机会永远只给准备好的人。想要享受安逸和乐的丰美成果,对个人,须自我充实、勤学技能;对企业,须广建人脉、完善制度、建立组织。天下没有白吃的午餐,只有做足了准备功夫,才有安享豫乐的机会。

二、欢乐不可过头,须防乐极生悲。享受不可耽溺,耽溺易致危亡。

随卦　第十七

卦 爻 辞	卦 爻 义	注 释
䷐ 下震上兑·泽雷随 随①:元亨,利贞,无咎。	《随》卦下震上兑,且下卦初九在六二、六三两阴爻之下,上卦九四、九五两阳爻也都在上六阴爻之下。刚爻下于柔爻,象征以贵下贱,舍己从人。 　　己能从人,人亦必来随己。譬如君主礼下臣民,臣民必然随从君主,彼此相随从,和悦而动,由是可致大亨通。 　　惟随从之道,必须守正,方能得利而无咎,若不正则不仅不能得利,且有咎害。	① 随:卦名,象征"随从"。
初九,官有渝①,贞吉,出门交有功②。	初九阳爻居六二阴爻之下,符合刚爻下于柔爻、以贵下贱的《随》卦卦义。	① 官有渝:思想观念能顺时而变。官,《正义》曰"人心所主谓之官",此处犹言"思想观念"。渝,改变,此处有往好的方面改变之意。

卦 爻 辞	卦 爻 义	注 释
	初九与九四无应，无应就没有固定相随的对象，因此其思想观念不执着，懂得顺应时势而变通。 　　但在选择对象之时，必须坚守正道，方可获吉。同时，随从之道不可昵于私情，自我拘限于门内之小天地中。应敞开心胸，出门与人交往，见善而从，才能成功。	②　出门交有功：出门与人交往才能成功。比喻不可昵于私情，应该光明正大，公而忘私，才能成功。
六二，系小子，失丈夫①。	六二与九五正应，九五以刚下柔，六二本当前往随从，但六二偏要依附于与之亲比的初九。 　　随从之道，必须有知人之明，如依附才、位较弱的初九，就会失去追随才、位较强的九五的大好机会，是很可惜的事情。	①　系小子，失丈夫：如依附才、位较弱的初九，就会失去追随才、位较强的九五的机会。 　　爻辞所谓"小子"、"丈夫"所指为何？各家说法分歧，本书认为以初九为小子、九五为丈夫较为妥帖。
六三，系丈夫，失小子①。随有求得②，利居贞。	六三与上六无应，因而前往随从与之亲比的九四。 　　初九以刚下柔，本来也是六三可以随从的对象，但初九已为六二所依附，故六三只能随从于九四。 　　九四居高位，初九居下僚，故随从九四，舍去初九，犹如系"丈夫"而失"小子"。 　　六三上承九四，二者互相亲比，且九四亦无相应之对象，故六三求附九四，必得九四之接纳。 　　惟六三在此情况下得遂所求，必须谨守正道，切不可谄媚从上，方能有利。	①　系丈夫，失小子：比喻六三随从九四，舍去初九。 ②　随有求得：欲随从于人，结果如愿得其所求。

卦 爻 辞	卦 爻 义	注 释
九四,随有获①,贞凶。有孚在道②,以明③,何咎?	九四有六三愿来随附,固然是一种收获,但四居近君"多惧"之位,易招猜忌而致凶,必须谨守本分以避免凶险。 如能心怀诚信,所作合乎正道,态度光明磊落,自然不会有咎害。	① 随有获:被人随从而有所获。 ② 有孚在道:以诚信谨守正道。 ③ 以明:以光明磊落的态度行事。
九五,孚于嘉①,吉。	九五中正之君,而又能以诚信从善如流,当然是吉利的。	① 孚于嘉:诚心从善。
上六,拘系之,乃从维之,王用亨(xiǎng)于西山。①	上六处于《随》卦之极,随者与被随者的随从关系,如以绳系结般的牢固。 文王之所以主祭于西山,固然是为了享祀上帝,另一方面也是为了借此维系与追随者之紧密关系。	① 此爻之义,诸家说法分歧,其要者有三: A.《王注》认为上六:"处上极,不从者也。"《正义》进一步说明:"最处上极,是不随从者也。随道已成而特不从,故须拘系之,乃始从也。'维之,王用亨于西山'者,若欲维系此上六,王者必须用兵,通于西山险难之处,乃得拘系也。山谓险阻,《兑》处西方,故谓西山。令有不从,必须维系,此乃王者必须用兵通于险阻之道,非是意在好刑,故曰'王用亨于西山'。" B. 程颐看法正好相反,认为上六是:"《随》之极,如拘持縻系之。乃从维之,又从而维系之也,谓《随》之固结如此。王用亨于西山,《随》之极如是。"并谓:"昔者太王用此道亨王业于西山……西山,岐山也。" C. 朱熹之看法,与程说大致相同,谓:"居《随》之极,《随》之固结而不可解者也。诚意之极,可通神明,故其占为'王用亨于西山'。"但朱熹认为"亨"为"祭享"之"享",与程说不同。 D.《折中》认为:"卦以刚下柔为义,则九五、上六有相随之义。"此与程、朱说法略同。但对于"王用亨于西山"的解

卦 爻 辞	卦 爻 义	注 释
		说则另有看法,谓:"不曰'系小子',亦不曰'系丈夫',而但曰'拘系之',下乃云'王用亨于西山',明乎其所系者王也。凡《易》爻言'王用亨'者三,皆谓王用如此亨者之人,以亨于山川上帝也,非谓其爻为王也。" 诸说均言之成理,实难以抉择。本书认为,西山即岐山,乃周之地,在此主祭之"王"难以确指,但与《升》六四爻辞并考,参之以史实,似以文王较为贴切。

【人生智慧】

一、成功的首要条件是"随时顺势",知所变通。但必须坚守道德的底线,不可偏离正轨,以免招来祸害。

二、不论随从于人,或为人所从,首要在于识人。如果识人不明,所随之人不正,则不但正人君子退避三舍,且将与所随者步向歧途,遗害无穷。相对的,如果来随之人不正,不但无所助益,而且反遭拖累。

蛊卦　第十八

卦 爻 辞	卦 爻 义	注 释
䷑ 下巽上艮·山风蛊 蛊①:元亨,利涉大川。先甲三日,后甲三日②。	整饬积弊,扫除乱源,才能大亨通。 去弊除乱固然要突破一切险难,勇往迈进,更重要的是必须深思熟虑。首先要检讨长久以来的积弊何以发生的原因,同时要缜密地考虑,除弊以后要采取怎样的措施,方能避免弊害再度发生。 能够周详计划,并防患未然,才有办法获致真正的亨通。	① 蛊:卦名,象征"整治弊乱"。 ② 先甲三日,后甲三日:先甲、后甲之义,众说纷杂。例如:有以天干顺序为说者,有以后天八卦方位为说者。虽都言之有据,但病其迂曲,本书宁取《程传》之说,以其晓畅圆通也:"甲,数之首,事之始也。……治蛊之道,当思虑其先后三日,盖推原先后,为救弊可久之道。先甲,谓先于此,究其所以然也。后甲,谓后于此,虑其将然也。一日、二日,至于三日,言虑之深,推之远也。究其所以然,则知救之道;虑其将然,则知备之之方。"

卦 爻 辞	卦 爻 义	注 释
初六，干父之蛊①，有子，考无咎②，厉，终吉。	凡弊乱之生，绝非一朝一夕之故，必然积之已久。初六以柔处于最下，而上无应援，要整治前此所积累下来的弊病，就如同要人子去匡正父辈遗留下来的弊病一样的困难。 身为人子而能匡父之失，代为补过，则其亡父生前所造成的咎害，即因而消失。 这种"干父之蛊"的难事，在处理过程中必然会遭遇相当的危险。但能匡正父辈的弊病，最终的结果仍然是吉利的。	① 干父之蛊：匡正父辈留下来的弊病。干，匡正。蛊，弊病。 ② 有子，考无咎：有这样的儿子，其父所造成的咎害，即因而消失。考，父死曰考。
九二，干母之蛊①，不可贞②。	九二以阳处阴得中，上应六五，其治蛊须刚而能柔，且以中道处之。 譬如匡正母辈所积下的弊害，不可坚持使用刚直的手段，而应委曲求全，用柔软手段妥善处理，以免除弊不成，反而害事。	① 干母之蛊：匡正母辈的弊病。 ② 不可贞：不可坚持刚直以处其事。贞，正也，在此有坚持之意。
九三，干父之蛊，小有悔，无大咎。	九三阳刚居正，而无上应。以刚居刚，过刚而不能行中道，担当匡正其父辈积弊之事，难免有时因过激过偏，而招来一点小小的悔憾。 不过毕竟是以正行正，所以不至构成大的咎害。	
六四，裕父之蛊①，往见吝。	六四以阴居阴，优柔寡断，不能积极处理父辈的积弊。 这样下去，弊将日深，更是难以整治，不免有所遗憾。	① 裕父之蛊：不能积极处理父辈之弊病。裕，宽裕，此处为不积极处理之意。

卦　爻　辞	卦　爻　义	注　释
六五，干父之蛊，用誉①。	六五居中而尊，下应九二，上承上九，身段柔软。整治父辈的积弊，深得其法，因而备受赞誉。	① 用誉：因而获誉。用，以，因此。
上九，不事王侯，高尚其事。	上九居《蛊》之终，积弊既除，治蛊之事已了，于是功成身退，不再从事王侯之事。其行事之高尚，令人崇敬。	

【人生智慧】

一、除弊必先知弊，知道问题所在，才能对症下药。

二、小弊不除终成大患，除弊不可推托因循，必须勇往直前，不畏艰难。否则积习难返，无可救药。

三、除弊之先，必须深思熟虑，不可莽撞行事；除弊之后，必须检讨得失，评估有无负面影响，并设法减低其冲击力，更重要的是要预防弊端卷土重来。

临卦　第十九

卦　爻　辞	卦　爻　义	注　释
下兑上坤·地泽临 临①：元亨，利贞。至于八月有凶②。	以上临下监察视事，管理民众，必须坚守公正的原则，才能顺利进行。 此时正面力量正在滋长，没有阻碍，但须有"盛极必衰"的警惕之心，预防负面力量的反扑。 以季节为喻，当时序进至八月，秋季来临，肃杀之气伤人，则易致凶险，须小心防范。	① 临：卦名，象征"监临"、"视察"。 ② 至于八月有凶：到了八月就有凶险。这是以时令比喻"盛极必衰"的道理，因时至八月"杀气浸盛，阳气日衰"（《礼记·月令》），故以之为喻。 本句亦可由天道循环、阴阳消长之理论之。《临》卦为"十二辟卦"的十二月卦，阳气渐进渐长，阴气渐退渐弱；然而递进至八月卦的《观》卦，阴气已盛，阳气则消退至仅余外卦上二爻，正气弱而邪气盛，因而有易致凶险之隐忧。

续 表

卦 爻 辞	卦 爻 义	注 释
初九，咸临①，贞吉。	初九当位得正，上与六四相感正应。 上有奥援而又能守正以监临视事，因而获吉。	① 咸临：初九与六四相感相应，因而获得居上位者之奥援以监临视事。咸，感应。
九二，咸临①，吉，无不利。	九二居中位，又与六五之君相感而正应，当然得吉而无往不利。	① 咸临：九二与六五正应，故也具咸临之象。
六三，甘临①，无攸利。既忧之②，无咎。	六三以柔据刚，能力不足，居位不当，仅能依赖甜言蜜语取悦于下。 以此方式临民，是不会有什么好处的。如能及时醒悟，知惧而忧，改正自己的缺失，则犹未为晚，尚能免除咎害。	① 甘临：以甜言蜜语临人。 ② 既忧之：能够及时醒悟，知惧而忧。
六四，至临①，无咎。	六四居上卦之始，与下卦毗邻，且与初九正应，与下属至为亲近，为下属所爱戴，故而不会有咎害。	① 至临：以十分亲近的态度监临于下。至，极。
六五，知(zhì)临①，大君之宜②，吉。	六五居中用柔，下应九二，懂得行中道又信任刚健之臣。 这正是善用统御智慧的君主该做的事，结果当然是吉利的。	① 知临：以聪明智慧监临于下。知，通"智"。 ② 大君之宜：一个贤明君主该做的事。
上六，敦临①，吉，无咎。	上六以柔居正，能秉持敦厚之仁心、柔软之身段以监临下民，故吉祥而无咎害。	① 敦临：以敦厚之德临人。

【人生智慧】

一、以上临下，虽以公平、正直为基本原则，但也应顺乎人情，敦厚而不刻薄，方能使人心悦诚服。

二、领导下属，行事当中庸，但非模棱两可无主见；身段须柔软，但非以甜言蜜语取悦于下。

观卦 第二十

卦 爻 辞	卦 爻 义	注 释
䷓ 下坤上巽· 风地观 观①：盥（guàn）而不荐②，有孚颙（yóng）若③。	观仰宗庙祭祀，观者往往只观仰香酒浇灌地面以降神的"盥礼"，而不再观仰对鬼神献供祭品的"荐礼"。 因行盥礼时主祭者必虔诚而庄重，到行荐礼时即远不如行盥礼时之庄严肃穆、郑重专一，故而不足观。 同理可证，在上者居位行政，如不能精诚专注，为民表率，则民众不会信服。反之，若能郑重其事，则民众感受其诚意，必然肃然起敬而衷心拥戴。	① 观：卦名，象征"观察（上对下）"、"观仰（下对上）"。 ② 盥而不荐：观仰宗庙祭祀，只要观看前面比较隆重的降神仪式即可，后面的献供仪式可以不用观看。盥，古代祭祀宗庙时，用香酒浇灌地面以降神的仪式，这是比较隆重的仪式。荐，祭祀时对鬼神呈献祭品的仪式。 ③ 颙若：庄严肃穆的样子。
初六，童观①，小人无咎，君子吝。	初六阴柔处下，与九五中正之君距离遥远，无法亲近、见识王教之盛，因而见识浅薄，有如孩童般的幼稚。 这对于一般小民，影响不大，不至有何咎害；但若是负有重任的士君子，见识也是如此浅薄，那就要出问题了。	① 童观：如孩童般的见识浅薄。
六二，阚（kuī）观①，利女贞。	六二阴柔中正，虽与九五正应，但为六三、六四二阴所隔，因而所见有限，犹如从门缝里窥看事物，识见十分狭窄。 这对于工作性质与范围需要有广阔视野的男子来说，相当不利。但对于女子来说，由于工作性质与所负的责任与男性不同，所以相对而言，影响较小。	① 阚观：识见狭窄，如同由门缝中窥看一般。阚，通"窥"。

卦 爻 辞	卦 爻 义	注　释
	一般说来，坚守妇德之正道，才是女子创造有利条件的主要因素。	
六三，观我生①，进退②。	六三居下体之上、上体之下，正是可进可退之地。 六三虽与上九有应，但自身阴柔不正，条件不佳，不可贸然进退。必须慎重其事，并反观自省，自我检讨，再依据检讨结果，决定或进或退。	① 观我生：省察自己的行为与动机。我，指六三而言。学者虽另有"我"为九五、上九的说法，但似以六三自指较为合理。 ② 进退：或进或退。
六四，观国之光①，利用宾于王②。	六四柔顺得正，与九五亲比。对于贤君治国之道及国家大治时彰显出来的盛世光辉，能有机会就近观仰，而深有体会。 具备这样的条件，实有利于仕进于朝，为国家效命。	① 观国之光：观仰国家大治时显现的盛世光辉。 ② 利用宾于王：利于仕进于朝，为国家效命。宾，此处当动词用，"宾于王"，即作为王的上宾，也就是"仕于朝"的意思，因九五贤君礼贤下士，待臣子如同待上宾。
九五，观我生，君子无咎。①	九五阳刚中正，为《观》卦之主，为全民观瞻之所系。一举一动都受民众密切关注，须时时反躬自省，检讨自己的行为、动机及对民众的影响如何。并且观察民心之向背、民风之厚薄，以作为施政之参考。 若能如此，则所行合乎君子之道，就不会有咎害。	① 有谓"观我生"系九五自观，"君子无咎"是九五合乎君子之道而无咎；有谓"观我生"乃观民风，"君子无咎"是民风合于君子之道而无咎。本书认为本爻可兼摄二义，盖在上者为下民观瞻之所系，风行草偃，君主行君子之道，则将导民亦行君子之道。因而在上者一方面应反观自省，检讨自己的行为、动机；一方面须观察民心之向背及民风之厚薄，以评估自己之行为、施政对百姓有何实质影响，二者不可偏废。
上九，观其生①，君子无咎。	上九居《观》卦之极，虽非君位，但德高望重，与九五同为民众所观仰，所以也应随时自我省察惕励。	① 观其生：民众都在观仰他的行为如何。

卦 爻 辞	卦 爻 义	注 释
	如果所作所为都合乎君子之道,自然不会有任何咎害。	

【人生智慧】

一、除非离群索居,否则任何人都离不开社会网络的纠缠,也无法避免人与人之间的接触。是以必须学习观察,不但要观察环境,也要观察别人。相对的,我观察别人,别人也同样在观察我。更重要的,自己必须时时观察自己。这种我观人、人观我、我观己的错综关系,正是督促自己公正、客观、自省的潜在力量,但其前提在于能抛除成见,否则偏执自我,一切都是空谈。

二、居上位者为全民观瞻之所系,一言一行均被放大检视,尤应谨言慎行,最忌随兴妄为。民主时代虽不至"一言兴邦,一言丧邦",但就算只是徒滋困扰,也是自找麻烦,十分不智。

三、正确的观察必须基于开阔的心胸与视野,以及广博的知识。否则容易流于见识浅薄、狭窄,甚或幼稚的弊病。

噬嗑卦 第二十一

卦 爻 辞	卦 爻 义	注 释
下震上离·火雷噬嗑 噬嗑①:亨,利用狱。	治理国家,必要时须动用刑罚,这样推动政务才能畅行无阻。 就好比口中有东西梗塞,必须用牙齿把东西咬碎,嘴巴才能顺利开合一样。	① 噬嗑:卦名,象征"明刑用狱",犹如齿啮口中梗塞之物,去除阻碍,以利开合。
初九,屦(jù)校(jiào)灭趾①,无咎。	初九《噬嗑》之始,象征初犯,且初九居正,本质不恶。只要略予薄惩,施以"足械",在他脚上穿戴木制刑具,将他的脚趾整个遮没,使他无法自由行动即可。 经过这样的教训,使他能够改过迁善,最终不再犯错,因而免除了咎害。	① 屦校灭趾:在脚上穿戴木制刑具,连脚趾都整个遮没。屦,本义为鞋,此处作动词,意为"穿着"。校,木制刑具的通称。(如专指用于颈者称"枷";用于手者称"梏";用于脚者称"桎"。)灭,遮没。趾,脚趾。

续　表

卦爻辞	卦爻义	注　释
六二，噬肤灭鼻，无咎。①	六二居中得正，是用刑者。因当位得正，故执法用刑，无所阻碍，有如啮咬柔脆祭肉般的顺利。 　　惟六二以柔乘刚，对冥顽强硬之人的惩戒，不免较为森严，就如啮咬嫩肉时用力过猛，结果连鼻子都陷入肉里的情况。 　　这样做是因用刑宽严必须视情况而定，该宽就宽，该严就严。虽然有时难免矫枉过正，失之过严，但只要所行合理、合法，就不会有咎害。	① 本爻各家说法纷杂，本书认为《正义》与《本义》之说似较合卦爻义，故以两家之说为主要依据，以释爻义。 《正义》："六二处中得位，是用刑者。所刑中当，故曰'噬肤'。肤是柔脆之物，以喻服罪受刑之人也。乘刚而刑，未尽顺道，噬过其分，故至'灭鼻'，言用刑太深也。'无咎'者，用刑得其所疾，谓刑中其理，故无咎也。" 《本义》："祭有肤鼎，盖肉之柔脆，噬而易嗑者。六二中正，故其所治如噬肤之易。然以柔乘刚，故虽甚易，亦不免于伤灭其鼻。占者虽伤而终无咎也。"
六三，噬腊(xī)肉①，遇毒，小吝，无咎。	六三以柔居刚，不当位，执法用刑，受刑者不但不服，且有怨怼。犹如啮咬较硬之干肉，不但不易咬食，且置久、至干之肉，不免略有败坏而含小毒。 　　所幸六三上承九四，有上司相挺；下不乘刚，是用刑不苛。故虽有小吝，却无更大的咎害。	① 腊肉：不带骨的干肉。
九四，噬干胏(zǐ)①，得金矢②，利艰贞，吉。	九四阳刚失中且不当位，执法时犹如啮咬带骨干肉般的不顺利。 　　但九四秉性有如金属般的坚强、箭矢般的正直，并且不畏艰难，固守正道，因而最终仍然获吉。	① 干胏：带骨的干肉。 ② 得金矢：比喻秉性刚直。金，喻其刚；矢，喻其直。
六五，噬干肉，得黄金①，贞厉，无咎。	六五以阴居阳，不当位，且以柔乘刚。故虽处君位，仍然如啮咬干肉般，执法用刑不太顺利。 　　但六五毕竟具中道之德，执法不偏不倚，能以坚强的意志、	① 得黄金：费解。各家有以实质金属解"黄金"者，明显不合爻义。然以"黄"喻"中"，固然无误，而以"金"喻"刚"，则难以自圆其说，盖六五为柔爻，如何以刚喻之？若谓黄金喻贤臣，则九四刚而不中，六二中而不刚，又何以为辞？唯有

卦 爻 辞	卦 爻 义	注 释
	公正的原则断狱用刑,能有效防止危厉的情况发生,因而没有咎害。	《王注》谓:"处得尊位,以柔乘刚,而居于中,能行其戮者也。履不正而能行其戮,刚胜者也。噬虽不服,得中而胜,故曰'噬干肉得黄金'也。"似能略圆其说,姑从之。
上九,何(hè)校(jiào)灭耳①,凶。	上九以刚居《噬嗑》之极,象征怙恶不悛,罪大恶极。乃至木枷大刑上身,连耳朵都整个被盖起来了,处境当然凶险无比。	① 何校灭耳:木枷大刑上身,连耳朵都被整个遮盖起来。何,通"荷"。校,本为木制刑具的通称,此处既云"灭耳",应是用于颈部的木枷。灭耳,把耳朵都遮没了。

【人生智慧】

一、为非作歹的人妨碍社会的秩序与安全,当然必须动用刑罚处置。但刑罚毕竟是不得已的法律措施,宽严轻重之间必须仔细斟酌。

二、执法必须公正,否则不但正义不彰,自己也会招来祸害。

贲卦　第二十二

卦 爻 辞	卦 爻 义	注 释
䷕下离上艮·山火贲 贲①:亨,小利有攸往。	任何事物都需有必要的文饰,以免过于粗野而不讨喜。有了文饰,比较容易被接受而致亨通。 　但文饰对于事物的帮助毕竟有其限度,仅能小有利于具体行动的进行,而无法发挥太大的效用。毕竟事物本身优良的品质才是最有利、最根本的因素。	① 贲:卦名,象征"文饰"。

卦　爻　辞	卦　爻　义	注　　释
初九，贲其趾①，舍车而徒②。	下体《离》卦三爻重在探讨如何文饰的问题。文饰必须恰如其分，方为得体。 初九处《贲》之始，位于基层，以简朴为尚，不宜过度文饰。因其身份只能步行，不宜乘车，所需的文饰，只要像修饰脚趾那样最基本的就足够了。	① 贲其趾：修饰他的脚趾，比喻最基本的文饰，也象征守本分、不僭越的修养。 ② 舍车而徒：徒步行走，不乘坐车辆。
六二，贲其须①。	六二虽是《贲》之卦主，但"贲"之作用不能脱离其质而存在。此犹胡须之文饰作用乃为脸颊而存在，脸颊动，胡须即随之而动。 六二与九三之关系即类于此。盖六二无应，而与九三亲比，阴为"文"，阳为"质"，文当从质，故九三动，六二即随之而动。 六二如文饰脸颊的胡须，而九三即脸颊也。	① 贲其须：修饰胡须。须，胡须。六二之阴随九三之阳而动，犹如胡须随脸颊而动，比喻文附于质而行。
九三，贲如濡如①，永贞吉。	九三居下体《离》卦之最上，处六二、六四两阴之间，受二阴之文饰及润泽。 九三必须永守阳德之正，避免文饰太过而耽溺，乃至以文灭质，方得获吉。	① 贲如濡如：因受文饰而得其光彩与润泽。濡，润泽。如，语助词，无义。
六四，贲如皤(pó)如①，白马翰如②，匪寇，婚媾。	六四已脱出重文饰的下体《离》卦范围，进入义在劝止的上体《艮》卦之界，开始转而崇尚素朴，不但人尚白素，连所骑的马也是白色。 六四与初九正应，二者志同道合，皆尚素朴，于是六四骑着白马奔向初九。可别误会是强盗，其实是来求婚的！	① 贲如皤如：虽仍在《贲》卦之世，但已转尚素白。皤，白色。 ② 白马翰如："翰如"是形容马色之白，《程传》则作"飞驰"解。似以白色解之较为妥帖。

卦 爻 辞	卦 爻 义	注 释
六五,贲于丘园①,束帛戋戋(jiān jiān)②,吝,终吉。	以一束丝帛的微薄聘礼招纳贤士,犹如以少量的花费装修山丘上的园圃。 这样做虽然显得有点悭吝,然贲之胜莫过于求贤,去除浮华,返归素朴,正显六五敦本尚实,得贲之道。 物薄而德厚,不足以伤,最终是吉利的。	① 丘园:位于山丘上的园圃。 ② 束帛戋戋:一束丝帛的微薄之礼。束帛,一束丝帛。戋戋,浅小貌,形容物少。有谓戋戋为"委积众多"之意,与浅小之意相反。《折中》引《朱子语类》云:"或以'戋戋'为盛多之貌,非也。'戋戋'者浅小之意,所以下文云'吝终吉'。"本书亦认为以浅小释之较合宜。
上九,白贲①,无咎。	上九居《贲》之极,返归素朴。貌似素白无文,其实文由质显。 此是自然纯美之真趣,是贲之最高境界,当然不会有咎害。	① 白贲:以素白为文饰,比喻质朴无华。

【人生智慧】

一、人经过修饰,可焕发精神;物品经过装饰,可增添光彩。适当的文饰,不管对人、对物都是必要的,但不可过度。人修饰过度,显得不自然;物品装饰过度,反而掩盖了质地之美。《论语·雍也》:"质胜文则野,文胜质则史。文质彬彬,然后君子。"说的正是这个道理。

二、最高明的文饰是"不饰之饰",因为质地的光辉而自然显出特有的、不假雕饰的自然之美。例如一个人的品格、学识、修养所孕育出来的气质、风度,所显现出来的高雅,根本毋须借助任何修饰装扮,更不用装腔作势,即能显其高贵;质地精美的木头,不必上漆,更不用彩绘,自然焕发优美的光彩。

剥卦 第二十三

卦 爻 辞	卦 爻 义	注 释
䷖ 下坤上艮· 山地剥 剥①:不利有攸往。	《剥》卦阴气剥阳,剥至仅剩一阳居于上九,以下五爻俱为阴爻。 此时邪气盛,正气衰,小人之势长,君子之势消。只宜安居待变,不宜有积极作为。	① 剥:卦名,象征"剥落"。

卦爻辞	卦爻义	注　释
初六，剥床以足①，蔑②，贞凶③。	剥蚀通常由基层开始。阴剥阳，首当其冲者为初六。以床为喻，床受侵蚀，首先剥落的就是床脚。 值此小人势长、君子势消，"不利有攸往"之际，不可过于固执，应顺应时势，知所变通。如固执不知变通，恐致凶险。	① 剥床以足：床脚已受侵蚀。以，及。 ② 蔑：通"灭"。"蔑"字多属下与"贞凶"连读，《折中》引俞琰之说则属上句读。黄寿祺、张善文《周易译注》引《周易尚氏学》，以"蔑"字自为句，似较顺，本书从之。 ③ 贞凶：在小人势长、君子势消之际，不可过于固执，应知变以顺时势。若固执不知变通，恐致凶险。释为"守正以防凶"亦通，但似以"变通"说较符卦爻义。
六二，剥床以辨①，蔑，贞凶。	阴气侵阳之势已达二爻，以剥床为喻，已经由床脚向上剥蚀到床板的位置。 此时仍应注意知变以顺时。若固执不知变通，则易致凶险。	① 辨："辨"字注家说法不一，似以"床板"之说较明确，本书从之。
六三，剥之，无咎。	六三是五阴之中唯一与上九相应之一爻。虽处《剥》卦之世，居群阴之列，而无剥害之心，故无有咎害。	
六四，剥床以肤①，凶。	阴剥阳已至上卦之初爻，其势之猛，犹如剥害已到床面，并侵及床上之人的肌肤，情况凶险。	① 肤：肌肤。"肤"字注家虽然说法不一，但爻辞既言"凶"，可见害已近身，故以肤之原意"肌肤"释之。
六五，贯鱼，以宫人宠，无不利。①	六五阴长阳消之极，阴阳盛衰之势，即将转变。 而六五有柔中之德，并与上九亲比，故不但不剥阳，且率群阴来顺承上九。犹如后妃率众嫔妃承宠于君王，而其秩序之井然，如贯串成排之鱼。 以阴从阳，则阴阳关系趋于和谐，故无不利。	① 此爻颇费解。《王注》、《正义》以六五居尊为《剥》之主，施宠小人，不害于正，故终无尤而无不利，并未涉及与上九之关系。然何以至六五即不剥阳，未加说明。《横渠易说》、《程传》、《本义》、《内传》、《折中》皆谓六五率群阴顺承上九。然何以诸阴剥阳而六五反须承阳？ 张载《横渠易说》谓："阴阳之际，近必相比，六五能上附于阳，反制群阴，不使进逼，方得处剥之善，下无剥之之忧，上得阳功之庇，故曰'无不利'。"

卦 爻 辞	卦 爻 义	注 释
		《程传》谓:"剥及君位,剥之极也,其凶可知,故更不言剥,而别设义以开小人迁善之门。……以一阳在上,众阴有顺从之道,故发此义。" 《本义》谓:"'宫人',阴之美而受制于阳者也。五为众阴之长,当率其类,受制于阳,故有此象。" 《内传》谓:"五,阴盛之极矣,乃独以切近剥肤归恶于四,而五不言剥者,不许阴之僭大位以逼孤阳,因其得中而密近于上,节取其善焉,圣人不得已之深情也。" 《折中》引熊良辅谓:"卦本为阴剥阳而阳凶,爻则以剥阳而见凶,故五则以顺上为'无不利'。" 注家虽各有说,总觉未安,姑综合各家之说试释之。至于"贯鱼以宫人宠"句,乃比喻之词,以喻六五率群阴承顺于上九,如后妃率众嫔妃承宠于君王,而其秩序之井然,如贯串成排之鱼。
上九,硕果不食①,君子得舆②,小人剥庐③。	乾阳已被阴爻剥蚀五爻,而上九独存,犹树上果实已被采食殆尽,仅存硕大果实未被摘食。 阳刚独立于上九以制群阴,如果群阴愿来承顺,则众民拥戴,犹君子得其车乘以载,得以行远。 但若群阴恃盛继续剥阳,使孤阳不守,则犹房舍遭到剥毁。届时不但众民无所庇护,就是小人也失其凭依,而丧其安身之所。	① 硕果不食:大颗果实未曾被摘食。喻上九阳实未被阴所剥蚀。硕,大。不食,未被摘食。 ② 得舆:得以乘车。由于古代有身份地位者才得乘车,故"得舆"亦有"得位"之意。舆,车。 ③ 剥庐:房舍毁坏,无安身之所。

【人生智慧】

一、阴阳消长乃自然的规律,天有严冬、酷夏之轮替,春暖、秋瑟之更迭;人有顺遂、困顿之起伏;心有昂扬、消沉之变化。必有如是认知与觉悟,遇逆境,才不至于一蹶不振。

二、处逆境,既要镇定,又要警觉。镇定才不会乱了分寸,甚或走向歧途;警觉才能抓紧反败为胜的契机,振弊起衰。

复卦 第二十四

卦 爻 辞	卦 爻 义	注 释
䷗ 下震上坤·地雷复 复(fù)①：亨。出入无疾②，朋来无咎③。反复其道④，七日来复⑤，利有攸往。	阳气逐渐回复，大地重启生机，因而得以致亨通。 阳气由内萌生并向外成长，发展顺利，没有阻碍。初阳虽尚弱，但诸阳随后将陆续前来，故不用担心会有咎害发生。 阳气消而复长、去而复返，是一种自然的规律，而且时间不会太长，只要经过七天的周期变化，阳气就会回复。 一旦阳气回复，就有利于积极的作为。	① 复：卦名，象征"回复"。 ② 出入无疾：阳由内生并向外成长，发展顺利，没有障碍。出入，即"生长"。由内生为"入"，向外长为"出"，不曰"入出"，而曰"出入"，如程子所说，只为"语顺"而已。无疾，无害之者，即没有阻碍。 ③ 朋来无咎：初阳虽弱，但诸阳将随之而来，所以不会有咎害发生。 ④ 反复其道：阳气消而复长、去而复返是一种自然规律。道，规律。 ⑤ 七日来复：阳被剥尽之后，过了七天，又将回复。何以七日来复？注家各有说词，较重要的有三种说法： A.《集解》引虞翻曰："消乾六爻为六日，刚来反初，故七日来复，天行也。"即《坤》六爻加上《复》初阳为七爻，当七日。 B.《集解》引侯果曰："五月天行至午，阳复而阴升也。十一月天行至子，阴复而阳升也。天地运往，阴阳升复，凡历七月，故曰七日来复，此天之运行也。"此是引"十二消息卦"为说，谓五月《姤》卦一阳始消，经《遯》、《否》、《观》、《剥》、《坤》，至十一月《复》卦，共历七卦。然七卦原指七月，非七日，故侯果又引《诗·豳风·七月》"一之日觱发，二之日栗烈"为证，以一之日、二之日即周之正月、二月，证明古人"呼月为日"，因而七日来复之"七日"实为"七月"。 C. 郑玄以"六日七分"之说解之谓："建亥之月，纯阴用事，至建子之月阳气始升，隔此纯阴一卦，卦主六日七分，举其成

卦 爻 辞	卦 爻 义	注 释
		数言之,而云'七日来复'。"(引自《正义》序)意为:《坤》卦一卦主六日七分,把七分也当整数,凑成七日。京房之六日七分术,分卦值日,以64卦384爻配365又4分之1日,东挪西凑,本来就很牵强,郑玄所谓"举其成数言之",更是"想当然耳"的推测之词。 除此之外,还有他解,在此不赘。本书认为,诸家解说,虽可供参考,但过于执着"七日"之实指为何,反而徒滋困扰。此处之"七日",不妨视为形容回复时间之短即可,毋须深究,也无法深究。
初九,不远复①,无祇(zhī)悔②,元吉。	初九之阳为《复》卦之始,以阳失之不远,故能最快回复。 以人事喻之,有过而能立即知过、改过,则不仅不至引来悔恨,而且大吉。	① 不远复:失之不远,故能最先回复。 ② 无祇悔:不至于后悔。祇,至。"祇"字或作"只",亦有作"禔"、"提"者,惟今本《易》书多作"祇",本书从之。
六二,休复①,吉。	六二中正,且与初九相比,亲阳修仁,回复得很完美,因而得吉。	① 休复:回复得很完美。休,美。
六三,频复①,厉,无咎。	六三以阴居阳,不中不正,与初九无应无比,又居下体《震》卦躁动之极,因而信心不固。虽屡次犯过,屡能改过,但未能彻底断绝再犯之病。 这种情况虽然危险,但因能持续保有一颗向善的心,并且知危知惧,所以最终仍然没有咎害。	① 频复:屡次犯过,但屡能改过。频,屡次。一说频通"颦",皱眉状,表示回头向善做得很勉强,亦通。
六四,中行独复①。	六四位居众阴之间,与众阴共处共行。但众阴之中惟有六四与初九正应,故能去邪从正,独自归于善道。	① 中行独复:《复》卦五阴之中,只有六四与初九之阳正应,能够独自回复善道。

卦 爻 辞	卦 爻 义	注 释
六五，敦复①，无悔。	六五以柔处尊，居中而顺，故能敦厚以从善，无所悔憾。	① 敦复：以敦厚笃诚之心回归善道。敦，敦厚。
上六，迷复①，凶，有灾眚②。用行师，终有大败。以其国③，君凶，至于十年不克征④。	上六阴居卦极，距初九最远，昧于形势，迷途而不知返。不能回归正道，致有天灾、人祸的凶险。 在这种情况下出兵打仗，终会大败；用以治理国家，君主必有凶险，且国力衰弱，积十年之久仍然不能有所作为。	① 迷复：迷而不复。 ② 灾眚：灾，天灾。眚，自作自受的人祸。 ③ 以其国：用于治国。 ④ 不克征：不能有所作为，不能发展。

【人生智慧】

一、天道循环，四季轮替；人道循环，剥极必复。绝处必留一线生机，振弊起衰之道，在于把握正确方向，并能抓紧契机。

二、不怕做错，就怕错而不知错，或知错而不能改错。

无妄卦 第二十五

卦 爻 辞	卦 爻 义	注 释
 下震上乾· 天雷无妄 无妄①：元亨，利贞。其匪正有眚②，不利有攸往。	为人至诚不虚妄，且能坚守正道，则行事大为亨通。 若为人不行正道，就会招来祸患，不论做什么都不利。	① 无妄：卦名，象征"不妄为"、"不虚妄"。 ② 匪正有眚：不行正道，必有祸患。匪，通"非"。眚，祸患。
初九，无妄，往吉。	初九刚正不虚妄，行事必然获吉。	
六二，不耕获①，不菑(zī)畬(yú)②，则利有攸往。	六二柔顺中正，上应九五，谨守为臣之本分，不妄为，也不妄求。 以农事为喻，即不妄自耕种，	① 不耕获：不妄自耕种，以求收获。 ② 不菑畬：不妄垦瘠田，以求熟田。菑，初垦的瘠田。畬，已垦三年之田，泛指已耕种多年的良田。

卦　爻　辞	卦　爻　义	注　　释
	以求收获；也不妄垦瘠田，以求熟田。 　　能有这样的认知，才有利于行事。	
六三，无妄之灾①，或系之牛，行人之得，邑人之灾。	六三不中不正，所处位置不对，虽未曾妄为，却莫名其妙地招来灾祸。 　　譬如有人把牛绑在路旁，被路过的人偷了，住在当地村邑的人没有偷牛，却被怀疑是偷牛贼，而蒙受不白之冤，无端惹来无谓之灾。	① 无妄之灾：未曾妄为却招来灾祸。
九四，可贞，无咎。	九四虽不当位，但秉性刚直，能够坚守正道，故无咎害。	
九五，无妄之疾①，勿药有喜②。	九五中正居尊位，相应的六二也中正，是最为真实无妄的一爻。 　　假设如此真实无妄，还莫名其妙地得了疾病，不必太紧张，也不必刻意用药治疗它，它自己会自然地痊愈。	① 无妄之疾：没有妄为却得了疾病。 ② 勿药有喜：不须用药，自己会自然痊愈。
上九，无妄，行有眚，无攸利。	上九居《无妄》之极，非行动之时机。如有所行动，就会引来祸患，没有任何好处。	

【人生智慧】

一、做人做事的基本原则就是要诚实、无虚伪，也不妄为。

二、无虚妄是为人处世的最佳策略，但并不是凡事逢凶化吉的必然保证。运气不佳时，有时也难免受到"无妄之灾"或"无妄之疾"的波及。但立身既正，或可化险为夷，总以信守正念、因顺自然为要。

三、不同位置、不同阶段、不同环境，往往有不同的情势与境遇。因应各种不同的情势变化，最重要的行事准则就是"知时知变"。当时势利于行则行，利于止则止，千万不可固执己见，逆势而行，否则必有无谓的损害。

大畜卦　第二十六

卦 爻 辞	卦 爻 义	注 释
䷙ 下乾上艮· 山天大畜 大畜①：利贞。不家食②，吉。利涉大川。	一个人最大的积畜不是财富，而是道德、才能和学问。 　　才、学、德兼备的贤人应贡献于国家，然国家亦应懂得畜贤用贤，使贤能之人有报效国家的机会，勿使其赋闲自食于家。 　　如此家、国同获吉祥，有利于解决困难，积极行事。	① 大畜：卦名，象征"大力畜积德行"、"大举畜养贤才"。 ② 不家食：不使贤人赋闲，自食于家，不为国所用。
初九，有厉，利已①。	《大畜》上《艮》下《乾》，《艮》能止健，使《乾》积畜。初九与六四正应，即象征为六四所畜止。 　　初九以刚居刚，急于上进，而六四则在上位以柔克刚，阻其上进。如初九不听劝阻，一味莽进，必有危险。知危而止，才是有利的作法。	① 已：停止。
九二，舆说(tuō)輹(fù)①。	九二居中，为六五所畜。虽不当位，但处得中道，能够审时度势。虽志在上进，知势不可为，即自动停止前进。 　　犹如垫在车厢与车轴之间的车伏兔脱落了，车即自动停止。	① 舆说輹：垫在车厢与车轴之间的车伏兔脱落了，车子无法前进，比喻自行停止前进。舆，车。说，通"脱"。輹，车子的"伏兔"，即车厢下钩住车轮轴的木制零件。
九三，良马逐①，利艰贞。日闲舆卫②，利有攸往。	九三以刚居刚，又在下卦《乾》体之最上，本质强健，态度积极，行动如良马奔驰般的快速。 　　但九三过刚，宜自我节制，越是顺利，越应谨慎、守正。在奋力前进之余，应如面对艰难般的戒惧小心，并熟习车马防卫之术，以应不时之需。	① 良马逐：有如良马向前奔驰般的快速。 ② 日闲舆卫：娴熟车马防卫之术。曰，语词，无义。但如郑玄、虞翻、程子、朱子等名家，均认为"曰"应作日月之"日"，即"日常应娴熟车马防卫之术"之意。不知何者正确，但似以作"日"语气较顺。

卦　爻　辞	卦　爻　义	注　　释
	整体而论,积极行事对九三是有利的,因九三与上九无应,故上九并不畜止九三,反而因同属力求上进之阳刚,而有同志之情谊,对九三没有阻力,反有助力。	
六四,童牛之牿(gù)①,元吉。	六四与初九正应,负责畜止初九。为了未雨绸缪,在初九尚微弱之时,即采取相应之防范措施,以免初九茁壮之后难以驾驭。 犹如小牛未长角时,就在它将长角的位置上安装横木,让牛角长出后不会伤人。 能这样事先考虑周详,则大吉。	① 童牛之牿:在小牛无角之时,即在将来长角的位置装上一根横木,以防嗣后牛角伤人,比喻防患未然。童牛,未长角之小牛。牿,本指套在手臂的木制刑具,此处代称装在小牛头上的横木。
六五,豮(fén)豕(shǐ)之牙①,吉。	六五居尊用柔,能有效畜止相应之九二,使其不至躁进。 九二受六五制约,就如一只被阉割的猪,凶性已除,锐利的牙齿并无伤人之虞。 六五蓄止得法,所以吉利。	① 豮豕之牙:豮豕是阉割过的猪,凶性已除,其牙已不足惧。比喻六五畜止相应的九二,能有效制止九二之躁进。
上九,何(hè)天之衢(qú)①,亨。	上九居《大畜》之极、《艮》体之终,为《大畜》之主,身荷养贤畜贤之重任。 卦至上九,养贤畜贤之功已成,自此贤路大开,天下俊彦为国效命,就如处于四通八达之大道般,畅行无阻,到处亨通。	① 何天之衢:担当大任,为国效命,就如处在四通八达的大道般,畅行无阻,到处亨通。天之衢,形容四通八达的大道。至于“何”字之解,则有多种说法:《王注》认为是语气词;《集解》引虞翻注训“何”为“当”;《纂疏》谓“何”与“荷”通,训“当”,犹“担当”也;《程传》引胡瑗之说,谓“何”为误加之字;《本义》作感叹词,“何其”之意。本书认为训“荷”为佳。《折中》引吴澄之说最具说服力:“后汉王延寿《鲁灵光殿赋》云‘荷天衢以元亨’,‘何’作‘荷’。‘何

133

续 表

卦爻辞	卦爻义	注 释
		天之衢'，其辞犹《诗》言'何天之休'、'何天之龙'。《大畜》者，一阳止于外，而三阳藏畜于内。畜极则散，止极则行。故上九虽《艮》体，至畜之终，则不止而行也。"

【人生智慧】
一、人生最大的积蓄是德行与学问，财富有时而尽，德慧永远随身。
二、有才有德，必须贡献于社会才有用处，但国家也要懂得养贤、用贤。
三、刚健之才，其长在积极进取，其短在鲁莽躁进。驾驭此等人才，必须有适当的约束，使之不至偏离正轨。

颐卦 第二十七

卦爻辞	卦爻义	注 释
下震上艮·山雷颐 颐①：贞吉。观颐②，自求口实③。	颐养之道，不论养身或养心，养人或养己，都必须遵守正道，才得获吉。 颐养之道是否得正，必须经过仔细观察。一方面要观察别人如何养人、自养，同时也要反躬自省，检讨自己的自养之道是否合乎守正的要求。	① 颐：卦名，象征"颐养"。 ② 观颐：观察颐养之道。 ③ 自求口实：自养之道。口实，本指口中食物，此处借喻自养。
初九，舍尔灵龟①，观我朵颐②，凶。	初九以阳居阳，是刚明之才，具有自养的能力。 但初九不愿自养，反而求养于阴虚的六四，以致引起六四的不满，责问初九："灵龟不食而寿，善于自养，而你就像那灵龟一样，有很优良的条件足以自养，为什么还要垂涎于我口中的食物呢？"	① 灵龟：乌龟是不食而寿、能够自养的灵兽。这里用以比喻初九，因为初九是刚明之才，就如不食而寿的灵龟一般，具有自养的天赋。 ② 朵颐：咀嚼之状。

卦 爻 辞	卦 爻 义	注 释
	初九不以正道自养,而向外贪求,必然招来凶险。	
六二,颠颐①,拂(fú)经②,于丘颐③,征凶。	六二正位居中,而不求自养,欲外求颐养,又与六五无应,于是倒过来向下寻求初九颐养。 这还不满足,又违反常理,想要越过六五,继续向上九请求颐养。 这样的求养之举,不但不会达到目的,而且一旦付之行动,必有凶险。	① 颠颐:本应下向上求颐养,却颠倒过来,反而上向下求颐养。 ② 拂经:违反常理。 ③ 于丘颐:向居上位的尊长求取颐养。
六三,拂颐①,贞凶。十年勿用,无攸利。	六三与上九正应,虽可得上九之颐养,但六三居位不中不正,又处于《震》卦之极,故贪得无厌,求养不已,大违颐养之常规。 六三如不回归颐养之正道,必有凶险。不仅如此,且将遭人鄙弃,长达十年之久,无法获得任何颐养之资。 这是拂颐贪养的后果,一点好处都没有。	① 拂颐:违反颐养之道。
六四,颠颐,吉①。虎视眈眈②,其欲逐逐③,无咎。	六四也是向下位的初九求养,但六四柔顺而正,与初九为正应,且居于上卦《艮》体,有洁身自爱、自我节制、养德重于养体之象。故虽为上求下之"颠颐",仍吉。 六四居高位,求养的目的并非为了自养,而是取之于民,用之于民。为了养民,需要专注地紧盯初九,不让初九的给养中断,这是没有什么咎害的。	① 颠颐,吉:六四虽然也向初九求养,但其与初九正应,且其所求之目的在于转养下民,故虽"颠颐",但未"拂经"。与六二"颠颐,拂经"之情形不同。 ② 虎视眈眈:本指饿虎专注猎物之貌,此处借喻为"专一注视"之意。 ③ 其欲逐逐:六四求养以转益下民之心不曾中断。

续 表

卦 爻 辞	卦 爻 义	注 释
六五,拂经①,居贞,吉。不可涉大川。	六五身居君位,但体质阴虚,才弱而少资源,下又无应,不但无以养民,甚至难以自养,于是只能向上九请求支援。这样虽然违反常理,但也是不得已的做法。 处此情况,必须坚守正道,才能获吉,并且不可有任何涉险冒进的行为。	① 拂经:六五身居尊位,反须求养于上九,这是违反常理的做法。
上九,由颐①,厉吉②,利涉大川。	上九阳刚,处《颐》卦之极,资源充沛,六五之君也需赖其供养,可谓天下皆因他而得养。 但位高任重,危险随之,必须时时戒慎恐惧,才得吉祥。另一方面,既任重道远,当然必须不避险难,以济天下之危。 以其才高权重而能知危知慎,不妨勇往迈进,结果必能克服困难,成功达到目标。	① 由颐:借由他而获养,即天下赖上九而得颐养。 ② 厉吉:责任艰巨,有危险。但才高权重而知危知惧,终将获吉。
【人生智慧】 一、颐养之道,养身固然是基本需求,但养心、养德更是重要。养心比追求口腹之欲更足以养身;而养德不仅用以自养,尤贵兼能养人。 二、为人最忌贪婪,"舍尔灵龟,观我朵颐,凶"。致凶之由,因贪而易邪,因邪而致败,因败而得凶。		

大过卦　第二十八

卦 爻 辞	卦 爻 义	注 释
䷛下巽上兑·泽风大过 大过①:栋桡(náo)②,利有攸往,亨。	《大过》卦二至五爻皆为阳爻,而初、上两爻为阴爻。 这种阴阳不平衡的分布状态,就好像屋子的栋梁中间十分壮实沉重,而头、尾两端软弱无力,难以支撑,使得栋梁弯曲	① 大过:卦名,象征"阳刚过甚"。 ② 栋桡:屋梁中间过重,两端太弱,使得屋梁由中间向下弯曲欲折。这是比喻二至五为阳爻,初、上为阴爻,分配不均的状况。栋,屋梁。桡,通"挠",弯曲。

卦 爻 辞	卦 爻 义	注　　释
	欲折,房屋即将倾倒。 　　当国家上、下积弱,就有这种栋梁弯曲欲折的危险性。此时必须及时采取行动,才能使国家顺利渡过难关。	
初六,藉(jiè)用白茅①,无咎。	初六以柔弱之质处于最下,对强大的阳刚必须恭敬而谨慎。犹如祭祀之时,先以洁白的茅草铺垫于地上,再将礼器置于其上。 　　必须像这样,表现出十分慎重恭敬的态度,才能免于咎害。	① 藉用白茅:祭祀时先用洁白的茅草铺垫于地,再置礼器于其上,比喻十分恭敬谨慎。藉,以物衬垫。
九二,枯杨生稊(tí)①,老夫得其女妻②,无不利。	九二虽为《大过》刚爻之一,但居中处柔,又近比初六,得以刚柔相济,而不至过刚,且有自下生机复萌之象。 　　犹如枯槁的杨树长出嫩芽;又如老夫娶年轻妻子,而有生育之机,因而无所不利。	① 枯杨生稊:已经枯槁的杨树长出了嫩芽。 ② 女妻:年轻的妻子。
九三,栋桡,凶。	《大过》卦刚已过盛,九三以刚居刚,无异添火加薪,使阳势愈猛,而本、末之阴愈弱。 　　如此情势,有如栋梁弯曲欲折、屋将倾塌般的凶险。	
九四,栋隆①,吉。有它②,吝。	九四以刚居柔,刚得柔相济而不至过刚。如同弯曲之栋梁,向上隆起而恢复平整,得以担当支撑房屋之重任,所以吉。 　　另一方面,由于九四与初六正应,初六如以柔助九四,反使九四原已刚柔相济的稳定状态受到破坏,而削弱了力量。如此一来,虽无大碍,但不免因而有艰吝之失。	① 栋隆:栋梁向上隆起,比喻能挑起重任。 ② 有它:指九四与初六正应,如初六以柔来助九四,是节外生枝,反使原本以刚居柔、刚柔相济的九四削弱了力量。

续 表

卦 爻 辞	卦 爻 义	注 释
九五,枯杨生华①,老妇得其士夫,无咎无誉。	九五以刚居刚,为至健之阳,而上六则为衰极之阴。 上六之阴下乘九五之阳,犹如老妇嫁得壮男。但老妇生机已弱,恰似枯杨虽能开花而不能结果。 这种情况虽然不会有什么咎害,但也得不到赞许鼓励。	① 枯杨生华:已经枯槁的杨树重新开花。
上六,过涉灭顶①,凶。无咎。	上六处极阴之地,虽近比九五,力图取阳济阴,但毕竟阴已极弱,难挽衰亡之势。犹如涉水气力不济,终遭灭顶之凶。 惟上六以阴居阴,处上体《兑》卦之极,有随顺之美德,虽明知力弱,但甘愿自损其身,为所当为。 上六虽遭凶险,乃杀身成仁,非自取其咎。	① 过涉灭顶:涉水过深,遭到灭顶之灾。

【人生智慧】
一、凡事须求其均衡。营养不均,有碍健康;劳逸不均,易生怨怼;贫富不均,社会动乱。分析不均的现象靠科学,矫正不均的问题则靠智慧。
二、为人处世之道贵在中庸,过刚过柔均非所宜,必须刚柔相济。过柔难以成事,而过刚却足以坏事。
三、弱遇强,切忌不自量力,不知轻重。因应之道唯有敬慎恭谨,以避免祸害。逞匹夫之勇,或逞一时口舌之快,不但不济事,反足以害事。不如守时待势,同时自立自强,默默累积实力。

坎卦 第二十九

卦 爻 辞	卦 爻 义	注 释
䷜ 下坎上坎· 坎为水 习坎①：有孚，维心亨②，行有尚③。	《坎》卦内、外卦都是《坎》，故称"习坎"。坎为险，"习坎"也就是险之又险的"重险"。 　　处于重险之中，只要胸怀诚信，心志专一，有坚定的信念，就会使得内心开朗通达，不畏外在的困境。并终能突破险境，出险成功，因而获得人们的嘉许、崇尚。	① 习坎："坎"为卦名，象征"险陷"。习坎，"习"字在此为"重叠"之意，因上、下卦均为《坎》，两坎重叠，故称"习坎"。 ② 有孚，维心亨：胸怀诚信，心志坚定，使得内心开朗通达，不畏艰难。 ③ 行有尚：出险的行动成功，获得人们的嘉许与崇尚。
初六，习坎，入于坎窞(dàn)①，凶。	初六以阴居阳，柔弱失正，又无应援。处于重坎的深坑之下，难以脱险，故凶。	① 坎窞：较深的坑洞。
九二，坎有险，求小得①。	九二身陷坎险之中心地带，一时难以脱险。 　　以其刚健之才，又懂得行中道，知道急不得，不会鲁莽行动，而会先设法求得解决较小的问题。	① 求小得：只求小有所得。
六三，来之坎坎①，险且枕②，入于坎窞，勿用。	六三位于上下卦之际，因上下卦都是《坎》，所以不论来或去，都不能脱离重坎之地。 　　处此进退不得的险难之境，只能姑且就地随遇而安，不可轻举妄动。否则越陷越深，更难脱险。	① 来之坎坎：无论来或往，都一样陷在险境之中。之，往。 ② 险且枕：一时无法出险，姑且随遇而安，不可轻举妄动。 此句"枕"字有异说，《王注》、《程传》、《本义》皆释为"不安"；而《集解》引虞翻，训枕为"止"；《集解》又引干宝，训枕为"安"；《纂疏》则谓："'险且枕'即安其灾，利其危者也。"本书认为《折中》引王申子之说较为通达："下卦之险已终，上卦之险又至，进退皆险，则宁于可止之地而暂息焉。'且'者聊尔之辞，'枕'者息而未安之义。能如此，虽未离乎险，亦不至深入于坎窞之中也。"

卦　爻　辞	卦　爻　义	注　　释
六四，樽(zūn)酒①，簋(guǐ)贰②，用缶③，纳约自牖(yǒu)④，终无咎。	六四处险之时，又居多惧之地，但因柔顺而正，故能以诚敬之心上承九五之君。 其诚敬的态度，犹如祭祀时，使用瓦制的樽和簋，备置了一樽酒、二簋食的祭品，特地由明窗处将食物呈进，以表达诚意。 像这样，容器虽朴素，祭品虽简单，但表现出一片赤诚的敬仰之心，所以终究没有招来任何咎害。	① 樽酒：一樽酒。樽，酒杯。 ② 簋贰：二只簋装食物。"簋"为装黍稷之类食物的容器。《王注》释"簋贰"为"二簋之食"，而《集解》引虞翻训贰为"副"，意即"佐助"，即一簋佐酒菜。虞说虽亦可通，惟祭祀用簋，似以双数为常。 ③ 用缶：缶为瓦器。即上述樽、簋都是简朴的瓦制品。 ④ 纳约自牖：从明窗处呈献俭约的食物，以表达诚意。牖，窗户。
九五，坎不盈①，祇(dǐ)既平，无咎②。	九五阳刚中正居尊位，下与六四亲比，携手共度时艰。 虽一时仍难完全脱离险境，但最危险的状况已经过去，坎坷之路已渐趋平顺，不至再有咎害。 这情况犹如危险的坑洞虽然尚未完全填满，危机仍在，可是一旦填平，就出险了。	① 坎不盈：险陷的凹洞还未填满，比喻尚未出险。 ② 祇既平，无咎：若达到险坑填平的状态就不会有咎害。 "祇"字注家多歧。《王注》训"辞也"，无义，"祇既平"即"既平"；《集解》引虞翻注，"祇"作"堤"，训"安"，《纂疏》亦谓京房、许慎皆云："堤，安也"；《程传》谓："祇，宜音柢，抵也。……必抵于己平则无咎。"即"抵达"之意；《本义》未释"祇"字，但《折中》引《朱子语类》谓："祇字他无说处，看来只得作'抵'字解。"与程子看法一致。
上六，系用徽纆(mò)①，寘(zhì)于丛棘②，三岁不得，凶。	上六阴柔软弱，又处于险极之地，因而无力脱困。 这就如同被绳索捆绑囚置于棘丛的牢狱中，积三年之久仍然无法脱困，情势十分凶险。	① 系用徽纆：用绳索捆绑。系，捆缚。徽纆，绳索。三股的称"徽"，二股的称"纆"。 ② 寘于丛棘：囚禁于牢狱中。寘，通"置"，在此为"囚禁"之意。丛棘，《集解》引虞翻谓："狱外种九棘，故称丛棘。"

【人生智慧】

一、避险之道，首在预防。防险之道，除应培养机警的应变能力外，为人处世须秉持两大原则：

（一）应行中庸之道，凡事勿走极端。（二）应诚恳待人。如此待人接物，即不易树敌，不树敌即能减免置身于险境之几率。

续 表

二、	一旦置身险境,因应之道,最要冷静,切忌急躁。轻举妄动往往越陷越深,更不容易脱险。此时先不要急求脱险,应脚踏实地,先应付好眼前的问题,避免陷险愈深。待站稳脚跟后,注意观察形势,再力图脱险。
三、	遇险当自强,必要时应诚心寻求外援,不可软弱失志,否则永难脱险。

离卦 第三十

卦 爻 辞	卦 爻 义	注 释
下离上离·离为火 离①:利贞,亨。畜牝牛②,吉。	世上万事万物,都不免要有所附丽。当有所附丽之时,最重要的是坚守正道。只有坚守正道,才能得利、致亨通。 《离》为阴卦,阴以柔顺为正,当依附于人之时,即应谨守柔顺之道。 柔顺之道的养成,必须靠长期的修养。就如同畜养母牛,母牛经过耐心畜养,就会越来越温顺,越温顺就越能获吉。	① 离:卦名,象征"附丽"、"依附"。 ② 畜牝牛:畜养母牛,比喻养成温顺的德性。
初九,履错然①,敬之,无咎。	初九以刚居刚而处下,当有所附丽时,践履之始,即以慎重谨慎的态度及恭敬之心行之。 初九能慎之于始,又能以恭敬之心行之,故能避免咎害。	① 履错然:践履之始,即以敬慎之态度行之。履,践履。"错然"之义,注家说法分歧,本书从《王注》之说:"错然者,警慎之貌也。处《离》之始,将进而盛,未在既济,故宜慎其所履,以敬为务,辟其咎也。"
六二,黄离①,元吉。	六二居中得正,能谨守中道及处柔用柔的附丽之道。 其具有的美德,犹如色彩中的黄色。黄色为色彩的中色,最尊、最正。 六二具有如此美德,当然大吉。	① 黄离:黄为中色,六二以中道行附丽之道,故以"黄离"喻之。

续　表

卦爻辞	卦爻义	注　释
九三,日昃(zè)之离①,不鼓缶而歌②,则大耋(dié)之嗟③,凶。	下卦三爻,初九如日出,六二如日中,九三居下体《离》卦之终,恰如夕阳西斜,日色向晚之象,亦如日薄西山,老人之状。 　　至此阶段,应随时顺势,达观以对,不妨击缶而歌,安常自乐。切不可忧衰悲老,失志嗟叹,徒滋困扰。否则,结局必凶。	① 日昃之离:太阳西斜,日色向晚。昃,太阳偏西。 ② 鼓缶而歌:比喻乐天知命,安常自娱。缶,瓦器,可用于节乐。 ③ 大耋之嗟:悲叹年老力衰。大耋,年八十曰耋,大耋,极言年老。
九四,突如其来如,焚如,死如,弃如。	九四处上、下二《离》之间,刚而失正,急躁莽进。 　　九三下《离》之火甫熄,九四即贸然重燃上《离》之火。其势猛烈,触物即焚,气焰熏天,使得六五备感威胁。 　　九四其势虽盛,但难以为继。焚尽火灭,归于死寂,连焚余灰烬都遭丢弃。 　　始则雄心勃勃,终则走上绝路,其凶不言可喻。	
六五,出涕沱若①,戚嗟若②,吉。	六五虽居尊位,但不当位、不得正,又以柔乘刚,备受九四威胁。不免忧伤嗟叹,乃至凄然泪下。 　　但六五毕竟身居君位,知危知惧又懂得行中道,因而终能化险为夷,结果仍是吉利。	① 出涕沱若:涕泪滂沱之状。若,语辞,无义。 ② 戚嗟若:忧伤嗟叹之状。戚,忧伤。嗟,嗟叹。若,语辞,无义。
上九,王用出征①,有嘉折首②,获匪其丑③,无咎。	卦至上九,离道已成,附丽者众。但仍有不肯依附之顽劣分子,使得邦国治理有所窒碍。于是王命上九出征,以驯服不肯依附者。 　　上九刚明之极,智勇双全,对于首恶分子严予铲除,但对于非首恶之遭受胁迫者,则予以赦免。	① 王用出征:九五之君任用上九出征。或谓"王"指上九,惟以爻言爻,应以五为王、以上为五所用较合理。 ② 有嘉折首:有去其首恶的功劳。嘉,嘉美,此处可作"嘉美之功"解。折首,除去其首恶。 ③ 获匪其丑:捕获的同党,若非首恶,而是被胁迫的,则不予问罪。丑,类,此处指同党群众。

卦　爻　辞	卦　爻　义	注　　释
	如此睿智的作法,既有除害之功,又无残暴之失。不但博得嘉许,并且争取到更多依附者,当然不会有咎害。	

【人生智慧】
一、人与人之间,不是依附于人,就是被别人依附,或是互相依附。依附于人时,应该诚心、谦虚、顺从、恭敬而谨慎。切勿恃才傲物,更忌气焰太甚,否则终遭排斥,甚至招致疑惧而被逼得走投无路。
二、必须依附于人时,最重要的是慎选所依附之对象。所依附者必须是正人君子,才能够跟着走上正途。如所遇非人,不但未蒙其利,反受其害。

《周易》下经

咸卦　第三十一

卦爻辞	卦爻义	注　释
▤ 下艮上兑·泽山咸 咸①：亨，利贞。取女吉②。	世间万物，互相交感，感而遂通。惟感通的过程必须是透过正当的途径，才能往正面发展而有利。 　　譬如男女交感，彼此感情相应，若欲结为夫妇，应透过明媒正娶的婚姻途径，方能获吉。	① 咸：卦名，象征"感应"、"感通"、"交感"。 ② 取女吉：明媒正娶的婚姻则吉。
初六，咸其拇①。	《咸》卦各爻依据人体部位，各有取象。初六取象脚拇指，六二取象小腿肚，九三取象大腿，九四取象心，九五取象背脊，上六取象口舌。 　　初六与九四的相感相应，为交感之初萌，所感尚浅，犹如脚拇指互相碰触般的轻微，激不起太大的涟漪。	① 咸其拇：感应微弱，只及于脚拇指。拇，脚拇指。
六二，咸其腓(féi)①，凶。居吉②。	六二与九五阴阳正应，两者可以是女与男的关系，也可以是臣与君的关系。	① 咸其腓：如小腿肚之感应，有"躁动"之意涵。腓：小腿肚。 ② 居吉：安居以待时，不妄动方能获吉。

144

卦　爻　辞	卦　爻　义	注　　释
	不论是男女关系或君臣关系，都应由九五主动来求六二，而不宜由六二主动去求九五。 　　如果六二急躁，有主动上求九五的意思，就如同小腿肚一受到感应，脚就开始动作一样。如此妄动躁进，很容易受到对方轻慢，终而致凶。 　　六二必须坚守柔顺之道，安居静待九五主动来求，方能得到应有的尊重而获吉。	
九三，咸其股①，执其随②，往吝。	九三处下体《艮》卦最上爻，为止之极端，宜静不宜动。 　　但九三以刚居刚，本性好动，又受初、二两爻之影响，执意随这两爻而动。就如脚与小腿一动，大腿即不由自主地跟着动一样，无法自我控制。 　　像这样盲目不理性的妄动，往往前途多艰。	① 咸其股：如大腿之感应，有"不能自主，随人而动"之意涵。股，大腿。 ② 执其随：九三不能自主而动，志在随人。至于所随之对象，则各有异说，《本义》谓随初、二爻；《程传》则谓随上爻。本书从《本义》。
九四，贞吉，悔亡。憧憧（chōng chōng）往来①，朋从尔思②。	九四不当位，本易有悔，但幸能端正其心，乃能获吉而无悔。 　　九四与初六相感相应，但初六所感尚微，一时之间未能与九四感而遂通，以致九四辗转反侧，心神不宁。 　　最后因九四的一片真心，终于使初六感动，而同样报以真心，有情人终成眷属。	① 憧憧往来：情绪起伏，心神不宁。憧憧，意不定之状。 ② 朋从尔思：指初六感受到九四的诚心而彼此感通。 此句亦费解。"尔"者九四，"从"者感通而随，"思"者心也。惟"朋"者究竟何指，则说法不一。虞翻谓"少女"；朱震谓"初六"；来知德谓"兼三五而称朋"；李郁谓"心"。程子、朱子两大家均以"朋类"一语带过，未明指，但云私心私感只能招致朋类来从，不能及远。本书认为，《咸》卦之义在于感应、感通，若说法过于疏阔，反而不易理解，如由男、女感通的角度，可能较能契合。初六与九四为正应，始则双方感而未通，

卦 爻 辞	卦 爻 义	注 释
		致九四"憧憧往来",思潮起伏,心绪不宁;迫初六"朋从尔思",感而相从,有情人终成眷属。
九五,咸其脢(méi),无悔。①	九五身居君位,既中且正,本应大有作为。可惜虽与六二正应,然而所感如仅及于背脊肉般,十分微弱而冷淡。 　　这表示九五并不重视基层的感受,志向浅薄,不能有所建树。虽因立身中正,没有悔憾之事发生,但也未能创造出吉祥有利的条件。	① 此爻亦令人困扰。"咸其脢"之"脢",注家大多训为"背"或"夹脊"。"咸其脢"即感应在背脊肉,比喻感应冷淡,应无太大争议,但何以"无悔",则说法不一。《程传》谓:"九居尊位,当以至诚感天下,而应二比上。若系二而说上,则偏私浅狭,非人君之道,岂能感天下乎?脢,背肉也,与心相背而所不见也。言能背其私心,感非其所见而说者,则得人君感天下之正而无悔也。"其解读令人不能无惑,盖君臣以至诚相感为尚,不应二、不悦上,如何君臣同心理政?而所亲既不能有感,何能奢谈"感天下"?《本义》语气稍缓,谓:"不能感物,而无私系,九五适当其处,故取其象,而戒占者以能如是,则虽不能感物,而亦可以无悔也。"言下之意,九五之不能感物是不得已,能感物当然更好。本书认为"无悔"者,仅无凶咎之患耳,应该还可以做得更好。如何做得更好?以诚相感通是也!与人以背相向,冷漠寡情,如何能得人心?
上六,咸其辅颊舌①。	上六居《咸》之末,感极通之,转为麻木,反而无感。 　　心无所感,光逞花言巧语,口舌翻腾,取悦于人而已,根本毫无诚意。	① 咸其辅颊舌:全靠一张嘴讨好,完全没有真情实意。辅,上牙床。《王注》谓:"辅颊舌者,所以为语之具也。"

【人生智慧】
一、人与人之间的理解,必须"交"而后能"感","感"而后能"通"。无论男女之间的交往,或是上与下之间的沟通都是如此。但"交"而能"感"的基础在于真诚,彼此真诚才能相感相应,心灵相通。如光靠花言巧语取信、取悦于人,最后一定经不起时间的考验。
二、男女相悦,天经地义,然交感不经正当途径,或情感不受理性制约,往往非悔即吝,难享吉亨。

恒卦 第三十二

卦 爻 辞	卦 爻 义	注 释
䷟ 下巽上震·雷风恒 恒①：亨，无咎，利贞②，利有攸往③。	《恒》即"恒久"之意。凡事能持之以恒，方可致亨通，不会有咎害。 持恒之道，有两个相辅相成的面向，必须同时兼顾：其一，对于恒久不变的常理与正道，必须坚持把握，信心不可动摇。其二，对于所当行之事，必须积极行动，勇往直前。	① 恒：卦名，象征"恒久"。 ② 利贞：对于恒久不变的常理与正道，必须坚持把握，信心不可动摇。 ③ 利有攸往：对于所当行之事，必须积极行动，勇往直前。
初六，浚（jùn）恒①，贞凶，无攸利。	凡事须循序渐进，由浅入深，不可能一步到位。基础稳固后，再经日积月累的锤炼，方能功成圆满，维持恒久。 初六以柔居刚，才弱心大而躁进，一开始就妄求深入，因时机尚未成熟，贪功急进，不但无功，反易致凶。 欲防致凶，即应遵守恒之正道，按部就班。否则，一点好处都没有。	① 浚恒：欲求恒久，但未循序渐进，一开始就要深入。结果"欲速则不达"，反而不能恒久。浚，深。
九二，悔亡①。	九二居位不正，本当有悔。但因九二居中，又与六五正应，能恒久行中道而不过激，故终不至有悔。	① 悔亡：其悔消亡，亦即不至有悔。
九三，不恒其德①，或承之羞②，贞吝。	九三居位得正，与上六正应。但以阳居阳，过刚而躁动，志在从上而不能安于其位。 由于不能恒守本分，往往引来他人的羞辱。应及时悔悟，固守恒德之正，方能避免艰吝发生。	① 不恒其德：不能恒久固守其德。 ② 或承之羞：受到他人的羞辱。

卦 爻 辞	卦 爻 义	注 释
九四,田无禽①。	九四不中不正,居位不当,因而无所建树。犹长期田猎却得不到一禽半兽,根本枉费力气。	① 田无禽:田猎一无所获。比喻徒劳无功。
六五,恒其德,贞,妇人吉,夫子凶。	六五以柔居中,犹如妇人恒守柔顺之德,坚贞不渝。 对妇人而言,恒守柔顺之妇德,确实能致吉祥。但如果是男子,本应刚决果断有担当,柔顺之德非其所宜。过于软弱,反有致凶的危险。	
上六,振恒①,凶。	上六处《恒》之最上、上体《震》卦之极,躁动不安,难以持恒,故凶。	① 振恒:不安于恒,不能守恒。

【人生智慧】

一、"恒"是对人生的价值观及人生目标坚定而长久的坚持。除了坚定的信念,还须有持久的行动力,二者互相配合,才是真正的有恒。

二、对于信念和目标的坚持,必须不畏艰难,向前努力迈进。但是,行动的执行,必须知所变通,因时、因势而随机调整,不可固执一端,不知通权达变。所谓"穷则变,变则通,通则久",能够知机通变,才有可能破除障碍,行之久远。

三、《恒》卦六爻皆有正应,而六爻竟无一吉辞,说明"有恒为成功之本"人人皆知,但若要付诸行动,却有许多阻碍。若没有毅力坚持到底,大多半途而废,有始无终。

遯卦　第三十三

卦 爻 辞	卦 爻 义	注 释
䷠ 下艮上乾·天山遯 遯①:亨,小利贞。	当阴柔的势力渐长,阳刚的势力渐消,也就是小人道长、君子道消的趋势已经形成的时候,必须及时采取隐退的策略。 行事尽量谨慎、低调,不可与	① 遯:卦名,象征"隐遯"、"退避"。

卦 爻 辞	卦 爻 义	注 释
	小人正面冲突,以免遭受迫害。但也不能完全无所作为,该坚持的仍应坚持,该做的还是要做。可是要讲究行事的技巧,不要有大动作,方可使小人不易察觉,而又能达到为所当为的目的。 　　能够注意这些细节,想做的事情才行得通,不会碰到阻碍,对自己比较有利。	
初六,遯尾①,厉,勿用有攸往。	初六居《遯》之最下、最内,当别人遯退之时,因知机较晚,而落后于末尾。 　　这种危险的情况,因应之道,只有按兵不动,静观其变,不可有任何行动。	① 遯尾:未及遯退而落后于末尾。
六二,执之用黄牛之革①,莫之胜说(tuō)②。	六二以中正柔顺之德,与九五相应。顺承九五之志,以固守其位,不敢言遯。 　　其忠心之坚,犹如以黄牛皮制成的绳索捆绑,无法解脱。	① 执之用黄牛之革:用黄牛皮为绳加以捆绑。 ② 莫之胜说:不能解脱。胜,能。说,通"脱"。
九三,系遯①,有疾厉②,畜臣妾③,吉。	九三与上九无应,与六二亲比,临遯之际,受六二牵系而不能远遯,因而身陷疾患、危险之中。 　　因应之道,须掌握小人"近之则不逊,远之则怨"的特性,犹如畜养臣仆、小妾一样,不可过于疏远,也不要过于亲昵。要保持适当的距离,谨慎应对,方能平安获吉。	① 系遯:有所牵系而不能遯退。 ② 有疾厉:有疾患、危险。 ③ 畜臣妾:以畜养臣仆、小妾的方法对付小人。
九四,好(hào)遯①,君子吉,小人否。	九四与初六正应,初六为其所爱,但九四理智克制感情,无所系恋,毅然远遯,因而获吉。	① 好遯:虽有所爱,仍毅然遯退。

卦 爻 辞	卦 爻 义	注 释
	这种决断只有君子才办得到,小人私心太重,是没办法做到的。	
九五,嘉遁①,贞吉。	身居尊位,功成身退,毫不恋栈,下台的身影十分漂亮,令人嘉美激赏。 能够坚持进退应循之正道,当然吉祥。	① 嘉遁:遁退得宜,令人嘉赏。
上九,肥遁①,无不利。	上九居《遁》之极,下无应与,乃能无牵无挂,宽绰自得。高飞远遁,来去自如,无所不利。	① 肥遁:无牵无挂,飘然远遁。肥,在此为"宽绰自得"之意。

【人生智慧】

一、"识时务者为俊杰",是处世的智慧,不能以负面看待。当时机对我不利时,即应先求自保,暂避风头,千万不可徒逞愚勇充英雄,以免遭到不测,白白牺牲。"留得青山在,不怕没柴烧"才是明智之举。

二、预防胜于治疗,是金科玉律,但必须知道预防什么,如何预防。所以"知几"十分重要。只有培养"知几"的智慧,才能知所预防,有效预防。如时势所趋,挡也挡不住,那当然只有退避一途,而且退得越快越好。千万不可有所依恋,一定要用理性克服感性,以免不能及时脱身,陷入险境。当然,要知时、知势,也就是要"知几"。

大壮卦　第三十四

卦 爻 辞	卦 爻 义	注 释
下乾上震· 雷天大壮 大壮①:利贞。	《大壮》卦阳气浸长已至四爻,阳刚大为壮盛。 阳刚虽壮,不可恃强凌弱,应以君子之德固守正道。 能正才能成其大,才有利。	① 大壮:卦名,象征"阳刚大为壮盛"。

卦　爻　辞	卦　爻　义	注　　释
初九，壮于趾①，征凶，有孚②。	初九《大壮》之始，以刚居刚，恃强好胜。地位卑下，基础未固，却自以为实力雄厚，就贸然莽进。可确信凶险是必然结果。	① 壮于趾：比喻恃强躁进。趾，脚趾，在此象征"行动"。 ② 有孚：相信一定如此。
九二，贞吉。	阴阳和谐的基本前提，是阴阳平衡，即不偏阴或偏阳。《大壮》阳刚偏盛，贵在用柔，俾刚柔相济，使得阴阳和谐。 　　九二以阳居阴，其位不正。若在它卦，爻位不正往往易生弊端，《大壮》阳刚偏盛，而九二阳居阴位，正好以柔济刚。 　　此外，九二居中，能行中道，并能守正自律，因而得吉。	
九三，小人用壮，君子用罔①，贞厉。羝(dī)羊触藩②，羸(léi)其角③。	九三以刚居刚，又居下乾之终，其刚尤甚。 　　要是恃强逞勇的小人，就会恃其刚壮，鲁莽地往前冲刺；若是知危知惧的君子，就不会如此，他会谨守虽壮而不用壮的原则，以柔软的身段待人处事。 　　莽撞是很危险的，只有坚守正道，不妄用其壮，才能防止危险发生。 　　用壮的后果，正如好斗的公羊，一见藩篱阻挡在前面，就一头撞了上去，结果羊角被藩篱缠住，困在那里进退不得。	① 小人用壮，君子用罔：小人恃强用壮；君子不会如此。罔，不，无。用罔，不用。 ② 羝羊触藩：公羊用角触撞藩篱。 ③ 羸其角：角被缠住，进退不得。
九四，贞吉，悔亡。藩决不羸①，壮于大舆之輹②。	九四以阳居阴，失正且无应与，本有悔憾之虞。惟质刚用柔，刚柔相济，不违大壮之正道，因而得以获吉而无悔憾。	① 藩决不羸：藩篱决开缺口，羊角不再被缠住。 ② 大舆之輹：大车的轴輹，喻其坚壮。

卦　爻　辞	卦　爻　义	注　　释
	犹如藩篱已被决开,不再有纠缠阻碍;又如大车的轴輹十分坚固强壮,可以顺畅地往前行进。	
六五,丧羊于易①,无悔。	卦至六五由阳转阴,其壮已过,犹健壮之羊在田畔丧失一般,已不再有大壮的锐势了。 惟六五以阴居阳,刚柔相济,且有中道之德,故不至有悔憾之事发生。	① 丧羊于易:健壮的羊丧失在田畔,比喻不再壮盛。易,通疆埸之"埸","田畔"之意。 但另有异说,如《本义》谓:"易,容易之易。……或作疆埸之埸,亦通。"近代学者顾颉刚则认为,"丧羊于易"所述为殷之先公王亥在有易氏之地被杀、牛羊被夺的史事。各说虽皆有据,但细审爻义,似仍以"疆埸"之训为佳。盖六五处于下四阳转为阴爻之交界处,阳壮消失于六五,犹羊群丧失于疆埸,其说较"容易"之说为顺畅。至于顾颉刚之说,王亥人被杀、畜遭抢确是史实,但后来殷主上甲微因而假师于河伯,伐有易,杀其君。如此大动干戈,而竟曰"无悔",不知何以自圆其说?
上六,羝羊触藩,不能退,不能遂,无攸利,艰则吉。	上六处于《大壮》之终、上体《震》卦之极,已无大壮之锐势。 其才质贫弱,而偏不自量力,硬要使强盲进,以致如公羊角撞入藩篱一般,困在那里,既不能退,也不能进,处境十分不利。 为今之计,只有艰苦奋斗,设法排除障碍,才有转危为安而获吉的可能。	

【人生智慧】

一、培养实力与勇气,是人人都在努力追求的目标。但是有了实力和勇气,更需要谦虚的修养与自制力。有实力而不恃强骄人、欺人;有勇气而不冲动、莽撞,这才称得上是真正的"强人"。

二、人最容易犯的毛病就是"过犹不及",过刚易折,过柔易败,过激易危。中庸之道,不是两边讨好,不是墙头之草,不是不置可否,而是不偏不倚,恰到好处。"阴阳相济"、"阴阳平衡"、"阴阳和谐"的精义在此,而大壮过刚贵柔的道理也在于此。

晋卦　第三十五

卦 爻 辞	卦 爻 义	注 释
䷢ 下坤上离· 火地晋 晋①：康侯②用锡马蕃庶③，昼日三接④。	《晋》卦象征"晋升"，例如：能够安邦定国使民康乐的诸侯，蒙天子赏赐众多的车马，并且一天之内被接见了三次，备受恩宠。	① 晋：卦名，象征"晋升"。 ② 康侯：安邦定国的公侯。"康"为对安邦定国之公侯的赞誉形容。顾颉刚则指实为周初的卫康叔，可备参考。惟本书仍认为不指实较佳，较有普遍性。 ③ 用锡马蕃庶：天子赏赐许多车马。"用"字似为虚辞，无义。蕃庶，众多。 ④ 昼日三接：天子一天接见他三次，形容备受恩宠。
初六，晋如摧如①，贞吉。罔孚②，裕③，无咎。	初六以阴居下，不中不正，力量薄弱。相应的九四亦是不中不正，自身难保。因而每欲上进，即横遭摧折而败退。此时惟有坚守正道，方能得吉。 既然身处卑下，不能见信于人，不如放宽心胸，不要计较得失，不要急于求进，静静等待时机。这样就不会有咎害。	① 晋如摧如：每欲上进，即横遭摧折而败退。两个"如"字为语尾助词，无义。 ② 罔孚：不能见信于人。 ③ 裕：放宽心胸，不计较得失，不急于求进。
六二，晋如愁如①，贞吉。受兹介福②，于其王母③。	六二柔顺中正，但上无应援。虽求上进，而苦无机会，不免愁闷。 惟长远来看，实不必如此忧虑，只要坚守正道，终必获吉。因六二有柔顺中正之德，必将受到很大的福报。 而福报的来源，就是同具中正之德、如祖母般慈祥、居于尊位的六五。	① 晋如愁如：因升进困难而忧愁。 ② 受兹介福：受到很大的福报。介，大。 ③ 于其王母：福报是从祖母那里来的。王母，祖母，指六五。
六三，众允①，悔亡。	六三不中不正，本当有悔。但居下体《坤》卦之极，至为柔顺，且与上九正应，与初、二两阴同样有上进之志。	① 众允：为众人所信服。

卦 爻 辞	卦 爻 义	注　　释
	六三即因此而获得众人的信服,愿意跟从他,悔憾之虞也随之消亡。	
九四,晋如鼫(shí)鼠①,贞厉。	九四以刚居柔,不中不正,其位不当。 处《晋》卦之世,以柔顺为贵,而九四恰如鼫鼠,质刚而贪,身无长才,却窃据高位。 若不能及时改过,回归正道,将给自己带来极大的危险。	① 鼫鼠:即"梧鼠",贪食五谷又害怕被人发现;号称"五技鼠",其实连一技都不成。《荀子·劝学》云:"螣蛇无足而飞,梧鼠五技而穷。"《正义》谓:"蔡邕《劝学篇》云:'鼫鼠五能,不成一伎术。'注曰:'能飞不能过屋,能缘不能穷木,能游不能度谷,能穴不能掩身,能走不能先人。'"此处系比喻九四身无长才,却贪恋俸禄,窃居高位。
六五,悔亡,失得勿恤①,往吉,无不利。	六五以阴柔之质居尊位,本当有悔。 但六五居《离》体之中,兼具中道之德与离明之智,为行中道之明主。 柔中即能委下任事,明智则足以识人用人。故不但得以免除悔憾,且因所用得人,没有患得患失的烦恼。 尽管放手去做,结果必然吉祥,没有不利。	① 失得勿恤:毋须忧虑得失。恤,忧虑。
上九,晋其角①,维用伐邑②。厉吉③无咎,贞吝④。	上九居《晋》卦之极,犹如兽角是兽体的最高端,已无再长进之余地。应当利用这个机会反躬自省,不宜躁进。 自省的作用,犹如回头整顿内部,对领地内不宁的城邑加以攻伐。专心安内,就不会秉其刚强之性,执意躁进,使自己陷入险境。 能够知危知惧,就可化危厉为吉利,而不致有咎害。但仍	① 晋其角:晋升已到顶,升无可升,进无可进。正如兽角已在兽体的最高处,再也无法长进。 ② 维用伐邑:唯有攻伐自有领地内之城邑。这是比喻反躬自省。维,同"唯"。用,犹"宜"。 ③ 厉吉:知危防危,化危为吉。 ④ 贞吝:守正以防吝。

卦 爻 辞	卦 爻 义	注 释
	须谨记坚守正道的原则,否则难免有艰咎的事情发生。	

【人生智慧】

一、欲求进身之阶,手段要光明,身段须柔软。柔软身段不代表谄媚,而是一种外柔内刚、以柔化刚的处世智慧。手段光明,才能得之无愧,受人尊敬;身段柔软,较易化解阻碍,达到目的。

二、凡事切忌操之过急,晋升须等待机会、获得信任。若操之过急,反而欲速则不达。尤忌因操之过急而走入歧途,自毁前程。

明夷卦 第三十六

卦 爻 辞	卦 爻 义	注 释
䷣ 下离上坤·地火明夷 明夷①:利艰贞。	《明夷》,就是光明受到损伤。就卦象来说,为“明入地中”之象。质言之,这是一个黑暗的时代。 　处于这样的时代,必须体认世道的艰难,韬光养晦,不露锋芒,以求自保。同时要始终坚守正道,不可随世浮沉,误入邪途。	① 明夷:卦名,象征“光明受伤”。夷,伤。
初九,明夷于飞,垂其翼①。君子于行,三日不食②,有攸往,主人有言③。	初九处在《离》明之中,以刚居刚,精明而有决断。一旦察觉时势不对,立即潜踪而行,避人耳目,迅速离开是非圈。就如同鸟儿低垂着翅膀利用夜幕隐蔽,低飞远离。 　君子如此匆促远行,即使忍饥挨饿,三日不食,且所经寄宿之处,主人因不明就里,而有所疑怪非议,仍然义无反顾,绝不回头。	① 明夷于飞,垂其翼:鸟儿在昏暗中垂着翅膀低飞。 ② 三日不食:因急着赶路,三天未进食。 ③ 有言:有所疑怪、责备。

卦爻辞	卦爻义	注 释
六二，明夷，夷于左股①，用拯马壮②，吉。	六二为下卦《离》明之主，既中且正，是善于自处的君子。 虽因身处浊世，难免受到伤害，但并不严重，还不至于不能行动。犹如左腿受了伤，就有壮马来拯救，可借以代步，并使伤处尽快复原，最终得以获吉。	① 夷于左股：伤在左腿。 ② 用拯马壮：借助壮马来拯救。
九三，明夷于南狩①，得其大首②，不可疾贞③。	九三处下体《离》明之上，阳刚得正，为明之极。上六处上体《坤》之上，为暗之首。二者相应而一明一暗，势不两立。 九三志在除暗复明，故南征以除首恶。但明夷之世，积弊已深，首恶既除，其余除弊复明之事，不可操之过急。宜按部就班，谋定后动，以免旧弊未除，新弊又生。	① 明夷于南狩：明夷之世，为除暗复明而南征。南狩，犹言"南征"。 ② 大首：首恶元凶。 ③ 不可疾贞：明夷之世，除弊不可操之过急。或以"不可疾，贞"断句，意为不可操之过急，应守正待时，亦通。
六四，入于左腹，获明夷之心，于出门庭。①	六四以阴居阴，柔而得正。入上体《坤》暗之地，当大臣之位，近上六昏暗之主。 因柔顺不逆，为暗主所信任；又因切近暗主，故得获悉暗主之心意。 既能就近认清黑暗的本质与内情，且处《坤》体下爻，入暗尚浅，一旦感受危机，即可随时脱身远避，犹如身在门庭之侧，随时可出门避难。	① 此爻费解，连朱子《本义》都说："此爻之义未详"。而本爻爻义，也是众说纷纭。《象传》曰："入于左腹，获心意也。"《正义》云："从其左不从其右，是卑顺不逆也。腹者，事情之地。六四体柔处《坤》，与上六相近，是能执卑顺入于左腹，获《明夷》之心意也。于出门庭者，既得其意，虽近不危。随时避难，门庭而已。"此说通畅，本书从之。
六五，箕子之明夷，利贞。	《明夷》卦之上六象征昏暗之君，故五爻在他卦虽为君位，在《明夷》却属臣位。如以上六代表暴君殷纣，则六五正如箕子。	

卦 爻 辞	卦 爻 义	注 释
	箕子虽为纣王同姓之亲,因规劝纣王被贬为奴,又被囚,于是佯狂以晦其明、以保其身。 　　如箕子者,既能固守正道,又能善保其身,实为善处明夷之人。	
上六,不明晦①,初登于天,后入于地②。	上六身为至尊,却不守正道,弃明就暗,昏昧至极。 　　初登大位时,万民所仰,睥睨一切。一旦万民离心离德,终遭唾弃,而坠入万劫不复之地。	① 不明晦:不明反晦。 ② 初登于天,后入于地:初登王位,万民所仰,权势如日中天;后为昏君,万民唾弃,声望如坠泥地。

【人生智慧】

一、 身处黑暗的环境,或遇到昏庸的领导人,只要一察觉气氛不对,应即当机立断,急流勇退。不可犹豫,更不可妄想改变现状,否则难以全身而退。

二、 如身不由己,一时无法脱离是非圈,只能收敛锋芒,守拙待变。应先求自保,千万不可逞强。

家人卦　第三十七

卦 爻 辞	卦 爻 义	注 释
䷤下离上巽·风火家人 家人①:利女贞②。	家庭主妇负责家中内务,如能尽责守分,恪遵妇道,则男人当能自爱自重,使家庭生活正常。 　　同时,男人无后顾之忧,能专心在外打拼事业,对家庭更为有利。	① 家人:卦名,象征“一家之人”。 ② 利女贞:家庭和乐兴旺之关键因素,在于主妇能守正尽其妇道。
初九,闲有家①,悔亡。	初九处《家人》之始,阳刚居正,象征成家伊始,即立好家规,约束子弟,防止家庭成员做出邪辟不正之事。 　　能如此防微杜渐,自能避免令人悔憾的事情发生。	① 闲有家:防止家中发生邪辟之事。

卦爻辞	卦爻义	注 释
六二，无攸遂①，在中馈（kuì）②，贞吉。	六二有柔顺中正之德，恪守妇道，对家中之事不自作主张。因主妇之职责是主持家中饮食之事，其他事情则归男人调配差遣。 这是妇人应守的本分，守本分才会吉利。	① 无攸遂：不自专，不自作主张。 ② 在中馈：主管家中饮食之事。
九三，家人嗃嗃（hè hè）①，悔厉，吉②。妇子嘻嘻③，终吝。	九三以刚居刚而过刚，治家不能宽猛适中，过于严厉，难免伤感情而有悔憾之事发生。 但治家宁失之过严，不宜失之过宽。失之过严虽惹怨言，但家风整饬，结果仍然获吉。反之，若是放任妇人、子女放逸嘻闹，不知节制，则家风败坏，终将导致艰吝之事发生。	① 嗃嗃：注家训解不一，但推敲爻义，似以《正义》所训"严酷之意"为佳。 ② 悔厉，吉：治家过于严厉，不免伤感情而有悔憾之事发生，但家风整饬，结果还是吉利的。 ③ 嘻嘻：放纵嘻笑之状。
六四，富家①，大吉。	六四柔顺居正，上承九五，下应初九，象征家庭主妇。 家庭主妇善尽其职，则内外和谐，家庭圆满，家中殷实富有，大为吉利。	① 富家：使其家富有。
九五，王假（gé）①有家，勿恤，吉。	一家之主有其家，犹一国之君有其国。九五居中正之尊位，代表一国之君，但在《家人》卦中，则象征一家之主。 九五下应六二，象征一家之主以其美德感格家人，使家人个个安于本分，和睦相处。家庭美满，毋须忧虑。 这样的家庭，当然幸福吉祥。	① 假：至。在此为"感格"之意。
上九，有孚，威如①，终吉。	上九以刚居柔，刚柔并济，使人心悦诚服，对他完全信任。 居卦之最上位，又能以身作	① 威如：有威严的样子。

卦　爻　辞	卦　爻　义	注　释
	则,自然显现出威严,使人由敬生畏,不敢造次。 　能够修身以齐家,结果必然吉利。	

【人生智慧】

一、家庭教育应该宽严并济,但宽严之间不易拿捏,与其过宽而放任,不如偏严而规范。偏严难免引起抱怨,但如放任,轻则败身,重则败家,前车之鉴,历历可见。

二、北齐颜之推《颜氏家训·教子》云:"俗谚曰:'教妇初来,教儿婴孩。'"从小注重人格教育,养成良好品德,成长过程较能不受外界污染。

睽卦　第三十八

卦　爻　辞	卦　爻　义	注　释
下兑上离· 火泽睽 睽①:小事②吉。	不论人或事物,往往有异有同。人们彼此之间有歧异、背离、对立的情形,是十分普遍的现象。如何处理这些歧异,使得异中求同,离中谋合,是一种处世的智慧。 　在对立中求和谐的基本原则,就是双方都能放下成见,以柔软的身段,设法寻求共识,化解歧见,消除对立。 　若能如此,最后就能有圆满吉利的结果。	① 睽:卦名,象征"乖违"、"背离"。 ② 小事:主要有两种说法。其一,以"小事"为较微末细小之事,如《正义》云:"物情乖异,不可大事。大事谓兴役动众,必须大同之世,方可为之。小事谓饮食衣服,不待众力,虽乖而可,故曰'小事吉'也。"其二,以"小事"为"以柔为事",就是以柔软的身段处事,如《折中》引何楷曰:"业已睽矣,不可以忿疾之心驱迫之也。惟不为己甚,徐徐转移,此合睽之善术也,故曰'小事吉'。'小事'犹言'以柔为事',非大事不吉而小事吉之谓。" 二者相较,何说意味较为深长,且切合人情,本书从之。
初九,悔亡。丧马,勿逐自复①;见恶人②,无咎。	初九以刚居刚,孤立无应,本当有悔。但位卑无应,能自我克制,以静待时机,因而避免了悔憾之事。	① 丧马,勿逐自复:马儿逃脱,不去追它,它反而自己回来。 ② 见恶人:和颜悦色地以礼接待与我交恶的人。

卦爻辞	卦爻义	注　释
	譬如马匹逃脱了，不去追它，它反而能自己回来。否则，追得越急，它跑得越远。 又如与我交恶之人来见我，我仍然和颜悦色以礼相见，这样可以避免嫌隙更深。 不强求合，也不加深怨，因而避免了无谓的咎害。	
九二，遇主于巷①，无咎。	九二居中，能行中道；且阳居阴位，刚而能柔。 处睽之世，刚柔易相戾，二以刚中之德，上应六五之主，乃谦逊为务，委曲求全。冀能君臣配合，共渡时艰，以成济睽之功。 其求全之道，有如面君不由庭以升堂，而循宫垣小径与君不期而遇。 处睽之世，能体察时势，知所变通，即无咎害。	① 遇主于巷：在巷道中与主人不期而遇。比喻为求睽违之合，以谦逊之道委曲求全。 本爻义甚明，而说辞曲折。《折中》谓："《春秋》之法，备礼则曰'会'，礼不备则曰'遇'。《睽》卦皆言'遇'，'小事吉'之意也。又礼，君臣宾主相见，皆由庭以升堂。'巷'者，近宫垣之小径，故古人谓循墙而走，则谦卑之义也。谦逊谨密，巽以入之，亦'小事吉'之意也。"是"遇主于巷"即九二谦逊以对六五，委曲以求全也。
六三，见舆曳①，其牛掣（chè）②，其人天且劓（yì）③，无初有终④。	六三阴柔失位，处九二、九四两阳之间。虽与上九正应，但因受二、四两阳横加阻挠，一时难以应和。 其情况，犹如九二在后面拖曳他的车子，让他的车子无法前行；九四在前面牵制他的牛，使牛动弹不得。 六三受此二阳干扰，犹如遭削发、割鼻的刑罚而受伤一样，无法前进。 虽然情况如此艰难，但六三毕竟与上九为正应，即使起初百般受阻，不能如愿，最终必能排除艰难，得与上九应合。	① 见舆曳：车子被人从后面拖曳住，无法前行。 ② 其牛掣：牛被人在前面牵制住，动弹不得。 ③ 天且劓：受髡发、割鼻之刑。劓，割鼻的刑罚。"天"字注家训解不一，其中以《折中》所引胡瑗训为"而"，即"髡其鬓发"之刑，为多数人所认同。 ④ 无初有终：六三起初因受九四、九二的牵制，不能与上九会合，但最终必能突破阻碍，与上九会合。

卦 爻 辞	卦 爻 义	注 释
九四，睽孤①，遇元夫②，交孚③，厉，无咎④。	九四居位不正，陷在三、五两阴之间，又无应与。处睽之世，孤立无援。 正在彷徨之际，幸遇有大丈夫气概的初九。初九与九四同具阳刚之德，二人交心互信，彼此相助。 因此九四虽处危厉之境，仍能避免咎害。	① 睽孤：处睽之世，孤立无援。 ② 元夫：犹言大丈夫，指初九。 ③ 交孚：互相信任。 ④ 厉，无咎：虽危而终无咎。
六五，悔亡。厥宗噬肤①，往何咎？	六五柔居尊位，力量单薄，又不当位，本应有悔。幸有贤能的宗臣九二前来会合辅佐，乃能无悔。 会合途中，难免有阻碍，惟以九二之贤能，去除阻碍就如用口噬咬皮肤般的容易。 六五前往会合，又会有什么咎害呢？	① 厥宗噬肤：其宗臣去除障碍如噬肤之易。"宗"字注家有不同说法，但大同小异，其中以训"宗臣"最为贴切。厥宗，即六五的宗臣，指九二。"噬肤"者，谓去除阻碍，犹如嘴咬肌肤般的容易。
上九，睽孤，见豕负涂①，载鬼一车，先张之弧，后说(tuō)②之弧。匪寇，婚媾，往遇雨则吉③。	上九处《睽》之极，又在上体《离》卦之上，在睽之时过于用明，变得十分多疑而孤独。 疑心生暗鬼，当六三历尽千辛万苦前来会合，上九竟然产生幻觉，把六三当作一头满身污泥的猪，甚至觉得六三载了一车的鬼来。 于是张开弓矢就要向六三射去，后来再仔细看，才发觉不是猪，也没有鬼，更不是强盗来袭，而是前来求婚媾的六三。上九释疑之后，才放下弓矢，前去与六三会合。 至此睽隔尽去，犹如阴阳交合已成雨，结果吉利。	① 见豕负涂：见到有猪背负了满身污泥。涂，泥。 ② 说：此处通"脱"，即"放下"。 ③ 遇雨则吉：这是比喻之辞。古人认为下雨是阴阳二气和合的象征。遇雨，表示睽极而反，离极而合。

【人生智慧】

一、《睽》卦六爻竟然无一凶象,可见离、合循环乃是人生的常态,不是绝对的坏事。盖人各有志,世态复杂,有同必有异,无法强同。如固执己见不能容异,则离;一旦抛弃成见愿意求同存异,则合。所谓"合久必分,分久必合",是由历史经验中归纳出来的普遍现象。

二、处睽求合,心胸必须开阔,身段必须柔软,更勿自诩精明,猜忌多疑,聪明反被聪明误。

蹇卦　第三十九

卦 爻 辞	卦 爻 义	注 释
☵ **☶** 下艮上坎· 水山蹇 蹇①:利西南,不利东北②。利见大人,贞吉。	处蹇难之世,不可贸然前进,必须审慎观察环境,避险就易。 依《说卦传》,西南为象征平地的《坤》卦所在,东北为象征山地的《艮》卦所在。故前进的方向,利西南,不利东北。 此时如有刚健睿智的人物出来领导、协助,同时坚守正道,最终必能排除艰难,获致吉祥的结果。	① 蹇:卦名,象征"行走艰难,不利前进"。 ② 利西南,不利东北:依《说卦传》:《震》东,《兑》西,《离》南,《坎》北,《乾》西北,《巽》东南,《艮》东北,《坤》西南。西南《坤》地,象征平易;东北《艮》山,象征险阻。处蹇难之世,应尽量避险就易,故曰"利西南,不利东北。"
初六,往蹇,来誉。	初六柔弱卑下,上无应与,宜止不宜进。如不自量力,贸然前进,即陷险境。 若在此蹇难之始,距险尚远,即能洞烛机先,不妄动而静以待时,其远识睿智必受赞誉。	
六二,王臣蹇蹇①,匪躬之故②。	六二阴柔力弱,本当静守待时。但因与九五正应,为九五之君所信任之臣,今见九五陷于蹇难,明知力有未逮,仍然冒险犯难,前往济君之蹇难。	① 蹇蹇:蹇之又蹇,难上加难。 ② 匪躬之故:不是为了自身厉害关系的缘故。

卦 爻 辞	卦 爻 义	注　释
	这样奋不顾身，当然不是为了一己之私，而是尽忠职守的道德勇气。	
九三，往蹇，来反①。	九三阳刚当位，居下卦《艮》之上，刚毅能断，知所进退。 　本欲前进，见蹇难在前，立即知难而退，返回原处，静待时机。	① 来反：见险知止，退返原处。
六四，往蹇，来连①。	六四虽柔顺得正，但无应与。且下乘九三之阳刚，又入坎险之地。 　无论往或来，均无法脱离蹇难接连不断之困境。	① 往蹇，来连：往遇蹇，来也遇蹇，蹇难接连不断。 "来连"说法分歧，主要有二说：其一，为蹇难接连不断之意，如《王注》云："往则无应，来则乘刚，往来皆难，故曰'往蹇，来连'。"其二，为连合在下众爻之意，如《程传》云："来则与在下之众相连合也，能与众合，得处蹇之道也。"六四与初六无应，且乘刚，身在坎险之中，无论往、来，均有蹇难之象，故二说虽均可通，本书倾向《王注》之说。
九五，大蹇，朋来。	九五中正之君，居上卦《坎》之中，深入险境。肩负天下安危重担，无法逃避，也不容逃避，故相对于其他各爻，其蹇独大。 　九五既有刚健之才，又能行中道以应付蹇难，是以得道多助。不仅六二忠心耿耿舍命相济，其他各爻亦纷纷前来相助。	
上六，往蹇，来硕①，吉，利见大人。	上六居《蹇》之极，蹇难之势即将逆转。 　惟上六柔弱，不宜往前径进，径进只会再蹈险境。应下来与正应之九三会合，附从九五，共济蹇难，建立大功，方能获得吉祥的结果。	① 往蹇，来硕：往前即再度陷入蹇难，回来附从九五则有大功。硕，大。

【人生智慧】

一、除了少数例外，人生不可能一帆风顺，不免时遇险阻难行之境。处蹇之道，仍在知几、知时、知势。知几方能防微杜渐；知时则进退行止皆得其宜；知势则能避险就易，把握正确方向。

二、一个企业乃至国家遭遇蹇难时，最重要的是必须有一个强有力的领导中心。如领导得人，众望所归，就能凝聚力量，全体同心协力，排除阻碍，共渡难关，逐渐步上坦途。若领导非人，不但不能出蹇，反而越陷越深，甚者有覆灭之虞。

解卦　第四十

卦 爻 辞	卦 爻 义	注 释
䷧ 下坎上震·雷水解 解①：利西南②，无所往，其来复③，吉。有攸往，夙吉④。	危难动荡的社会，虽已获得缓解，但民众惊魂甫定，此时施政宜宽简清静，使民休养生息。以卦为喻，即利于西南《坤》卦，因《坤》象征平静。 如蹇难之后国家无事，让百姓恢复平静安定的生活，社会即趋于和谐吉祥。但若国家仍然有事，就应尽早行动，及时解决问题，这样才能长保吉祥。	① 解：卦名，象征"舒解险难"。 ② 利西南：西南坤地，象征平静。比喻危难缓解之后，施政宜安而静，不可扰民。 ③ 其来复：恢复安定平静。 ④ 夙吉：及早处理为吉。夙，早。
初六，无咎。	初六以柔居刚处下，亲比九二，上应九四，在危难初解之时，知道如何以柔顺之德随刚而动，因而没有咎害。	
九二，田获三狐，得黄矢，贞吉。①	国家有难，往往是小人引起的祸害。在危难解除之后，仍须对隐伏在内的小人，予以清除，以免后患。 此重任就落在九二的肩上，因九二与六五正应，又是能行中道之贤臣，深受六五信赖。	① 此爻除占断辞之外，皆象喻之言，别无依傍。朱子《本义》谓："此爻取象之意未详。"所以这一代儒宗也只能推测："或曰：卦凡四阴，除六五君位，余三阴，即'三狐'之象也。大抵此爻为卜田之吉占，亦为去邪媚而得中直之象，能守其正，则无不吉矣。"但谓本爻为"卜田

卦　爻　辞	卦　爻　义	注　释
	九二身处坎险之中,知险之情,能够揭除隐伏于其中的阴险小人,犹田猎之获三狐。再者,九二刚中,行事刚直而能守中,犹黄为中色;亦如矢之正直。九二秉此中道之德,不偏不枉而全其正,故终能获吉。	之吉占",则有失《解》卦之义。不如《正义》所说具体明白:"九二以刚居中而应于五,为五所任。处于险中,知险之情,以斯解险,无险不济,能获隐伏,如似田猎而获窟中之狐,故曰'田获三狐'。'得黄矢,贞吉'者,黄,中之称。矢,直也。田而获三狐,得乎理中之道,不失枉直之实,能全其正者也,故曰'得黄矢,贞吉'也。"由是可知:三狐,喻隐伏其中之小人。黄,中色,喻"中"。矢,箭矢,喻"直"。"得黄矢"喻九二除奸去恶,乃秉正直、中道之德以行事也。
六三,负且乘,致寇至①,贞吝。	六三以柔居刚,下乘九二,才质低劣而窃据高位。 　　名不副实的结果,不但自身心余力绌,难以成事,白白糟蹋了国家的名器,并将招来祸患。 　　譬如背负重物之小人,却乘坐君子之车,逾越招摇的结果,引来盗贼之觊觎而出手抢夺。这固然是小人不守本分,咎由自取,但在上位的人不辨贤愚,滥授名器,更是难辞其咎。 　　欲避免此种鄙吝之情事发生,唯有坚守正道一途。	① 负且乘,致寇至:背负重物之小人却乘坐君子之车,逾越招摇的结果,引来盗贼之觊觎而出手抢夺。比喻无才无德的小人窃据高位,终招致祸患。
九四,解而拇①,朋至斯孚②。	邪佞小人往往依附君子以遂其私,就如同脚拇指依附于脚上一样。 　　九四与六三亲比,六三邪佞小人,借亲比之关系,以依附九四,正如拇之附足。 　　九四必须摆脱六三之纠缠,初六才会前来应和而彼此互信交往。	① 解而拇:解开附在你脚上的拇指。比喻摆脱小人之纠缠。而,你。 ② 朋至斯孚:朋友信任了,才会来。

续 表

卦 爻 辞	卦 爻 义	注 释
六五，君子维有解①，吉。有孚于小人②。	六五执中用柔，下有九二贤臣强力辅佐，能解除险难，因而得吉。 小人受六五诚心感召，也能幡然悔悟，洗心向善。	① 君子维有解：君子能解除险难。君子，指六五。维，助词，无义。"有解"或释为"解除小人"，似不甚贴切，且与下文"有孚于小人"有所牴牾。 ② 有孚于小人：以诚心感化小人。
上六，公用射隼(sǔn)于高墉(yōng)之上，获之，无不利。①	上六居《解》卦之终、上体《震》动之极，象征解除悖乱之王公。本应相应之六三，悖不应上，且居下体之最上，犹高据城墙之鹰隼。 上六为解悖乱，乃一举而铲除之，犹王公一箭而射获高墉上之鹰隼也。 除恶去患，当然没有不利。	① 本爻费解，何者为"公"？何者为"隼"？众说纷纭，令人无所适从。《王注》、《程传》以上六为公；《折中》引郑汝谐、王申子之说，均以上六为隼，看法完全相反。《本义》不表意见，说："《系辞》备矣。"而《系辞》重点在强调"成器而动"，也未触及这个问题。本书认为，以上六为隼，固有其道理，但以爻言爻，以上六为公，其说较顺，故从《王注》、《程传》以上六为公，并以六三为隼。公，王公。隼，贪残之猛禽，喻巨恶元凶。墉，城墙。

【人生智慧】
一、野草除不尽，春风吹又生。险难缓解，而病根未除，一旦得到机会，弊害必然重新滋长。故除恶务尽，须找出潜藏的弊因，一举铲除，以绝后患。不可因一时缓解，即放心贪逸。居安仍须思危，何况乱后重整阶段，根本不足以言安。
二、企业、国家之成败，最主要的因素是"人"。贤愚不分，用人不当，终究难以成事。如领导非人，则不卜可知，绝无成功之理。

损卦　第四十一

卦 爻 辞	卦 爻 义	注 释
下兑上艮· 山泽损 损①：有孚，元吉，	为了维持社会的和谐稳定，必要时须或损或益予以调整。在《损》卦之情况下，必须"损刚益柔"，而且是"损下益上"，使趋平衡。	① 损：卦名，象征"减损"。 ② 曷之用：如何运用？曷，犹"何"。之，语助词，无义。 ③ 二簋可用享：用二簋就可享祀鬼神。"簋"是祭祀时盛黍稷的方形容器，隆

卦 爻 辞	卦 爻 义	注 释
无咎,可贞,利有攸往。曷(hé)之用②? 二簋可用享③。	但损己利人毕竟是违逆人情之事,一旦过于勉强,处理不当,则有不良后果。 因而在行损之时,必须时机合宜,更重要的是要有诚信,要损所当损,让受损之人相信,这样做是必须的、合宜的,并愿意接受、配合。如此才能获得大吉的结果,没有咎害。 能够坚守这种正道,即有利于往正确的方向积极行动。 那么,要如何表现诚意让人信任呢? 以祭祀为例,祭祀时最重要的是诚敬,不是那些繁文缛节或丰盛的祭品。只要心存诚敬,即使只用最俭朴的二簋之礼,也能感动鬼神,使鬼神来飨。	重的祭祀用八簋,中等的用四簋,最简单的只用二簋。这句的意思:如心存诚敬,用二簋就可享祀鬼神,不一定要用丰盛的祭品。如果心无诚敬,祭品再丰盛,鬼神也不会来飨。
初 九,已 事 遄(chuán)往①,无咎,酌损之②。	初九阳刚,必须往上助益与之正应的六四,以尽《损》卦之世"以刚益柔"、"以下益上"的义务。 但动身之前必须先处理好自己岗位上应尽的职责,一旦事情办妥,即迅速前往,这样就不会有咎害。 此外,在损刚益柔、损己益人之时,一定要斟酌情况,适度、合理、量力而行,勿过与不及。同时还要顾及对方的感受,勿太勉强,以免引起对方之不快,本欲助人,却得其反。	① 已事遄往:自己的事做完之后,立即前往辅助六四。这句话注家也有不同意见。《王注》认为是做完事情赶快前去,重点在于急人之急,讲求效率。《程传》认为是事成之后急速离去,不居功之意。本书认为《王注》较合理。遄,快速。 ② 酌损之:损己益人,必须斟酌情况,适可而止。
九二,利贞,征凶,弗损益之。	九二以阳据阴,刚柔相济,且居中位,阴阳处于平衡状态;而所正应的六五,以阴据阳,也是居于中位,同样刚柔相济,处于阴阳平衡状态。	

卦 爻 辞	卦 爻 义	注 释
	因此，九二毋须对六五以刚益柔，六五也不需要九二以下益上，九二在自己的岗位上持中守正，反而对双方较为有利。 如九二执意前往益五，不但无所助益，反有招致凶险之虞。	
六三，三人行，则损一人；一人行，则得其友。①	《损》卦三阴爻，惟六三与上九正应，故只宜六三单独前往会合。 若六四、六五偏要同行，争相往求上九，三阴同争一阳的结果，使上九因疑虑而未能与六三结交为友。 这样的结果，对上九不但无益，而且六三也因而损失了一个朋友。 若六三独自前往，乃能顺利与上九应合而得其友。	① 本爻爻义，各家因说解角度不同，多有歧异。或从阴阳、综、变立说，虽皆言之成理，总觉过于曲折。本书认为对初学者而言，宁可去繁从简，故取《王注》之说为据："损之为道，损下益上，其道上行。三人，谓自六三已上三阴也。三阴并行，以承于上，则上失其友，内无其主，名之曰益，其实乃损。故天地相应，乃得化醇；男女匹配，乃得化生。阴阳不对，生可得乎？故六三独行，乃得其友。二阴俱行，则必疑矣。"
六四，损其疾①，使遄②有喜，无咎。	六四以柔居柔，其位虽正，但有过柔的毛病。 如促使正应的初九，尽速前来以刚济柔，则六四过柔之病即可解。 这是可喜之事，当然没有咎害。	① 损其疾：六四有过柔之疾患，初九损其刚以济六四之疾。 ② 使遄：让他（初九）快点来。
六五，或益之十朋之龟，弗克违，元吉。①	六五柔居尊位，有礼贤下士、谦虚自守之象。 以德感人，又在君位，各方资源自然源源而至。即使有人送来价值十朋的大宝龟，也不能推辞。 因为顺天应人，受之无愧，所以大吉。	① 本爻说解，各家往往不同，断句也因之而异。大体有两种不同说法。其一，断句为"或益之十朋之龟，弗克违。"意为："或有人献上十朋的大宝龟，无法拒绝。"其二，断句为"或益之，十朋之龟弗克违。"意为："或有人前来进献，卜问十朋大龟的结果，指示这是天意不可违背，应该接受。"本书认为第二种说法拐弯抹角，有点别扭，而且接受献赠又不是

卦　爻　辞	卦　爻　义	注　释
		战争之类的国家大事，哪用得着请出大宝龟来占卜？不如第一种说法简单明白，且"十朋之龟"也有依据。据《汉书·食货志》："元龟，岠冉，长尺二寸，直二千一百六十，为大贝十朋。""朋"是中国商、周时代所使用的贝币的单位。至于如何计算，有两枚一朋、五枚一朋、十枚一朋的不同说法。赠送乌龟，似乎有些浅俗，但大龟在古代是用于占卜的宝物，并非等闲。且在古代，宝龟可以决疑，也有助益施政之意涵。
上九，弗损益之①，无咎，贞吉，利有攸往，得臣无家②。	上九居《损》卦之极，本身就是刚爻，无须他人损下益上。这样不但不会有咎害，而且因不损人利己，无形中也等于有益于人。 上九只要坚守正道而行，就能得吉，并且无往不利，普获天下人归心爱戴，因此得到的臣民不限于一家。	① 弗损益之：无须借减损他人来增益自己。 ② 得臣无家：得到臣民的爱戴，不限于一家。

【人生智慧】

一、损下益上，损刚益柔，是一种求得"平衡"的概念，是以有余补不足，以整体和谐为目的的一种"理想"。人性本自私，要求民众"损己利人"，只能仰赖公权力的介入。其要在公正，公正才能获得多数民众的信任，例如租税制度的实施即是。

二、在企业面临经营危机时，员工自动要求减薪以渡过难关，正是一种"损下益上"的《损》卦之道，但前提是企业主一向受到员工的信赖与拥戴，才有可能办到。

三、由此可见，"诚信"才是必须有所损益时，最核心的价值与力量。

益卦　第四十二

卦爻辞	卦爻义	注　释
䷩ 下震上巽·风雷益 益①：利有攸往，利涉大川。	《损》是"损下益上"，而《益》则是"损上益下"。 上施惠于下，则下民悦服，凡有所为，必得众人之助。故无往而不利，遇有险难，亦能顺利克服。	① 益：卦名，象征"增益"。
初九，利用为大作①，元吉，无咎。	初九以刚居刚，有才干、有担当。虽地位卑微，但与六四正应，得大臣之信任。可以大有作为，承担大事。 但居卑位任大事，毕竟不是常态。必须全力以赴，不负所托，将事情办得尽善尽美，获得大吉的成果，才能避免"以小任大"引来的咎害。	① 大作：承担大事，大有作为。
六二，或益之十朋之龟，弗克违①，永贞吉。王用享于帝，吉。	六二居中且正，具谦逊柔顺之德，又与九五正应，深得宠信。 六二以柔居柔，资源匮乏，九五以刚居刚，实力雄厚，因而以其丰沛之资源挹注六二。即使送来价值十朋的大宝龟，六二也不能推辞。但必须牢记，须确实坚守正道，才能永保吉祥。 君贤臣忠，上下相得，百姓安乐。天子以此政绩祭享上帝，必获天佑而得吉祥。	① 或益之十朋之龟，弗克违：同《损》卦六五爻注①。
六三，益之用凶事①，无咎。有孚中行②，告公用圭③。	六三阴居阳位，不中不正，本不当也无须受益。但六三与上九正应，又位于下体《震》卦之	① 益之用凶事：将所得应用于济险救凶之事。 ② 有孚中行：行事要秉持诚信、适中的原

卦　爻　辞	卦　爻　义	注　释
	极,有积极行动之能力。当上级提供资源给他时,他即将所得资源用于赈济因灾难、饥荒等凶事而受苦的民众。 六三在执行救济任务的时候,秉持诚信、公正、适中的原则,处理得当,并于事后将经过诚实禀告王公。 由于六三能够做到这些,即使不当位而受益于上,也不会引来任何咎害。	则。中行,行中道。六三在三画卦并不居中,但六三、六四在六画卦中却可视为居中,所以也可以行中道。 ③ 告公用圭:以诚信的态度禀告王公。圭,古时祭祀、朝聘时用圭以表诚信。《礼记·郊特牲》:"朝觐,大夫之私觌,非礼也。大夫执圭而使,所以申信也。"故"用圭"有象征诚信之意。
六四,中行告公从①,利用为依迁国②。	六四柔居柔位,得正。以上卦三爻而论并不居中,但以全卦六爻而论则与六三同属居中之位,都能行中道。且六四下应初九,上与九五之君亲比,为近君之大臣,得君之信宠。 当百姓在国家所处之地无法安居乐业时,君上对下民最大的助益就是迁国。当这种情况发生时,只有实际接触人民的像六四这样的大臣看得最清楚。但他毕竟不是决策者,只有依赖九五之君的决策才能执行。 由于六四能行中道,又得底层初九之应援,因而深受九五之信任,终于听从他的建议,迁国益民之举,乃得顺利进行。	① 中行告公从:六四以能行中道获得王公之信任,后者遂听从他的建议。 ② 利用为依迁国:以考量是否符合国家、人民之利益为前提而迁国。
九五,有孚惠心①,勿问元吉②。有孚惠我德③。	九五居中得正,与同样居中得正的六二正应。有才、有德又有位,是一个有诚心施惠于下的君主。其至善大吉,不问可知。	① 有孚惠心:有施惠于下的诚心。 ② 勿问元吉:不问可知,一定大吉。 ③ 有孚惠我德:百姓也以诚心来回报我。

卦爻辞	卦爻义	注　释
	百姓感受到君主施惠于民的诚意,也以至诚的爱戴之心回报君主。如此上下交信,其得大吉,实乃理之必然。	
上九,莫益之,或击之①,立心勿恒②,凶。	上九居《益》卦之极,不但不行"损上益下"之益道,反而贪得无厌,意图"损下益上"。 这样的行为,不但不能使他真正获益,反而招来不满民众的攻击而受损。 这都是不能以恒心行益道施惠民众的后果,结局当然是凶。	① 莫益之,或击之:不损上益下,反而贪得无厌,意图损下益上,结果招来不满民众的攻击。 ② 立心勿恒:没有尽其本分抱持增益他人的恒心。

【人生智慧】

一、《损》、《益》两卦看似对立,其本质实一,都是"损有余以补不足",追求平衡与和谐。

二、《益》卦的"损上益下"如国家之社会福利、企业之分红加薪,当然为下所喜。但必须切实做到公平、公正,才能使人心存感念,愿意效力支持。

三、"损上益下",上实无损。以国家而论,"民为邦本,本固邦宁",百姓富足,国家安定,最大受益者还是执政者。以企业而论,利益共享,员工卖力,业务蒸蒸日上,最大受益者还是企业主。

夬卦　第四十三

卦爻辞	卦爻义	注　释
下乾上兑·泽天夬 夬①:扬于王庭②,孚号(hào)有厉③。告自邑④,不利即戎。利有攸往⑤。	《夬》卦五阳决除一阴,是君子道长、小人势消的正面情势。但欲决去此一小人,却不可掉以轻心,必须谨慎从事。 首先应在公开场合揭发他的罪状,使民众认清他的真面目,并使他知所羞愧。另外须在取得众人的信任后,号令众人严加戒备,防范危险发生。同时	① 夬:卦名,象征"决断"。卦中五阳共决一阴,如君子之决小人。 ② 扬于王庭:"王庭"是百官所在之处。扬于王庭,即在公开场合宣布小人的罪状,以昭众信。 ③ 孚号有厉:以诚信号令民众,警告民众防备危险发生。 ④ 告自邑:自我修治辖邑内之政务。一说:从辖邑颁告政令,亦通。

卦　爻　辞	卦　爻　义	注　　释
	要处理好自己辖区内的政务，以安顿民心。 　　在执行决去行动时，不可依恃武力，那是不利的方式。应该采用"以德服人"的方式，有步骤、有策略地积极行动，才能让人心服口服，顺利地完成任务。	⑤ 不利即戎，利有攸往：决除小人，用武力必有不利。但也不能不采取其他行动，否则决除行动如何完成？
初九，壮于前趾，往不胜，为咎。①	初九地位卑下，又与九四无应，势孤力单，不成气候。偏又以刚居刚，莽撞冲动，不自量力地采取行动。 　　由于实力悬殊，躁进的结果必然无法取胜，只有为自己带来咎害。	① 《正义》释本爻甚明："初九居夬之初，当须审其筹策，然后乃往。而体健处下，徒欲果决壮健，前进其趾，以此而往，必不克胜，非决之谋，所以'为咎'。"
九二，惕号(hào)①，莫(mù)夜②有戎，勿恤。	九二以刚居柔，又是中爻，不但不恃强，且能顺势循中道而行。 　　平日号召群众随时提高警觉，严密戒备。即使敌人深夜摸黑来袭，由于有备无患，根本不用担心。	① 惕号：有警戒之心，并发布因应对策的号令。 ② 莫夜：莫，同"暮"。莫夜，即深夜。
九三，壮于頄(qiú)①，有凶。君子夬夬②，独行③，遇雨若濡(rú)④。有愠(yùn)，无咎⑤。	九三以刚居刚，过刚且不中，容易冲动而怒形于色。这样明显地泄漏情绪，会有凶险，一定要避免。 　　九三与上六为正应，只有他适合独自前往上六处与之周旋，只要他有除去小人的坚定决心，即使因而引起他人的误会、恼怒，以为他与上六同流合污，也在所不惜。 　　事实胜于雄辩，最后证明他的行为全是为了除去小人，误会终于冰释，自然不会有咎害。	① 壮于頄：頄，颧骨，借代为面颊。"壮于頄"即怒形于色。 ② 夬夬：决之又决，强调君子除去小人的决心之刚毅、果断。 ③ 独行：九三独自往应上六。 ④ 遇雨若濡：九三往应上六，如阴阳和合而有雨。但应合小人，即受诟病，犹遇雨而沾湿其衣。 ⑤ 有愠，无咎：九三应合上六，只为与之周旋，以伺机除奸。旁人不明就里，因误会而对他怨怒。而最终证明他是为了决去小人，因而无咎。

173

卦　爻　辞	卦　爻　义	注　　释
九四，臀无肤①，其行次且(zī jū)②。牵羊悔亡③，闻言不信④。	九四以刚居柔，优柔寡断。当下卦三阳群起前进决除上六一阴时，九四却犹豫不决，如同臀部肌肤受伤，举步艰难，无法前进。 　　九四若再不设法去除心病，果断采取行动，定有悔憾之事发生。 　　九四应该牵附下卦三阳一起行动，以弥补自己的不足。但九四偏不听从劝诫，仍然一意孤行，愚顽如此，实在不可救药。	① 臀无肤：形容坐立不安，犹如臀无肤。 ② 次且：同"趑趄"，犹疑不决、欲进不进的样子。 ③ 牵羊悔亡：羊，喻"阳"。牵羊悔亡，言九四宜牵附下卦三阳同行，以补己之不足，才能避免悔恨之事发生。 ④ 闻言不信：九四刚亢，不肯听从劝诫。
九五，苋(xiàn)陆夬夬①，中行无咎。	九五中正之君，有决心又有实权，决除上六小人，犹如拔除苋陆草般的容易。 　　以九五之尊决断上六，固然力有余裕，但应慎行中道，勿过当，才能避免咎害。	① 苋陆夬夬：《王注》曰："苋陆，草之柔脆者也。"《正义》曰："五处尊位，为夬之主，亲决上六，决之至易也，如决苋草然，故曰'苋陆夬夬'也。"
上六，无号(háo)①，终有凶。	上六处《夬》卦之极，众所共弃，必欲决之而后快。 　　上六已是穷途末日，其势难挽，号咷无济于事，终有败亡之凶。	① 无号：用不着号咷痛哭，哭了也没有用。

【人生智慧】

一、清除小人是维系团体之安定的必要措施(此处假定此小人为确实，而不是为了派系斗争)。当不良的势力趋弱时，即是采取行动的最佳时机。但切勿误判形势，以免遭到反噬。

二、除奸去恶必须小心谨慎，因为奸之所以为奸，小人之所以为小人，即因其阴险而狡猾。对付此等人，如不谨慎小心，一旦打草惊蛇，必然前功尽去。

三、清除小人一定要秉持公正无私的态度，在证据充分的情况下，以公开的方式执行，才能令人心服口服。

姤卦　第四十四

卦爻辞	卦爻义	注　释
䷫下巽上乾·天风姤 姤①：女壮，勿用取②女。	《姤》卦一阴五阳，一阴位于初爻，阴长阳消之势已成，阴将壮盛强大。 　五阳须小心防备，不可与此一阴过于亲昵，加速了此阴的茁壮之势。 　这就好比邂逅了一女，此女非常厉害，可以周旋于五男之间，这样的女子，千万不可娶回家。	① 姤：卦名，象征"相遇"。"姤"又作"遘"。 ② 取：通"娶"。
初六，系于金柅①，贞吉。有攸往，见凶。羸豕②孚③蹢躅(zhí zhú)④。	初六欲往前迈进时，被亲比的九二牵制住了，就如一辆车被坚硬的刹车器控制住一样，安分地守在它的本位上，所以吉。 　若让它往前迈进，则阴即渐盛而害于阳。别看它像一只瘦弱、浮躁、蠢蠢欲动的母猪，似乎破坏力不大，其实是有危险性的。	① 金柅："金"形容坚固刚硬。"柅"是刹车器。 ② 羸豕：瘦弱的母猪。 ③ 孚：通"浮"，谓"浮躁"也。 ④ 蹢躅：同"踯躅"，不安而徘徊之状。
九二，包有鱼①，无咎，不利宾②。	九二亲比初六，遂率先包纳了初六，犹如将鱼严束怀藏，使不跃之于外。 　九二与初六密比而遇，乃势所必然，因而无咎。 　九四虽与初六正应，但远在外卦，鞭长莫及，不利于遇，使九二得以捷足先登。	① 包有鱼：包，谓"包容"、"包纳"。亦有释"包"为"庖"者，如《王注》。惟《易》卦爻辞中，大都释"包"为"包纳"。项安世《周易玩辞》云："凡称'包'者，皆以阳包阴也。……包，古'苞苴'字（按："包裹"之意）。"此处从之。鱼，喻初六。《本义》谓："鱼，阴物。二与初遇，为包有鱼之象。" ② 宾：谓外也，指九四而言。但亦有以九三至上九诸阳皆为外宾者。

卦 爻 辞	卦 爻 义	注 释
九三，臀无肤，其行次且①，厉，无大咎。	九三过刚而不中，上与上九无相应，下与初六非亲比，处境尴尬。 虽一心想争取初六，但与初六非比非应，且初六已为九二捷足先登，因而像臀部肌肤受伤一样坐立不安。 这样的处境虽然危险，但九三以刚居刚，毕竟所居得正，故也不会有大的咎害。	① 臀无肤，其行次且：同《夬》卦九四爻注①、注②。
九四，包无鱼，起①凶。	九四虽与初六为正应，但初六已为九二所包纳，所以无法得到初六。 初六象征基层民众，与初六无遇，即代表不得民心。此乃因九四不中不正、于德有亏之故。 这样是容易导致凶险的。	① 起：引起、导致。
九五，以杞包瓜①，含章，有陨自天。	九五为中正之君，有大气度，犹如杞树能包纳、荫护树下的甜瓜。 因内含章美，以德感人，自然有贤者来与遇合，就如由天上掉下来一般，毋须强求。	① 以杞包瓜：以高大的杞树庇护瓜果。
上九，姤其角①，吝，无咎。	上九以刚居《姤》卦之极，犹如兽角居兽体之顶，既高且硬，难以与人兼容。无法得其遇合，难免有所憾惜。 但孤高不与物争，不惹是非，也不会有咎害。	① 姤其角：《正义》曰："角者，最处体上，上九进之于极，无所复遇，遇角而已，故曰'姤其角'也。"

【人生智慧】

一、不良风气一旦养成，就会成为一股越来越大的破坏力量，难以遏止。这种不良风气的破坏力最危险，因为它最容易被忽略。它是渐进的，由基层一点一滴地侵蚀。大家习以为常，不

但不会知所警觉,加以遏止,反而争相模仿。等到发觉事态严重,已经难以扭转。正如《姤》卦一阴五阳,一阴位于初爻,似乎起不了什么作用,但阴长阳消之势已成,阴将壮盛,直到剥尽阳爻为止。		
二、"姤"是一种"邂逅"、"不期而遇",是一种"偶然的遇合"。邂逅本身没有好或不好的必然性,但有正当、不正当的可能性。以男女遇合为例,合于礼俗、社会规范,自然平安无事,甚至成为美谈。但若不合礼俗与社会规范,则有不良后果。		

萃卦　第四十五

卦 爻 辞	卦 爻 义	注 释
下坤上兑·泽地萃 萃①:亨②,王假(gé)有庙③。利见大人,亨,利贞。用大牲④,吉。利有攸往。	君王应到太庙祭祀,借以昭告列祖,同时聚合、收揽民心。 除此之外,还须任用王公大臣,遵循正道治理民众,才能致亨通。 因为国家富足,在祭祀时为了表现诚意,须以大牲隆重祭祀,以祈求吉祥。 如能做到这些,在采取行动时,就能顺利进行。	① 萃:卦名,象征"会聚"。 ② 亨:程颐、朱熹皆以此字为衍文。帛书《周易》亦无此亨字,《彖传》亦不释此字,应为衍文无疑。 ③ 王假有庙:假,至也。庙,王之宗庙。王假有庙,君王到太庙祭祀。 ④ 用大牲:用牛祭祀。
初六,有孚不终①,乃乱乃萃②。若号(háo)③,一握为笑④。勿恤,往无咎。	初六与九四正应,本应顺理成章地萃聚在一起。但初六见六三与九四亲比,对九四起了疑心,因而对九四的诚信不能贯彻始终。 这样三心二意的结果,与九四的萃聚就乱了套,不能顺利聚合。 如果初六能及时醒悟,号啕忏悔,祈求接纳,必能获得九四	① 有孚不终:初六对其所正应之九四的诚信,不能贯彻始终。 ② 乃乱乃萃:《折中》谓:"两乃字不同,上乃字虚字也;下乃字,犹'汝'也。正如《书》'而康而色',上而字,虚字也;下而字,犹'汝'也。"本书认为此解晓畅可取。 ③ 号:号啕。《易》中"号"与"笑"往往相对,如《同人》九五:"先号啕而后笑"。一说"呼号",亦通。

177

卦 爻 辞	卦 爻 义	注 释
	正面回应,与其握手言和,使初六破涕为笑。 初六应该立即采取行动,与九四萃聚,毋须忧虑会有任何咎害发生。	④ 一握为笑:对此说法分歧。《折中》引王宗传曰:"初之于四,相信之志,疑乱而不一也。然居萃之时,上下相求。若号焉,四必说而应之。则一握之顷,变号咷为笑乐矣,谓得其所萃也。"本书认为晓畅合理,从之。
六二,引①吉,无咎。孚乃利用禴(yuè)②。	六二以柔居阴,既中且正,与九五中正之君正应,二者的聚合是顺天应人的好事。 但六二不可采取主动,自荐于九五,而应等待九五礼贤下士前来征引,才能获吉,无有咎害。 君臣之间的聚合,最重要的是诚信,犹如祭祀,不一定要多隆重,即使仅用简单的禴祭,效果也是一样,因为诚心才是最好的祭礼。	① 引:受牵引。 ② 禴:《王注》云:"禴,殷春祭名也,四时祭之省者也。"
六三,萃如嗟如①,无攸利。往无咎②,小吝。	六三处下卦之终,求聚心切却不可得。对九五虽心向往之,惜无比无应,不得其门而入,只能暗自嗟叹。 惟情势虽然对六三不利,但也不是完全绝望。六三与九四亲比,可以往上与之聚合,不会有咎害。 不过这样的聚合毕竟不是正应,所以虽无咎害,却难免稍有憾惜。	① 萃如嗟如:求萃聚不得而嗟叹。 ② 往无咎:往上与亲比之九四会聚,没有咎害。 此句注家看法分歧,《程传》、《本义》均谓六三宜往从上六以求聚。惟《折中》引俞琰谓:"萃之时'利见大人',三与五非应非比,而不得其萃,未免有嗟叹之声,则'无攸利'矣。既曰'无攸利',又曰'往无咎',三与四比,则其往也,舍四可乎? 三之从四,四亦巽而受之,故'无咎'。"本书认为俞说较合爻义,从之。
九四,大吉,无咎。	九四不中不正,却下与六三亲比、与初六相应,两阴竞相来	

卦 爻 辞	卦 爻 义	注　　释
	聚,显然深得基层民心,难免引起九五疑虑。 　　所幸九四一秉至诚、至正、至公,化解了九五的疑虑而获得大吉,因而免除了原来可能招致的咎害。	
九五,萃有位,无咎。匪孚,元永贞,悔亡。	九五中正且居尊位,身为《萃》卦之主,当然没有咎害。 　　然若徒以其名位作为聚合之号召,并不能使民众信服。一定要秉持伟大的君德,永久固守正道,才能使百姓心悦诚服,不致有悔憾的事情发生。	
上六,赍咨(jī zī)①涕洟(tì yí)②,无咎。	上六下无所应,上无所比,又以阴乘九五阳刚之君,情势不利。 　　且居《萃》卦之极,已是萃聚之势即将涣散之时,而近远无助,欲萃不得,忧虑惶恐,乃至哀叹哭泣。 　　情势虽然不利,所幸上六知危知惧,故终能远离咎害。	① 赍咨:嗟叹之声。 ② 涕洟:痛哭流涕。

【人生智慧】

一、人之相交,团体之结盟,最重要的是诚信。但在涉及权益关系时,必要的契约、仪式等昭示公信的措施,仍然不可或缺。六二爻辞说:"孚乃利用禴",虽然强调诚信,但要注意虽"孚"仍须"用禴"才有"利"。如今法治社会,对此尤不可轻忽。

二、人是群体动物,不管多孤僻,绝对无法避免与人互动。"方以类聚,物以群分"则是兴趣或性情相投的自然结合。《萃》卦六爻,最大的特色就是不论有应、无应、当位、不当位,通通都"无咎",显示人与人的聚合是必要的、值得鼓励的。但也不可忽略爻辞一再强调的诚信("孚"),这是无咎的前提。若无诚信、非真情,必然随聚随散,那就不是卦义所指的"聚合",而只是一种"苟合",不但不能无咎,反而容易"咎由自取"。

升卦　第四十六

卦 爻 辞	卦 爻 义	注 释
䷭ 下巽上坤·地风升 升①：元亨，用②见大人，勿恤。南征吉③。	《升》卦象征由下往上升进，情势大为亨通。 只要有大人的提携，就毋须忧虑。尽管往前迈进，前途将是一片光明吉祥。	① 升：卦名，象征"上升"。 ② 用：犹"宜"。 ③ 南征吉：依《说卦传》，《离》为南方之卦，又，《离》为明。《正义》曰："南是明阳之方"；《王注》曰："以柔之南，则丽乎大明也。"南征，犹言"向光明的方向前进"，故曰"南征吉"。
初六，允①升，大吉。	初六阴柔居下，与上无应，但以柔顺之德上承九二、九三，借二阳之力，得以往上提升，因而大为吉祥。	① 允：当也，宜也。
九二，孚乃利用禴①，无咎。	九二刚中贤能之臣，上应六五柔弱之君。为避免遭受猜忌，九二宜以诚信侍君，切忌夸饰招摇，以化解六五之疑虑。 以祭祀为例，只要心存诚敬，即使行简朴的禴祭，也足以感格神灵。故九二只要以至诚对待九五，就不会有咎害。	① 孚乃利用禴：同《萃》卦六二爻辞。
九三，升虚邑①。	九三以刚居刚，得正，既勇于上进，又与上六相应，因而可由下卦上升至上体《坤》卦，一路畅通无阻，如入无人之境。	① 虚邑：空虚的城邑。
六四，王用亨(xiǎng)于岐山①，吉，无咎。	六四以柔居柔，既正且顺。犹如周文王三分天下有其二，仍然恭顺地服从纣王的领导，本分地守在岐山之下。使得纣王对他没有疑心，让他终获平安吉祥，免遭咎害。	① 王用亨于岐山：参阅《随》卦上六注释①。

卦 爻 辞	卦 爻 义	注 释
六五,贞吉,升阶①。	六五体柔居中,能行中道,兼有九二贤能之臣在下诚心辅佐,因而得以顺时而升,逐步逐阶登上尊位。 惟六五仍须固守正道,坚持礼贤下士的初衷,才能长保吉祥。	① 升阶:随阶而升。
上六,冥升①,利于不息之贞②。	上六处《升》卦之终,已无进路,应知时知势,立即停止继续上升的意图。 如果不知警觉,仍然盲目前进,那就是一种昏昧的作法,反而会消蚀掉既有的成果。 必须及时醒悟,不断地督促自己守住本分。不痴心妄动,对自己才有利。	① 冥升:盲目地求升。 ② 不息之贞:守持正道不停息。

【人生智慧】

一、《升》卦的上升是顺时、顺势缓步逐阶登高的过程,虽然比较缓慢,但是由小积大,基础稳固。只要坚守岗位,尽其本分,就不容易出大麻烦。故《升》卦卦辞有"元亨",爻辞也无凶、咎、悔、吝之语。可见按部就班,经过不断努力挣来的成果,才是真正属于自己的。如果是不劳而获,或是以不正当的方式得来,不但不牢靠,而且爬得越高,摔得越重。

二、想要高升、上进,是人之常情,也值得鼓励,但必须有自知之明。如果不自量力,盲目求升,不但徒劳无功,反而可能前功尽去,不进反退。求升之道,主观上当然不可欠缺上进之心,但更重要的是客观上必须依靠有力者的协助、提携。想要更上层楼,在下位者固然需要上位者的关照提拔,在上位者更需要在下位者的匡助与支持。还应随时谨记"利于不息之贞"的警诫,以长保安泰。

困卦　第四十七

卦 爻 辞	卦 爻 义	注 释
䷮ 下坎上兑·泽水困 困①：亨，贞，大人吉，无咎。有言不信。	当人处于困穷之境的时候，往往得以淬励心性、鼓舞斗志，从而激发潜能。穷则变，变则通，终于由困转亨，避免咎害。 　　但其前提是，坚持正道，才能化挫折为力量。但这往往只有处困不惊、愈挫愈勇的"大人"才办得到。 　　处困之时，不论说什么话，别人都不会相信，这时候多说无益，应该以行动来证明一切。	① 困：卦名，象征"困穷"。
初六，臀困于株木①，入于幽谷，三岁不觌(dí)②。	初六阴柔之质，地位卑下。又在坎险最下层，虽与九四相应，但九四失位，自身难保，无法给予助力。初六因而处于困穷险恶之境，一直难以脱身。 　　其处境犹如身陷幽暗深谷之中，坐困在枝叶已经掉光的树木之下，一筹莫展。不但求救无门，而且许多年都看不见希望的曙光。	① 臀困于株木：人坐则臀必在下，"臀困"即"坐困"之意。株木，枝叶已经掉光的树。坐困枯树下，象征无可庇荫。 ② 觌：看见。
九二，困于酒食①，朱绂(fú)方来，利用享祀②。征凶，无咎。	九二困于其道不行，有志难伸，惟有"居易以俟命"。日常则保持平常心，照常饮食起居，安以待时。 　　然九二以刚中之才，不至困厄到底，终将为君上重用，比如被赋予主持祭祀大典之要职。 　　不过在这之前，必须守道俟命不妄动，才不会遭致咎害。如果沉不住气，有所行动，就会招来凶险。	① 困于酒食：此处"酒食"之义涵，说法分歧，例如： A.《正义》曰："九二体刚居阴，处中无应。体刚则健，能济险也。居阴则谦，物所归也。处中则不失其宜，无应则心无私党。处困以斯，物莫不至，不胜丰衍，故曰'困于酒食'也。" B.《程传》云："酒食，人所欲而所以施惠也。二以刚中之才而处困之时，君子安其所遇，虽穷厄险难，无所动其心，不恤其为困也。所困者，唯困于所欲耳。君

卦　爻　辞	卦　爻　义	注　　释
		子之所欲者,泽天下之民,济天下之困也。二未得遂其欲,施其惠,故为'困于酒食'也。" C.《本义》谓:"困于酒食,厌饫苦恼之意。酒食,人之所欲,然醉饱过宜,则是反为所困矣。" 上举三家之解,总觉曲折。笔者认为,九二既是刚中之君子,必不因酒食之过剩或缺乏而困。小人困于酒食物欲,而君子乃以道之不行为困。既然道不行,惟有"居易以俟命",日常则保持平常心,照常饮食起居,安以待时,才是君子处困之道。 ② 朱绂方来,利用享祀:朱绂,古代祭服的饰带。方来,即将到来。其字面上的意思,是说即将受命担任主持祭祀的要职。但其实只是一种比喻,表示即将受重用、担任要职。
六三,困于石①,据于蒺藜②,入于其宫③,不见其妻,凶。	六三不中不正,上与上六无应,下乘九二阳刚。欲往前进,九四坚若磐石挡在前面,无法前进;欲往后退,九二如带刺之蒺藜挡在后头,也无法后退。进退维谷,脱身无门。想要向外求援,又与上六无应。 这情况犹如一位受挫的丈夫,想要回家寻求妻子的安慰,结果妻子竟然也失踪了。 六三处之凶险,真是无以复加。	① 石:大石头,喻九四。 ② 蒺藜:一种果实表面突出如针的植物,喻伤人之物。 ③ 宫:居处。古代房屋都称为"宫",秦汉以后才成为帝王宫殿或庙宇的专称。
九四,来徐徐,困于金车①,吝,有终。	九四与初六正应,本当立即来与初六会合,但九四居位不正,导致心虚、犹豫。 而初六与九二亲比,更使九四有所顾忌,犹如看见一辆	① 金车:坚固的车辆,喻九二。

卦 爻 辞	卦 爻 义	注　释
	坚固的车挡在路上,使他不敢放步往前迈进。 像这样慢吞吞地行进,实在令人遗憾。 不过,九四与初六毕竟是正应,虽然有这些波折,最终还是彼此应合在一起。	
九五,劓刖(yì yuè)①,困于赤绂②,乃徐有说(tuō)③,利用祭祀。	九五虽居尊位,但为上六、六三两阴爻所围困。 九二刚中之臣,本身亦受困,不能及时前来辅佐,因而不能顺利推动政务。使九五犹如受到割鼻、断足的刑罚般,痛苦难安。 惟九五具刚中之德,终能慢慢摆脱困境。这时,宜利用祭祀的行为以安顿民心,并伺机脱困。	① 劓刖:劓,割鼻。刖,断足。一说"劓刖"应为"臲卼",即"不安"之意。二说皆不违九五"危而不安"之处境,均可通。 ② 困于赤绂:赤绂,古代贵族祭服的饰带,喻指尊崇的地位。九五贵居君位,大权在握,之所以受困,必政务不能顺利推动。而政务之所以不能顺利推动,乃身旁缺乏贤能之臣辅佐使然。九二刚中之臣,但本身亦受困,不能及时来助,故九五乃有"困于赤绂"之象。 ③ 说:此处通"脱"。
上六,困于葛藟(lěi)①,于臲卼(niè wù)②。曰动悔③。有悔④,征吉。	上六居《困》卦之极,下无应援,又乘凌九四、九五两刚爻。其困境犹如被葛藤缠绕,动辄得咎,坐立难安。 上六如能自觉的认清艰困的处境,知所不当而悔悟,并且积极采取补正之行动以脱困,即能获得吉祥。	① 葛藟:藤蔓类植物,象征纠缠不清的麻烦。 ② 臲卼:危而不安之状。 ③ 曰动悔:动辄有悔。曰,发语辞,在此有"思量"之意。 ④ 有悔:能够自我反省、悔悟失当之处。

【人生智慧】

一、困穷最容易斫丧人的志气,但也能激起人的斗志和潜能。是正面走向或负面走向,完全依赖人的性格和修养而定,有时成败只系于一念之间。卦辞说:"困:亨,贞,大人吉",似乎只有"大人"才能够坚定信心,奋发向上,由困转亨而致吉,不是"大人"的"一般人"就无法脱困。其实卦辞的写法是一种激励,激励受困的人不可气馁,只要效法"大人"愈挫愈勇、穷则变、变则通的精神,就能出困致吉。

二、《困》卦特别强调"刚中之才"对于出困的重要性。"刚"是奋发向上、不畏困难的性格,"中"则是不偏激、能审时度势的修养。刚而不中,易莽撞行事;中而不刚,易犹疑不决。只有既刚且中,才能应付难关,突围出困。

井卦 第四十八

卦 爻 辞	卦 爻 义	注 释
☷☷☵ 下巽上坎·水风井 井①：改邑不改井②，无丧无得，往来井井③。汔（qì）至④，亦未缡（yù）井⑤，羸其瓶⑥，凶。	水井是地方居民日常生活不可或缺的重要资源，即使城邑迁移到别处了，水井依然会存留在当地供人使用。 　　井中的水恒常地保持它原有的水量，人们不停地来取水，井水不会因而减少；人们不来取水，井水也不会因而增多。它总是任由人们来来往往地取水，一点都不会改变。 　　如果有人来取水，水都已经往上提到快接近井口了，正要取水出来时，不料汲水的瓶子竟然倾覆了，这实在是很不妙的凶兆。	① 井：卦名，象征"水井"。《井》卦乃借井水养人之德以申说君子修德养民之义。 ② 改邑不改井：城邑可以迁移，水井则不能迁移。 ③ 往来井井：来来往往不停地取用井水。 ④ 汔至：汔，接近。汔至，将至，形容水快到井口的时候。 ⑤ 亦未缡井：缡，出。亦未缡井，水尚未从井里取出来。 ⑥ 羸其瓶：羸，倾覆。羸其瓶，取水的水瓶倾覆了。
初六，井泥不食，旧井无禽。	初六不中不正，居于最低之位，上卦六四又与其不相应，只能常处卑下，无人肯用。 　　犹如一口旧井，井底都是污泥，又没人加以整治，水质肮脏，别说人不会取来饮用，就连禽鸟也不来光顾了。	
九二，井谷射鲋（fù）①，瓮（wèng）敝漏。	九二刚而得中，虽具刚中之才，却与九五之君不相应，未能获得援引提拔，只能向下与初六亲比。 　　人不能尽其才，是资源的浪费。这好比汲水瓮破裂，人无法取用井水，结果井中之水仅能下注供小鱼享用。 　　大材小用，十分可惜。	① 井谷射鲋：谷，穴。射，流注。鲋，小鱼。井穴中的水向下流注滋养小鱼。

卦 爻 辞	卦 爻 义	注 　 释
九三，井渫（xiè）①不食，为我心恻②。可用汲，王明，并受其福。	九三以阳居阳，得正，又与上六正应，是个难得的贤才，如果不予善用，多么可惜。 　　就如同井水已经整治得十分洁净，但人们却不饮用它，这不是很令人惋惜吗？ 　　王上若是个明君，应该起用这样的人，让大家都同受其福。	① 井渫：渫，除污。井渫，已将污泥整治得干干净净。 ② 为我心恻：使我心中惋惜而悽恻。为，使。恻，悽恻。
六四，井甃（zhòu）①，无咎。	六四以阴居阴，得正，但下无所应，加之阴柔才弱，难当大任。 　　且六四上承九五，为居"多惧"之位的近君大臣，必须谨慎修身自守，以免招咎。犹如水井必须以砖修砌，避免敝坏。	① 井甃：甃，以砖修治。井甃，以砖修井。
九五，井洌（liè）①寒泉，食。	九五中正之君，有才有德，能够照顾天下百姓。犹如洁净、清凉又甘美的井水，足以滋养众人。	① 洌：水质清澈。
上六，井收①，勿幕②。有孚③，元吉。	上六为《井》卦之终，犹如井水已经汲取上来，出了井口。取水之功已成，可以供人饮用了。 　　水井上面不加覆盖，让众人得以自由取水。不论众人取水多寡，井水永远保持原有的状态，不会让人失望。正如一个诚信的君子，其德始终如一，必然大吉大利。	① 井收：收，收成。井收，取水之功已成。 ② 勿幕：不用覆盖。 ③ 有孚：有信。孚，信。

【人生智慧】

一、《井》卦是以井为喻，阐述服务人群的理想与修养。正如水井的"改邑不改井，无丧无得，往来井井"，一个君子，其服务人群的心志必然是恒定不变的，并且得志时不自满，失志时不自卑，"无丧无得"，自在安然。

二、理想人格的养成靠修养，修养是一个不断积善补过的过程，如同水井必须时常整治污泥一样。

三、无私的奉献，在有些人看来，似乎是一种"赔本的生意"，但天道好还，奉献不求回报，"有孚，元吉"，终有善报。

四、凡事应敬慎小心，力求善始善终，谨防功亏一篑，以免"汔至，亦未繘井，羸其瓶，凶。"

革卦　第四十九

卦爻辞	卦爻义	注　释
 下离上兑· 泽火革 革①：已(yǐ)日乃孚②。元亨，利贞，悔亡。	凡事日久弊生，则必须改革。但一般人大多安于现状，不喜变革，对于变革的行动往往采取排斥、抗拒、不信任的态度。通常要到变革之后，弊端清除，改革的效果显现，人们才会信服。 弊端革除了，气象一新，自然大亨。不过，变革毕竟是艰难而带有不确定因素的事情，在进行改革时，必须秉持正道，不可有任何偏邪，才能够获致改革之利，而不会有任何悔憾。	① 革：卦名，象征"变革"。 ② 已日乃孚：已，已然。已日，变革已经成功之日。已日乃孚，变革已经显现成效之后，才能取信于众人。 "已日"之"已"说法纷歧，有谓应作天干"戊己"之"己"；有谓应作地支辰巳之"巳"；有谓应作"祀"。本书认为作"已"较为通畅。
初九，巩①用黄牛之革。	初九处《革》卦之始，地位卑下，又无应援，论时论位，都不足以推动改革。 但初九以阳居阳，易于躁进，故当自我约束，就像用黄牛皮革做的绳索把自己牢牢地束缚起来一样，不要乱动，以免误了大事。	① 巩：牢固。
六二，已日乃革之，征吉，无咎。	六二柔顺中正之臣，上应九五刚中之君。当变革发动之初，六二先不要轻举妄动，而应守时待变。当九五之君发动改革，时机已经成熟，再起而响应九五，加入改革的行列。 这时可尽管放开步伐，往改革之路迈进。结果必然吉祥，不会有任何咎害。	

续　表

卦 爻 辞	卦 爻 义	注　　释
九三，征凶，贞厉。革言三就①，有孚。	九三以刚居刚，易逞强冒进。如莽撞而进，就有凶险。必须心存戒慎恐惧，坚守正道，把握正确方向，以防止危险发生。 欲行改革之先，必须多方广征对于改革的意见，等到计划妥当，赢得民众的信任了，才可以放手去做。	① 革言三就：广征意见、多方考量而后定案。 此句解说亦颇纷歧，然推敲爻义，尊重民意、谨慎行事应是其基本精神。
九四，悔亡，有孚改命①，吉。	九四以阳居阴，其位不当，本应有悔。由于九四刚而能柔，举措合宜，并以诚信推动改革，获得民众的信任，不但悔憾之事没有发生，并且因而获吉。	① 有孚改命：以诚信推动改革，废除旧命。
九五，大人虎变①，未占有孚。	九五是刚中居正的大人，他所主持的变革，如虎之威，而天下慑服；其功彪炳，有如虎纹般的斑斓夺目。 民众不待占卜，就信服他，毫无保留。	① 大人虎变：九五刚中，一怒而安天下，如商汤、武王之革命然。其功业彪炳，亦如老虎皮毛之斑斓。
上六，君子豹变①，小人革面②，征凶，居贞吉。	《革》卦至上六，革道已成。统治阶层脱胎换骨的成效，如斑豹花纹般的明显。庶民百姓也都能改变倾向，顺从改革后的新政。 这时候如再思变革，另生事端，必有凶险。宜居静守正，才可获吉。	① 君子豹变：君子之改革，其文炳然，如豹纹之斑斓。 其实九五之虎变、上六之豹变，均比喻其变革之功彪炳。惟九五君位，上六公卿位，故以虎变、豹变为等级之区分。 ② 小人革面：小人也能变其所向，以迎合变革。惟言下之意，似乎仅是表面服从，不是全然心悦诚服。

【人生智慧】

一、凡事日久弊生，则由盛而衰，必须及时变革。若不变革，积弊难除，终将成为大患。但变革一定要十分慎重，不可仓促行动。首先要有明确的目标及周详的计划；其次要取得大家的共识；再次要等待适当的时机；最后须有必成的决心及不畏艰险的勇气。若不具备这些条件，任何变革都易于遭受强大阻力而功亏一篑。

二、领导变革必须动机纯正，态度诚恳，善于沟通。并且要讲究技巧，刚柔并济。改革的意志必须坚定，但采取的手段不可过于激烈，更不可太过急切，贪功求速。必须稳扎稳打，按部就班，逐步检讨得失，修正方向，化解阻力，才容易获得成功。

鼎卦 第五十

卦 爻 辞	卦 爻 义	注 释
䷱ 下巽上离· 火风鼎 鼎①：元吉，亨②。	《鼎》卦象征用来烹煮食物以敬天、养人的烹饪之器，是以大吉而亨通。	① 鼎：卦名，象征"用以烹饪养人之鼎器"。 ② 元吉，亨：《程传》、《本义》认为"吉"字是衍文。
初六，鼎颠趾①，利出否（pǐ）②。得妾以其子③，无咎。	初六象征鼎趾，本应在下支撑鼎身，不宜乱动。但因初六与九四相应，一心想往上会合，结果鼎趾一动，鼎身因而颠覆，使得鼎口向下，鼎中原有不新鲜的厨余，统统倒了出来。 　　不料歪打正着，这一来清空了鼎腹，反而有利于烹煮新鲜食物。 　　这情形就好比娶来的妾因为生了儿子，得以扶为正室，当然没有咎害。	① 鼎颠趾：鼎翻倒，使得鼎脚在上，鼎口在下。 ② 否：不好的东西，此指鼎中无用的厨余。 ③ 得妾以其子：妾因生子而扶为正室。比喻鼎颠趾出否，得纳新物，成烹饪之功。
九二，鼎有实①，我仇（qiú）有疾，不我能即，吉②。	九二阳爻，阳为实，正处于一种饱满的状态，犹如鼎中已经充满食物。 　　六五与九二正应，是九二的伴侣，如果六五这时前来纠合九二，则如同在已满的鼎中又添加食物，使鼎中食物溢出，反而不美。 　　所幸六五由于以阴乘阳，产生了一些问题而自顾不暇，不能来就九二，反使九二避免困扰，因而获吉。	① 鼎有实：鼎中食物充满。 ② 我仇有疾，不我能即，吉："仇"字解释纷歧，有谓"匹配"，有谓"仇人"。指称之对象更是众说纷纭，指初、指三、指四、指五都各有说法，难以定论。姑从《正义》："仇是匹也。即，就也。……有实之物，不可复加也，加之则溢，而伤其实矣。六五我之仇匹，欲来应我，困于乘刚之疾，不能就我，则我不溢而全其吉也。"

卦　爻　辞	卦　爻　义	注　　释
九三，鼎耳革①，其行塞②，雉膏③不食。方雨亏悔④，终吉。	九三刚正贤能之才，惜与六五不相应，不能为六五之君所用，有志难伸。 这情况犹如九三鼎腹充满了雉膏之美食，而六五鼎耳却发生了变异，不能装上扛鼎的铉，鼎无法移动，鼎中美食未能供人食用，十分可惜。 但九三也毋须因而气馁。九三以刚居刚，虽有过刚不中之失，然居正位且处于有巽顺美德之《巽》体，与六五终有君臣遇合之时。正如阴阳和合交畅，终将成雨。 届时悔憾即因而消失，吉祥随之而来。	① 革：产生变异。 ② 塞：阻碍。 ③ 雉膏：野鸡羹，为食之美者。 ④ 方雨亏悔：方，将，此处有"等到"之意。亏，消。方雨亏悔，谓等到下雨之时，悔恨即能消除。比喻阴阳交和，使过刚之九三得以去亢和合而致吉。
九四，鼎折足，覆公铼(sù)①，其形渥(wò)②，凶。	九四上承六五，为近君大臣，身负重任。惜下应之初六柔弱，才不堪用，成事不足，败事有余。 犹如鼎身仰赖鼎足支撑，鼎足却无法承担重量而折断，使鼎中王公的美食倾覆于地，同时鼎身沾污，十分狼狈。 九四遭遇这样的情况，是很凶险的。	① 覆公铼：使鼎中王公的美食都倾覆于地。铼；美食。 ② 其形渥：渥，沾污。其形渥，打翻了食物，使得鼎身都沾污了。有谓"形渥"乃大刑，然折足翻鼎倾覆美食虽有失，但责以大刑，无乃太酷乎？当不至此。
六五，鼎黄耳金铉(xuàn)①，利贞。	六五以谦虚之胸怀居君位，上九以阳刚之才助六五。君臣一心，共为百姓谋福利。 六五正如虚中之黄色鼎耳，上九则为坚硬的扛鼎之铉，二者配合无间，使鼎食发挥养人之功。 惟六五以阴居阳，其位不正。必须时刻不忘坚守正道，才能保持有利的情势。	① 金铉：刚硬的鼎铉。铉，横贯鼎耳以供举鼎的器具。

卦　爻　辞	卦　爻　义	注　释
上九，鼎玉铉，大吉，无不利。	上九阳居阴位，刚柔相济，坚强而温润。犹如玉制之鼎铉，足以充分发挥穿耳扛鼎之功，完成鼎食养人之用。是以大为吉祥，无所不利。	

【人生智慧】

一、鼎能发挥烹饪、养人之功，完全要靠各部位的配合，缺一不可。团队的运作也是如此，分层负责，各司其职，众人一心，事业乃成。如有一害群之马混迹其中，轻则削弱实力，重则团队解体。

二、凡事适可而止，过犹不及。鼎腹容量有限，"鼎有实"，再往上加料，反而溢出污了鼎身，浪费了食材。为人处世，分寸的拿捏很重要，但要恰到好处，其实也不太容易，一方面要靠经验，一方面要靠智慧。

三、主事者须知人善任，谋事者要量力而为，力小任重，必自取其辱。《系辞下传》引孔子的话说："德薄而位尊，知小而谋大，力小而任重，鲜不及矣。《易》曰：'鼎折足，覆公𫗧，其形渥，凶'，言不胜其任也。"

四、"用人"最重要，目标再正确，计划再周详，资源再丰富，如果用人不当，一切都是枉然。王安石的新法立意不能说不好，但所用非人，即注定要失败。而其用人之风格又与其性格有关，王安石个性执拗，听不进任何反对意见，宋人称他为"拗相公"，可见其行事之偏执，难怪良法美意最终仍以失败收场。

震卦　第五十一

卦　爻　辞	卦　爻　义	注　释
 下震上震·震为雷 震①：亨。震来虩虩(xì xì)②，笑言哑哑(è è)③。震惊百里，不丧匕鬯(chàng)④。	《震》卦象征雷声震动，而可以致亨通。之所以如此，因雷声震动使人惊惧而知所警惕，不敢胡作妄为。 另一方面，经过这样的"震撼教育"，反而获得一种"处变不惊"的修养。遇遇重大变故时，仍然谈笑风生，从容应付，化险为夷。	① 震：卦名，象征"雷声震动"。 ② 虩虩：恐惧貌。 ③ 笑言哑哑：比喻谈笑自若，无所畏惧。哑哑，笑声。 ④ 匕鬯：匕，祭祀时盛出鼎食的勺、匙。鬯，祭祀用的香酒。

卦爻辞	卦爻义	注　释
	比如祭祀之际，当主祭者正用匕取出鼎上的牲肉献至俎上，或正用香酒荐神之时，突然听到震惊百里的大雷声，依然泰然自若，手上的匕、鬯绝不会因受惊而掉落。 有这样的修养，自然足以担当重任，处事亨通了。	
初九，震来虩虩，后笑言哑哑，吉。	初九阳刚在下，为《震》卦之主，最能代表《震》卦之精神。 知所惊惧，方能临事不惧。也就是说，必先经过雷震的训练洗礼，然后才能培养出临危不乱、笑谈自若的镇定功夫。 而且凡事慎之于始最为重要，初爻知惧，则是慎始之征，故吉。	
六二，震来厉，亿①丧贝②，跻(jī)③于九陵④，勿逐，七日⑤得。	六二阴爻乘于初九阳刚之上，当震动来临之际，影响巨大，处境危险。 但六二具有中正之德，善于自处。虽忖度将有资财的损失，仍毅然决然地登到高陵之上避险，不去追寻失掉的资财。结果没过多久，失去的资财竟然又重新回到了手中。	① 亿：解释纷歧，有"十万"、"大"、"审度"、叹辞、惜辞等不同说法。朱子以"不知为不知"的态度真诚地说："亿字未详"。兹采《程传》、《折中》之说，释为"忖度"。 ② 丧贝：贝为古代货币，"丧贝"即丧失资财。 ③ 跻：登上。 ④ 九陵：九，喻其高。陵，土山。九陵，高峻之山陵。 ⑤ 七日：此处为形容转机之迅速，非必实指七日。
六三，震苏苏①，震行②无眚③。	六三不中不正，又处于一雷将过、一雷又起的上下卦交会点，雷震之时，其畏惧不安的反应，是必然的现象。 既畏震而知危，则当自我修省，行为谨慎，以免除祸患。	① 苏苏：畏惧不安的样子。 ② 震行：畏震知危而行为谨慎。 ③ 眚：灾祸。

卦爻辞	卦爻义	注　释
九四,震遂泥①。	九四以阳居阴,丧失了阳刚之德,同时又陷于四阴之间。当震来之际,竟然惊慌失措,如坠泥淖之中而无法自拔。	① 遂泥:遂,通"坠"。遂泥,坠入泥淖中。
六五,震往来厉①,亿②无丧③,有事④。	六五处于重《震》之中,上遇阴,下乘刚,震来之时,不论往上、往下都一样会遭遇危险。 　　幸六五能秉持中道之德,并以戒慎恐惧之态度,镇定地处理危机。 　　具有如此能耐,即可预料必能渡过难关,保有天下,得以守住宗庙社稷,照常祭祀。	① 往来厉:往、来都危厉。 ② 亿:忖度。 ③ 无丧:即卦辞所说之"不丧匕鬯"。 ④ 有事:祭祀。《折中》:"《春秋》凡祭祀皆曰'有事',故此'有事'谓祭也。"
上六,震索索①,视矍矍(jué jué)②,征凶。震不于其躬,于其邻③,无咎,婚媾有言④。	上六以阴柔之质而居《震》卦之极,因惊恐之甚,不免行动畏畏缩缩,目光惶惑不安。此时如果贸然有所行动,必有凶险。 　　上六避险之道,惟有未雨绸缪,防患未然。在震动的危机已降临到邻人身上,尚未及于自身时,就必须预做准备,谨慎应付,让咎害不至于发生。 　　处危惧之际,为求自保而高度警戒,是人情之常,但如处理不当,则即使亲近之人亦难免因疑惧而有怨言,故应谨慎为之。	① 索索:犹"缩缩",因害怕而两脚畏缩难行。 ② 视矍矍:目光惶惑不安的样子。 ③ 震不于其躬,于其邻:在震动的危机已及于近邻,尚未及于自身时,即预做防备。 ④ 婚媾有言:此句众说纷纭,颇难索解。郑汝谐谓:"'婚媾'羡文(按:即衍文),误入此。强说则凿矣。"但《帛书周易》亦有"闽诟有言"句(按:依张立文《周易帛书今译今注》,"闽"假借为"婚","诟"假借为"媾"。"闽诟有言"即"婚媾有言"),则本句似非衍文。 《正义》云:"婚媾有言者,居极惧之地,虽复婚媾相结,亦不能无相疑之言。" 《程传》曰:"婚媾,所亲也,谓同动者。有言,有怨咎之言也。六居《震》之上,始为众动之首,今乃畏邻戒而不敢进,与诸处震者异矣,故婚媾有言也。"可供参考。

续　表

【人生智慧】

一、"未经一番寒彻骨,哪得梅花扑鼻香?",通常能成就一番大事业的人,大多曾经历苦难甚至危机的磨砺,养成随时可以应付一切突来变化的镇定功夫。所谓"危机就是转机",在某种意义上说,也是立足在这一点上。

二、"知惧"才能"无惧"。因知惧,才能随时防范。既有防范,心中笃定,因而无惧。

三、有了镇定的修养功夫,就能够"临危不惧",冷静分析情势,看清自身处境,这不是"初生之犊不畏虎"的盲目之勇,也不是"有勇无谋"的血气之勇,而是由智慧产生的力量。

艮卦　第五十二

卦爻辞	卦爻义	注　释
下艮上艮· 艮为山 艮其背,不获其身①;行其庭,不见其人②。无咎。	外来的邪欲最易侵蚀人心。要防抑邪欲,除必须培养自我管控以抑止邪恶的能力之外,更应设法止欲于未萌。 　　"不见可欲,使心不乱",当邪僻尚未出现在面前时,就预先避开它,不让它有出现在眼前的机会。这样身心就不会受其影响,而保持心情的宁静。 　　因不受外物影响,静处时固如是;即使行动时,走过有人的庭院,也视而不见,不觉得有他人存在。 　　能做到这样"止所当止"的地步,自然不会产生任何咎害。	① 艮其背,不获其身:比喻不受外物影响,心情平静,有如进入"忘我"之境。 　艮,原为卦名,象征"抑止"。此处"艮"字作为卦辞。 　此句众说纷纭,颇为费解。本书从《程传》及《本义》之说解: 　《程传》曰:"人之所以不能安其止者,动于欲也……故艮之道,当艮其背,所见者在前,而背乃背之,是所不见也。止于所不见,则无欲以乱其心,而止乃安。不获其身,不见其身也,谓忘我也,无我则止矣。" 　《本义》谓:"盖身,动物也,唯背为止。艮其背,则止于所当止也。止于所当止,则不随身而动矣,是不有其身也。" ② 行其庭,不见其人:依前注,既然心情宁静,不受外物影响,则即使走过有人的庭院,也不觉有人存在。亦即《本义》所谓:"艮其背,而不获其身者,止而止也;行其庭,而不见其人者,行而止也。动静各止其所,而皆主夫静焉,所以得无咎也。"

卦 爻 辞	卦 爻 义	注　释
初六，艮其趾①，无咎，利永贞。	在尚未做出失当的行为之前，即自动停止。犹如脚趾在贸然迈出之前就已停止，因而没有咎害。 但初六阴柔质弱，容易心志不坚。要保持有利的状态，一定要永久固守正道。	① 艮其趾：止于脚趾。比喻将动之前即自动停止，亦即慎于始，不轻举妄动之意。
六二，艮其腓①，不拯其随，其心不快②。	六二当位得正，柔顺而守中道。与六五无应，但与九三亲比。 六二以阴上承九三之阳，阳倡则阴和，故九三动，六二也就要跟着动，犹如小腿必随着大腿而动一般。 由于九三刚而不中，不知止所当止，六二无力制止，只得勉强跟从，心中因而不快。	① 腓：小腿肚。 ② 不拯其随，其心不快：六二虽欲止，但作为阴爻须随所近之阳爻九三行动，犹如小腿须随大腿而动。六二既不能以其中德拯救九三之不中，又须勉强随之，故心中不快。 此句也是解说纷歧，本书乃依《程传》："二之行止系乎所主，非得自由，故为腓之象。股动则腓随，动止在股而不在腓也。二既不得以中正之道拯救三之不中，则必勉而随之。不能拯而唯随也，虽咎不在己，然岂其所欲哉？言不听，道不行也，故其心不快，不得行其志也。"
九三，艮其限①，列其夤(yín)②，厉薰心③。	艮止之道，贵在行所当行，止所当止。但九三刚而不中，未能恰当掌握当行当止的时机。 由于位居上、下卦之交，止而不得其时，将使上、下卦失去联系。犹如人之身体，因腰胯不恰当地停顿，导致夹脊断裂。其危险的程度，有如烈火燻灼其心一般的严重。	① 限：人体上下交界处，即腰部。 ② 列其夤：列，通"裂"。夤，背脊肉。 ③ 厉薰心：危险的程度有如烈火薰心。
六四，艮其身①，无咎。	六四以阴居阴，当位得正。心静身安，能止之以时。 处上卦下爻，如人身腹部之上的身躯部位，因自我控制良好，当止即止，故无咎害。	① 身：上身。《王注》曰："中上称'身'。"

195

续　表

卦 爻 辞	卦 爻 义	注 释
六五，艮其辅①，言有序②，悔亡。	六五阴居阳位，本当有悔。因居中，能行中道，出言谨慎。不当言时绝不开口，而当言之时，则言之条理井然，能够服人。 　本来可能发生的悔憾，乃因而消亡。	① 辅：本义为上牙床，此处指口。 ② 序：条理。
上九，敦艮①，吉。	上九居全卦之终，不但未反转止之道，并且更为敦厚笃实。证明其止道之功积累深厚，不但能善始，且能善终。 　既得善终，当然吉祥。	① 敦艮：抑止邪欲，能够敦厚笃实。

【人生智慧】

一、要防止邪恶外欲上身，最有效的方法就是避而远之。不要对自己的定力太过自信，也不要受好奇心的驱使而去尝试。否则，一旦陷入，即难以脱身。诸多耳闻目见的不幸事例，就足以充分证明。

二、当行即行，当止则止。行止得宜、得时，是一种智慧，更是一种勇气与修养。有智慧才能知时、得时，动静得宜。知所行止，且能毅然而为，则有赖勇气与修养。

渐卦　第五十三

卦 爻 辞	卦 爻 义	注 释
䷴ 下艮上巽·风山渐 渐①：女归②吉，利贞。	凡事必须按部就班，循序渐进。比如女子出嫁，一定要经过"六礼"的程序。 　所谓"六礼"即：(一) 纳采(男方请媒提亲)(二) 问名(男方询问女方姓名、生辰八字)(三) 纳吉(占到吉兆，向女方报喜，初步定下婚约)(四) 纳征(男方备送聘金、礼金、聘礼至女家，正式订立婚约)(五) 请期(男方	① 渐：卦名，象征"渐进"。 ② 女归：女子出嫁。

卦 爻 辞	卦 爻 义	注　释
	择定成婚的吉日良辰)(六)亲迎(新郎至女家迎娶新娘)。 　　经过这六道程序,然后才算完成婚姻大事。 　　必须像婚姻之礼这样,坚守正道,才能有利而吉祥。	
初六,鸿渐于干①,小子厉,有言②,无咎。	初六以柔弱之质居于最下,又与六四无应,犹如初出茅庐、年幼无知又无应援的小子。此时不但不能马上有什么进展,而且容易遭遇危险,并受语言中伤或责难。 　　因应之道,只能慢慢地一步一步前进。如同水鸟鸿雁,要飞往远处之前,先飞到水边暂栖,时机到了才继续往前飞。 　　这样循序渐进,就不会有咎害发生。	① 干:水之涯,即水边。 ② 有言:受到言语中伤。
六二,鸿渐于磐①,饮食衎衎(kàn kàn)②,吉。	六二既中且正,上有九五之应,因而得享安乐。 　　犹如鸿雁飞抵岸边的大石之上,不但可安稳地栖息,而且饮食无缺,其乐融融。	① 磐:大石头,比喻安稳之地。 ② 衎衎:和乐的样子。
九三,鸿渐于陆①,夫征不复,妇孕不育②,凶。利御寇③。	九三以刚居刚,当位得正,但上无应援,本不宜遽进。 　　但九三过刚躁进,与上九无应,竟与六四亲昵以求进。而九三以阳承阴,关系不正,为求进而如此作法,实有失居渐之道。 　　这情况有如鸿雁冒然离开水岸,飞往高平之陆地。水鸟一旦远离了赖以维生的环境,处境必然凶险。又如丈夫离家出走不复返,或如妇人怀孕而不能生育。这些都是凶兆。	① 陆:高平之陆地。 ② 夫征不复,妇孕不育:此二句众说纷纭。本书认为,九三上无应援,本宜守正待时,不可冒进。而九三竟然躁进,不但求进之举徒劳无功,而且处境凶险。"夫征不复,妇孕不育"皆比喻此情状,并以之为戒。《折中》引程敬承之说可供参考:"三以过刚之资,当渐进之时,惧其进而犯难也,故有戒辞焉。征、孕皆凶,言不可进也。利在'御寇',言可止也。" ③ 利御寇:利于守正防邪。

卦 爻 辞	卦 爻 义	注 释
	之所以引来凶险,皆因九三背理贪进之过。九三如想避开凶险,就应立即终止冒进的举动,必须守正防邪以待时,不可再轻举妄动。	
六四,鸿渐于木①,或得其桷(jué)②,无咎。	六四位于九三之上,以阴乘阳,情势不利。但居九五之下,是以阴承阳,并且以阴居阴,已入上卦《巽》体,位正而逊顺。故得九五之信任与照护,得以免除咎害。 这情况就如同鸿雁飞到树上栖息,实在不是恰当的处所,因鸿雁是水鸟,脚趾相连不能握枝,在树上极不安稳。但如果栖息在一处平整的树枝上,则相对的安稳,就可以避免危险的发生。	① 木:树木。 ② 桷:本为房屋中架住屋瓦的方形椽木,此处意为平整的树枝。
九五,鸿渐于陵①,妇三岁不孕②,终莫之胜③,吉。	九五既中又正,已渐进至君位,犹如鸿雁已顺利地飞到高陵之上,占住有利的位置。 本当立即与同具中正之德且相应的六二会合,共同携手开创大业。但因与六二之间,有九三、六四相隔,而久久未能如愿。 九五坚守渐德,尊重秩序,不愿操之过急,因此与六二的会合进展十分迟缓。就如同妇人虽渴望生育,但结婚多年却一直不能如愿,只能静待怀孕的好时机。 九五与六二的应合,虽有如此波折,但二者毕竟是正应,最后九五终能取得胜利而获得吉祥的结果。	① 陵:土山。 ② 妇三岁不孕:喻九五与六二因三、四爻的阻隔不能相合,犹如妇人多年无法怀孕般的遗憾。 ③ 终莫之胜:指三、四爻终究不能阻挡九五、六二的结合。

卦　爻　辞	卦　爻　义	注　　释
上九，鸿渐于陆①，其羽可用为仪，吉。	上九为《渐》卦之极，不得再往上前进，反而应该往后退。就如同鸿雁由高陵退下，再居于平陆。 　　此种显现谦退之德、不为位累的高风亮节，足为众人之表率。犹如鸿雁之羽毛，可以作为洁美之仪饰，其吉自不待言。	① 陆：此字因九三、上九皆云"鸿渐于陆"而说法纷歧。除坚持作"陆"不予更改的意见外，还有改作"逵"、"阿"、"陂"的说法。诸家各执一词，似皆言之成理，难以判断。《正义》谓："上九与三皆处卦上，故并称'陆'。"虽非强而有力的理由，但似也言之成理。姑从之，仍作"陆"解。

【人生智慧】

一、凡事应循序渐进，每一阶段打下的基础稳固，所获得的成果才会扎实。如叠罗汉，每一层都拉紧站稳了，才能继续往上叠，否则就容易倒塌下来而受伤。不论是学问的积累、技能的精进、事业的进展，都是同样的道理。

二、懂得渐进之道，也要懂得渐退之道。当前面已无更进一步的余地，就应开始考虑退场的时机，把下台的漂亮身影，留给后辈作为典范。

归妹卦　第五十四

卦　爻　辞	卦　爻　义	注　　释
 下兑上震· 雷泽归妹 归妹①：征凶，无攸利②。	少女出嫁本为天经地义的好事。但《归妹》之卦象：上卦《震》，为长男，为动；下卦《兑》为少女，为悦。表示其婚姻乃"因悦而动"，是欲望冲动驱使下的结合，并未遵守正道按礼制而行。 　　这样的婚姻必有凶险，没有任何好处。男女婚嫁，务必以此为戒。	① 归妹：卦名，象征"少女出嫁"。 ② 征凶，无攸利：这是设诫之辞，说明如婚嫁未遵守正道按礼制而行，则婚姻必有凶险，没有任何好处。并非反对女子出嫁之意。
初九，归妹以娣(dì)①，跛能履②，征吉。	古代婚制中有"侄娣之制"，姊出嫁之时，妹随姊同嫁为妾，与其姊同侍一夫。	① 娣：古代姐妹同嫁一夫，姊出嫁之时，妹随姊同嫁一夫为侧室，谓之"娣"。 ② 跛能履：侧室非正室，在婚姻关系中，有

卦　爻　辞	卦　爻　义	注　　释
	初九处《归妹》之最下爻，犹随姊出嫁之娣。而初九以刚居刚，有贤贞之德，虽非正室，但以侧室身份仍能协助正室照管家务。 偏而能辅正，犹跛足之人，虽不能如正常人一般的行动迅速、姿态端正，但还是能够行走自如。故其随嫁亦能获吉。	如跛足行走不得其正。但侧室仍可辅佐正室以理家务，故谓"跛能履"。
九二，眇（miǎo）能视①，利幽人之贞②。	九二刚中，为贤慧而意志坚定的女子。可惜与其正应者为阴柔之六五，九二以阳应阴，象征遇人不淑，所适之夫非良人。 一个贤能女子，本可发挥内助之功，因丈夫不良，不能让她尽其所长。犹如双眼损伤了一眼，虽然还能看见，但毕竟没有双眼所见那么清楚。 既然不能尽其所长，则九二只有抱持其幽静安恬之德，坚贞自守，才会有利。	① 眇能视：喻贤能女子遇人不淑，不能发挥其内助之能，犹瞎了一眼，虽还能视物，但已没那么清楚了。眇，一目失明。 ② 利幽人之贞：宜以幽静安恬之德抱持正道以自守。
六三，归妹以须①，反归以娣②。	六三以阴居阳，其位不正，又以阴乘阳，且与上六无应。由于条件不佳，难以找到理想的婚姻对象。 六三本想等待机会出嫁为正室，但总难如愿。后来终于认清现实，觉悟愿望难以达成。于是退而求其次，调整心态，以娣的身份出嫁为偏房。	① 须：等待。 ② 反归以娣：本想当正室，知无望，退而求其次，出嫁为侧室。
九四，归妹愆（qiān）期①，迟归有时②。	九四以阳居阴，具有贤德，惜无应与。故虽已届适婚年龄，仍无适当对象可以婚配，婚姻之事一直延宕下来。	① 愆期：误失了期限。 ② 迟归有时：迟迟未嫁，静待良配出现之时。

卦 爻 辞	卦 爻 义	注 释
	惟九四质刚用柔，虽一时未得佳配，并不急着出嫁，宁可静静等待时机。 以九四的条件，虽然姻缘来得比较慢，但也不必太担心。一旦时机成熟，就是良配出现的那一天。	
六五，帝乙归妹，其君之袂（mèi），不如其娣之袂良。月几望，吉。①	六五位居上卦中爻尊位，与下卦九二正应。犹如帝王之女纡尊降贵，下嫁臣子为妻。 六五有柔中的美德，谦抑而不骄恣。所着衣饰不尚奢华，比随嫁之娣的衣饰还要俭朴。 其谦逊之美德，有如接近农历十五望日之月亮，将满而未满，表现了不骄不盈的修养，结局当然吉利。	① 此爻各家说法纷杂，对"帝乙"、"君"、"袂"、"月望"都有不同的说法。本书认为《程传》之说较为顺情合理："六五居尊位，妹之贵高者也，下应于二，为下嫁之象。王姬下嫁，自古而然，至帝乙而后正婚姻之礼，明男女之分，虽至贵之女，不得失柔巽之道，有贵骄之志。故《易》中阴尊而谦降者，则曰帝乙归妹，《泰》六五是也。贵女之归，唯谦降以从礼，乃尊高之德也，不事容饰以说于人也。娣媵者，以容饰为事者也。衣袂，所以为容饰也。六五尊贵之女，尚礼而不尚饰，故其袂不及其娣之袂良也。……月望，阴之盈也，盈则敌阳矣。几望，未至于盈。五之贵高，常不至于盈极，则不亢其夫，乃为吉也，女之处尊贵之道也。"
上六，女承筐无实①，士刲（kuī）羊无血②，无攸利③。	女子竹筐内空无一物，男子割羊取血却不见血，因而无法进行祭祀之礼，未能完成婚姻之仪。 婚仪未完成，女子不能名正言顺成为夫家之一员，进退失据，极为不利。 之所以有此爻象，因上六已至《归妹》卦之终点，前无可进，而且阴虚又无应，故无所利益。	① 承筐无实：筐中无物。 ② 刲羊无血：割羊，羊未流血。刲，割。 ③ 无攸利：依李道平《周易集解纂疏》谓："女之适人，实筐以贽于舅姑，士之妻女，刲羊以告于祠庙，'筐无实，羊无血'，约婚不终者也。曰'女'曰'士'，未成夫妇之辞。"婚礼不完备，当然"无攸利"。

【人生智慧】

一、不论古今中外,婚姻的正当性,必须架构在符合一定社会规范的法律或仪式上。这是一种约束,也是一种保障。对于社会现实条件相对弱势的女方,尤其重要。

二、真正有学问的人,十分谦虚;真正厉害的人,最懂得收敛锋芒。帝乙归妹之所以吉,关键不在于纡尊降贵,而在于"其君之袂,不如其娣之袂良",在于"月几望"的智慧与修养。豪门千金嫁入平民之家,如对夫家趾高气扬,婚姻肯定不会有好结果。

丰卦　第五十五

卦爻辞	卦爻义	注　释
䷶ 下离上震·雷火丰 丰①:亨,王假(gé)②之。勿忧,宜日中③。	事物盛大丰盈,必致亨通。但惟有帝王之尊,才有条件达到这样的境地。不过,如要常保丰盈之盛,就须如日正当中,阳光普照大地,使德泽广被天下。 　　只要能够居安思危,并且长保这种日中普照、泽被天下的状态,就能持盈保泰,不用忧虑会有盈极转亏的情况发生。	① 丰:卦名,象征"丰大"。 ② 假:至,达到。 ③ 宜日中:宜如日正当中,普照天下。
初九,遇其配主①,虽旬②无咎,往有尚。	《丰》卦的成卦之理,是"明、动相资"。即以下卦之《离》明,指引上卦《震》动之方向;亦是以上卦之《震》动,发挥下卦《离》明之效能。明、动配合,共创丰盛之功。 　　初九与九四同为刚爻,在他卦为互相排斥之敌应,但在《丰》卦,因属上、下卦之同位爻,明、动相资相配,九四成为初九之"配主"。	① 配主:配,匹配。配主,相匹配之主,指九四而言。依《程传》:"明、动相资,致丰之道。非明无以照,非动无以行。……初九明之初,九四动之初,宜相须以成其用。……故初谓四为配主,己所配也。" ② 旬:通"均",势均力敌之意。初、四均为阳爻,故曰"旬"。

卦 爻 辞	卦 爻 义	注 释
	因此二者虽均为刚爻,却彼此合作,不但不会有什么咎害,反而值得嘉许崇尚。	
六二,丰其蔀(bù)①,日中见斗②。往得疑疾③,有孚发若④,吉。	六二为《离》明之主,又有中正之德,才德兼备。本当大有作为,但相应的六五阴柔不正,是昏暗之君,不能用贤,使六二无以发挥明、动相资之功。 这情况犹如光明被草席遮蔽了,亦如日正当中却不见阳光,反而见到黑夜才能看到的北斗星。 六五昏昧多疑,六二如前往求之,反易遭猜忌。在此情势之下,只能以一片至诚之心,努力去感化他。 一旦六五感悟了,自能去障消疑,获致吉祥。	① 蔀:草席之类的遮蔽物。王夫之《周易内传》谓:"蔀,编草为藩蔽。" ② 日中见斗:日正当中不见阳光,却见到黑夜的北斗星。 ③ 往得疑疾:六二如前往求之,有被疑之患。 ④ 有孚发若:以诚心感发之。
九三,丰其沛①,日中见沫(mèi)②。折其右肱(gōng),无咎。	九三为阳刚至明之才,本当大用。但相应的上六处于阴柔无位之地,又在《震》之终,已毫无动能,使九三完全无法发挥明、动相资之功。 这情况犹如光明被幡幔遮蔽了,昏暗至极。不但不见阳光,而且昏暗到可以看见只有微昧之光的小星星。 九三不能有所作为,恰似一个人折断了惯用的右臂、不能发挥才干一般。 九三当位得正,本身没什么过错,但处于这样的情况之下,必须委曲求全,谨慎保守,以避免咎害。	① 沛:通"旆",即幡幔。 ② 沫:通"昧",小星。

卦　爻　辞	卦　爻　义	注　释
九四，丰其蔀，日中见斗。遇其夷主①，吉。	九四阳刚之才，但不中不正，居大臣之位，而上承阴柔昏暗的六五之君，因而不能成其大用。 　　这正如光明被小席遮蔽；亦如日正当中不见阳光，却见到北斗星。 　　但九四与初九为上、下卦之同位爻，九四为初九之"配主"，而初九为九四之"夷主"，二者明、动相资。 　　九四虽因上遇昏君而不能成其大用，但下有初九之基层拥戴，必要时仍能有所作为，整体情势还是吉利的。	① 遇其夷主：夷主，相对等之主。《正义》云："夷，平也。四应在初，而同是阳爻，能相显发，而得其吉，故曰'遇其夷主，吉'也。言四之与初交相为主者，若宾主之义也。若据初适四，则以四为主，故曰'遇其配主'；自四之初，则以初为主，故曰'遇其夷主'也。"
六五，来章有庆誉①，吉。	六五阴暗柔弱，亟需贤臣辅佐。而具柔中之德的六二，有章美之才，因对六五有疑虑，迟迟不敢前来。 　　六五虽柔弱，但居中爻尊位，同样具有柔中之德，终有觉醒之时。一旦为六二之至诚所感动，能够礼贤下士，招来六二章美之才而用之，即能达到丰大天下的目标，使万民有庆而博得赞誉与吉祥。	① 来章有庆誉：能招致章美之才而任用之，即能得到福庆与赞誉。庆，福泽。
上六，丰其屋①，蔀其家②，阒③其户，阒（qù）其无人④。三岁不觌⑤，凶。	上六居《丰》卦之极，昏庸不明，又自高自满，目中无人，自绝自蔽，不与外界接触。 　　住宅盖得高大堂皇，但却把自家障蔽起来，房中一片死寂，见不到半个人影。 　　这种情况延续多年仍不见改变。如果再继续这样下去，一定招致凶险的后果。	① 丰其屋：兴建豪华住屋。 ② 蔀其家：将其住宅障蔽，使外界不得接触。 ③ 阒：窥视。 ④ 阒其无人：一片死寂，见不到半个人影。 ⑤ 三岁不觌：三岁，表示长久、多年，不一定是实指三年。不觌，不见。

【人生智慧】

一、要收获成功,首先必须掌握正确的方向。方向确立后,应积极行动。目标不明或不确的行动是"盲动",不得反失;有了明确的方向,不能积极行动则是空谈。二者"明、动相资",缺一不可。

二、不论自己多有才干、地位多高,都需要有人协助,方能建立事功。才干不足者,更需要有干练之才辅佐,方能有所成就,但其前提是谦虚下贤,且有识人之明。

旅卦 第五十六

卦 爻 辞	卦 爻 义	注 释
䷷ 下艮上离·火山旅 旅①:小亨,旅贞吉。	"在家千日好,出外一时难",旅居在外,即使处处谨慎小心,也无法像在家那么方便、通畅。仅能做到尽量顺应环境,不会遭遇太大的麻烦,顺利度过旅程。 　旅居在外,一定要坚守旅人的正道,才能获致吉祥的结果。	① 旅:卦名,象征"行旅"。
初六,旅琐琐①,斯其所取灾。	初六以阴居阳,不中不正,资质柔弱又位处卑下。旅居在外,本应有自知之明,事事敬慎小心,结果反而斤斤计较,猥猥琐琐,行事卑劣,令人厌恶。 　这样行为不检,实在是自取其祸。	① 琐琐:斤斤计较,行为猥琐。
六二,旅即次①,怀其资②,得童仆贞③。	六二居中得正,有柔顺之德。因善处羁旅之道,不但在旅程中有住宿安身之处、有足够的旅费,还有忠心耿耿的童仆服侍他。	① 即次:即,就。次,客舍。即次,住进客舍。 ② 怀其资:身怀资财。 ③ 得童仆贞:得到忠贞的童仆。

卦爻辞	卦爻义	注　释
九三，旅焚其次①，丧其童仆，贞厉②。	九三以刚居刚，虽当位，但过刚而不中。处旅之道贵在柔顺而中庸，过刚不中，在平日犹不可，何况在旅中？ 因过刚而不中，人际关系不佳。结果不但所居客舍遭焚毁，无处安身，连随侍之童仆，也不能忍受他的严苛，离他而去。 这样的情况，实在十分危险，必须及时醒悟改正，并记取教训，才有机会化险为夷。	① 焚其次：客舍被烧。 ② 贞厉："贞"字有异说，或谓应连上句，如《程传》；或谓应连下句，如《本义》。似以"贞厉"连读为佳。
九四，旅于处①，得其资斧②，我心不快。	九四不中不正，但刚而能柔，懂得处旅之道。不但有较为固定的居所，而且旅居所需的资金也都具备。 但是一直羁旅在外，终究不是安定的生活，淹留日久，心中总是快乐不起来。	① 处：长居，有"淹留"之意。 ② 资斧：解说分歧。有谓"资"应为"齐"，"齐斧"即"利斧"；有谓"资"为"资财"，"斧"为披荆斩棘或防身之器。《程传》以"资斧"即"资财"。古时确有斧形铜币，似以"资财"解之较佳。且以"斧"为披荆斩棘或防身之器，与行旅之情境总觉难以契合。
六五，射雉，一矢亡①，终以誉命。	六五为上体《离》卦的主爻，有中道文明之德。善于以柔顺刚，且深谙处旅之道，总是能以最小代价，取得较大成果。 犹如射猎山鸡，虽失去了一支箭，但最终却能获得赞誉，并且得享爵命之禄。	① 射雉，一矢亡：此句歧说甚多。如《王注》曰："射雉以一矢，而复亡之，明虽有雉，终不可得矣。"显然箭术不佳。《程传》云："如射雉一矢而亡之，发无不中，则终能致誉命也。"却是个神射手。《本义》则谓："虽不无亡矢之费，而所丧不多，终有誉命也。"相较之下，似以《本义》较顺。而梁寅曰："射雉亡其一矢，失小得大。"则更为直白。
上九，鸟焚其巢①，旅人先笑后号咷。丧牛于易②，凶。	上九不中不正，高居卦终，阳亢至极，贡高自慢，大失处旅之道。 最先还洋洋自得，可一旦遭人嫉害，最后连安身之处都荡	① 鸟焚其巢：喻失去赖以安身的居处。 ② 易：通"埸"，即田畔。

卦 爻 辞	卦 爻 义	注 释
	然无存。犹如鸟巢被烧得一干二净，牛只也在田畔失去了踪影那么凄惨。此时不由悲从中来，嚎啕大哭。 旅穷之时，无人闻问，无可求援。这样的状况，实在凶险。	

【人生智慧】

一、求安定是人之常情，但人生总有身不由己的时候，当不得已必须离乡背井的时候，一定要先做好充足的准备。首应优先考量经费是否充足，在外不比在家，总是没那么方便，经费充足心才能踏实。再来是务必处理好人际关系，所谓"强龙不压地头蛇"，绝不可自以为了不起，得罪了当地人，让自己陷于不可预知的危险之中。

二、处于陌生的环境当中，最重要的是必须入境随俗，顺应环境。不可固执于平日的原则、习惯，必须因时制宜、因地制宜。能够应对圆通，不但避免不必要的麻烦，并且能进一步乐在其中。

巽卦　第五十七

卦 爻 辞	卦 爻 义	注 释
䷸ 下巽上巽·巽为风 巽①：小亨，利有攸往，利见大人。	《巽》卦的基本德性是"顺从"。上、下体的主爻初六、六四皆居于二阳之下，体现了"阴顺阳"的精神。 　　遵守这样的主从关系，有助于事务的进展。但顺从仅能保障小有亨通的成果，欲更进一步扩大成果，仍有待其他因素的配合。 　　谦柔顺从有利于去除障碍、顺利前进。若欲进一步有所作为，必须前往会见具有刚德的大人，唯有在强而有力的领导下，才有机会创造有利的形势。	① 巽：卦名，象征"顺从"。

卦 爻 辞	卦 爻 义	注　释
初六，进退①，利武人之贞②。	初六居《巽》之最下，地位卑微，性格柔弱，进退犹豫，不利任务之推行。 　要补救这样的缺失，惟有设法激励他的勇气，使他能够具备武人般刚毅果决的精神，勇于任事，以利任务的完成。	① 进退：或进或退，犹疑不决。 ② 武人之贞：如武人般刚毅果决的精神。
九二，巽在床下①，用史巫纷若②，吉，无咎。	九二以阳居阴且在下卦，就如同地位较低者屈居床下那样的谦卑。 　但九二居中，应秉持中道之德，实不可过于卑顺。必须效法祝史、巫觋奉祀神明那种勤勉、诚恳的态度和作法，以博取信任。 　只要不亢不卑，举措得宜，最终就能获吉，不会有咎害。	① 巽在床下：《诗经·小雅·鸿雁之什·斯干》："乃生男子，载寝之床。……乃生女子，载寝之地。"古代重男轻女，男尊女卑。床上为尊，床下为卑。"巽在床下"，即如居床下般的谦卑。 ② 用史巫纷若：用，效法。史，祝史。巫，巫觋。纷若，"纷"为勤勉奔走状，"若"为语助词。"用史巫纷若"即言应效法祝史、巫觋祀奉神鬼般的勤勉、虔诚。
九三，频巽①，吝。	九三以刚居刚，过刚而不中，且居下卦之终，非真能逊顺者。但因处巽之世，上为六四所乘压，不得不皱着眉头，勉强顺从。 　如此勉为其难，不免有艰吝之憾。	① 频巽：频，通"颦"。频巽，皱着眉头，勉强顺从。
六四，悔亡，田获三品①。	六四阴柔，居四阳之间，孤立无援，处境不利，本当有悔。惟以阴居阴，当位得正，又上承九五，克尽顺阳之道，因而无悔。 　尤有进者，六四不仅消极地顺从，更能积极地建功。比如承命田猎，捕获了丰盛的猎物，可以提供干豆（猎肉晒干置于豆器以祭祀）、宾客（宴飨宾客）、充庖（供国君庖厨）等"三品"之用，因此获得功勋。	① 田获三品：喻田猎甚丰，但"三品"之义众说纷纭。《王注》谓"三品"为："一曰干豆，二曰宾客，三曰充君之庖。"其说法获得苏轼、杨万里、朱熹、王夫之、丁寿昌等多位大家之认同。本书从之。

卦 爻 辞	卦 爻 义	注 释
九五，贞吉，悔亡，无不利。无初有终①。先庚三日，后庚三日②，吉。	九五以阳居阳，虽当位，但处巽之时，有过刚不知谦逊而致悔之可能。唯九五毕竟是中正之君，能坚守中道，因而不但悔憾之事不会发生，且能获吉而无所不利。 　　九五秉持中道，处事谨慎。开始并不顺利，但经过检讨改进之后，终于获得成功。 　　当国家需要变革时，务必谨慎处理。变革之前，须经一段时间的深思熟虑及倡导沟通，待准备周详之后，才颁布命令。 　　改革令颁布施行之后，也要持续追踪，并经过一段时间的检讨、修正，使改革尽量做得完善。 　　能够这样谨慎小心地施政，结果必然是吉利的。	① 无初有终：开始不顺利，经过检讨改善之后，终能成功。 ② 先庚三日，后庚三日：在发布改革令之前，先经一段时间的宣导沟通；在改革令施行之后，也要经过一段时间的检讨、修正。关于"先庚三日，后庚三日"的解释，以下诸说可供参考： 《王注》："申命令谓之庚。夫以正齐物，不可卒也；民迷固久，直可肆也，故先申三日，令著之后，复申三日，然后诛而无咎怨矣。" 《本义》："庚，更也，事之变也。先庚三日，丁也；后庚三日，癸也。丁，所以丁宁于其变之前；癸，所以揆度于其变之后。" 《折中》引张浚曰："先三日，盖慎始而图其几。后三日，盖思终而考其成。慎始思终，权斯行矣。庚，有制变之义。"
上九，巽在床下，丧其资斧①，贞凶。	上九高居上位，但以刚居柔又失中，竟表现得过于谦卑，犹如屈居床下的卑贱者，大失自己的身份。 　　这样贬低自己的人格尊严，只会让人瞧不起，把自己原有的优势都糟蹋掉了。犹如身上本来拥有的资财，却把它给搞丢了。 　　必须赶快把这种不当的态度扭转过来，认清自己的身份，把握正确的做法，否则必有凶险。	① 丧其资斧：丧失了资财。参见《旅》九四爻注②。

【人生智慧】

一、凡事都要讲究"中道"，《巽》卦的中道，就是"以阴顺阳"的"度"。质言之，谦逊顺从必须适度，不可过于卑躬屈膝，以免失去人格的尊严，反而被人所轻贱。

二、顺从的本质,其实是为了配合领导、凝聚力量,以共同完成预定的目标。这是一种"团队精神"的表现,而不是为了奉承讨好、夤缘出入的目的。

三、顺从只是一种消极的态度,必须积极地完成任务,才是服从领导的真谛,也是建立事功的条件。

兑卦 第五十八

卦爻辞	卦爻义	注 释
下兑上兑·兑为泽 兑①:亨,利贞。	《兑》卦上、下卦皆一阴在二阳之上,象征待人接物宽容和悦,必为众所乐于接纳,而能致亨通。 惟和悦勿流于谄媚,且须外柔而内刚,内心应坚守刚正不阿之原则,不涉邪僻,才能有所获益。	① 兑:卦名,象征"喜悦"。
初九,和兑①,吉。	初九以刚居刚,当位得正,故刚正而不涉邪诡。又处《兑》卦之最下,且上无系应,故不汲汲营求,得以保持平和愉悦之心。 由于心态和悦,与人为善,因而得吉。	① 和兑:以和悦之心待人。
九二,孚兑①,吉,悔亡。	九二不当位,且上承阴柔小人,本当有悔。但九二刚中,秉性正直、诚实。既能和悦待人,又能为人所信任,因而得吉,不会有悔憾发生。	① 孚兑:以诚信喜悦之心待人。
六三,来兑①,凶。	六三阴居阳位,不中不正,而夹处于四阳之间。因上无应与,又乏中正之德,只以逢迎、取悦他人为能事。 如此卑劣人格,终将为人所鄙弃而招致凶险。	① 来兑:主动前来求悦于人。

卦爻辞	卦爻义	注　释
九四,商兑未宁①,介疾有喜②。	九四上承九五中正之君,下比六三邪谄小人。究竟应与九五亲近,或耽悦于六三之谄媚,不免犹疑难决。 所谓"君子难亲,小人易狎",感情上容易倾向六三,但理性又提醒自己应该远离邪佞。自我商量、权衡之间,天人交战,犹疑不决,内心不得安宁。 但九四毕竟是阳刚之才,终能介然守正,隔绝邪恶,远离惑于谄佞之疾患,理性战胜感性,而有可喜的结果。	① 商兑未宁:商兑,在内心一直自我商量、忖度所欣悦之事。未宁,思潮起伏,不得宁静。 ② 介疾有喜:能介然守正,隔绝邪恶,远离惑于谄佞之疾患,则有可喜的结果。此句解说亦分歧,《王注》云:"介,隔也。三为佞说,将近至尊,故四以刚德,裁而隔之。……闲邪介疾,宜其有喜也。"《程传》谓:"若介然守正而疾远邪恶,则有喜也。"《本义》曰:"然质本阳刚,故能介然守正,而疾恶柔邪也,如此则有喜矣。"王弼与程、朱对"介"字之解释虽不同,但能介然守正,方可闲邪介疾,其意涵实殊途同归也,故三说应可并参。
九五,孚于剥①,有厉。	九五中正之君,理应亲近刚正之贤臣,但九五却与上六亲比。 上六居《兑》之终,为极尽谄媚能事之小人。九五宠信此不断剥蚀阳刚正气的邪佞小人,实在是非常危险的事情。	① 孚于剥:孚,信任。剥,剥消阳刚的阴邪小人,指上六。孚于剥,即信任剥消阳刚的阴邪小人。
上六,引兑①。	上六阴柔居《兑》之终,谄佞至极,最善引诱他人与之相悦。 正人君子,对他应知所防范。	① 引兑:引诱他人相悦。

【人生智慧】

一、人人都希望别人对他和颜相向,面对笑脸,自然令人心情愉悦。孔子说:"巧言令色,鲜矣仁",并不是说对人不可和颜悦色,一定要板起面孔。必须理解,孔子说的那种"巧言令色"的人,是花言巧语、以谄媚为能事的邪佞小人。君子与小人的分野在于:君子的和悦是"外圆内方",心中有其道德量尺,对人的和悦是基于一种礼貌和修养,并不纯粹为了讨好别人。

二、对人的和悦固然是一种礼貌和修养,但最可贵的人格特质是秉性善良温暖,对人的和悦完全是一种发自内心的真诚,并不是只为了礼貌。

三、善于逢迎拍马的谄佞之徒,最易讨好别人,尤其是对在上位的人。在上位者极易为其所惑,对此应有清醒的认识,避免错误的价值判断。

涣卦　第五十九

卦爻辞	卦爻义	注　释
䷺ 下坎上巽· 风水涣 涣①: 亨,王假有庙②,利涉大川,利贞。	天下涣散,君主必须设法凝聚共识,统合力量,使全民团结起来共渡难关。 　　当务之急是君主应立即到宗庙虔诚祭祀。一者祈求先人庇佑,再者借此唤起宗族意识及民众的国家意识,以增强全民的凝聚力,俾能诸事亨通,有利于扫除障碍,顺利渡过这个大难关。 　　此外还须谨记坚守正道,才能维持有利的情势。	① 涣:卦名,象征"涣散"。 ② 王假有庙:参见《萃》卦卦辞注释③。
初六,用拯马壮①,吉。	初六处《涣》之初,是拯济涣散最好的时机。但初六柔弱,无力拯涣,必须寻求外援。由于与六四不相应,转而求助于与其亲比的九二。 　　九二阳刚之才,同样没有相应的对象,故有能力也有意愿全力协助初六,共拯涣散之难。 　　初六得九二之助,犹如行蹇之际喜获壮马之助一般,平添极大动力,得以在涣散之初,及时加以拯济,因而获吉。	① 用拯马壮:宜借助健壮的马来拯济。马喻九二。
九二,涣奔其机①,悔亡。	涣散之势在九二时已经成局,九二身处坎险之中。为脱离险境,必须急速离开,并找到一处可以安顿的地方。 　　由于与九五不相应,于是转而奔向亲比之初六,正好初六也要向九二请求奥援,双方阴阳互补,长短互济,一拍即合。	① 涣奔其机:机通"几",即"几案"。涣奔其机,涣散之时急寻可以倚靠的对象,如同席坐之时以几案为身子倚靠之具。几喻初六。

卦 爻 辞	卦 爻 义	注 释
	初六视九二如行蹇时前来救助的壮马,九二视初六如可以倚靠的几案,彼此同心协力,共拯涣散之难。 九二因为有此助力,终于免除了本来极可能发生的悔憾。	
六三,涣其躬①,无悔。	六三资质柔弱,不中不正,处涣散之世,本当有悔。但六三以阴居阳,才干虽弱,却有忠贞之心,愿意舍身忘我,全力襄助与之相应的上九。 这样一来,反而没有悔憾。	① 涣其躬:涣散其身,意谓舍身以从上九。
六四,涣其群①,元吉。涣有丘②,匪夷所思③。	六四居阴得正,上承九五,下无应与。身为近君大臣,公忠体国,绝不结党营私。一心辅佐君主,拯济涣难,因而大吉。 六四不结党营私,状似无后盾实力,然而六四以其无私的精神,感召大众,反而凝聚了如山丘般坚实庞大的群众力量。 这种"以涣拯涣"、"散中有聚"的卓越见识,实非常人思虑所及。	① 涣其群:群,朋党。涣其群,解散其朋党。 ② 涣有丘:丘,山丘。涣有丘,此承上句"涣其群",谓能摒弃私我,散其朋党,则大公无私的精神感召大众,反而凝聚成如山丘般坚实的群众力量。 ③ 匪夷所思:这不是平常人想得到的。匪,非。夷,平常。
九五,涣汗其大号①。涣王居②,无咎。	九五居中得正处尊位,发布政令昭告天下,深切检讨致涣之由,并宣示去除积弊的决心。 这样做犹如人体郁结病邪,必须服用发汗药物,散其郁结之病邪,使身体恢复健康一般。 处理国家涣散这样严重的问题,只有如九五这样能称其位的君主,方足以胜任,不会有咎害。	① 涣汗其大号:发布重大政令,以释天下之难,犹投药发汗以去病邪。 本句众说纷纭,本书认为胡瑗、俞琰之说较为通达,故参考二人之说以释本句。依《折中》引胡瑗曰:"汗者肤腠之所出,出则宣人之壅滞,愈人之疾。犹上有教令,释天下之难,使天下各得其所者。"另引俞琰云:"散人之疾而使之愈者,汗也。散天下之难而使之愈者,号令也。"

卦爻辞	卦爻义	注　释
		② 涣王居，无咎：此句费解，且各家说法不一。联系上句"涣汗其大号"来看，似意为能够"涣汗其大号"，即有能力处理涣散局势之君王，乃能称其位而无咎。
上九，涣其血去逖(tì)出①，无咎。	上九居《涣》卦之终，涣极转聚；且处上卦《巽》体之极，最能顺于事理。 因此伤害即将远去，忧惕之心随之消除，更不会有咎害发生。	① 涣其血去逖出：血、逖二字，各家说法不一。姑从《本义》："血，谓伤害。逖，当作'惕'。"全句大意谓：涣至上九，伤害即将远去，忧惧因而随之消除。

【人生智慧】

一、冰冻三尺，非一日之寒。人心涣散，绝非一朝一夕之故，都是问题长久累积的结果。

二、解决危机，发现越早、处理越早，越有成功的机会。而发现问题，仍然有赖于敏慧的警觉心及见微知著的智慧，更重要的是要有面对问题的勇气，以及解决问题的决心。苟且拖延，终将一发不可收拾。

三、危机就是转机，有危机才会让人正视问题，设法解决问题，不至酿成无可挽回的悲惨结局。此如偶染病痛，促使人做健康检查，使人因而提早发现病灶所在，得以对症下药，恢复健康。

节卦　第六十

卦爻辞	卦爻义	注　释
下兑上坎·水泽节 节①：亨，苦节②不可贞③。	凡事懂得把握分寸、加以节制，则应付得宜，顺利亨通。 但如节制不当，太严苛、太过分了，就会使人感到痛苦，那就没有办法让人愿意长久坚持下去。 过于勉强，不是节制之道的正确做法，只会收到反效果。	① 节：卦名，象征"节制"。 ② 苦节：以节制为苦，即过度的节制。 ③ 不可贞：依《正义》："节须得中。为节过苦，伤于刻薄，物所不堪，不可复正。"意即：苦节不是正道。依《程传》："节贵适中，过则苦矣。节至于苦，岂能常也？不可固守以为常，不可贞也。"意即苦节不能持久。综合二说：苦节非正道，不可持久。

卦爻辞	卦爻义	注　释
初九,不出户庭①,无咎。	初九以刚居刚,上与六四相应,似宜行进。但上有九二阻碍,且处《节》卦之初,必须自我节制,谨言慎行。 如能严格自律,乃至足不出户外之庭院,安居家中,则可避免咎害。	① 不出户庭:足不出户外之庭院,喻严格自律。
九二,不出门庭①,凶。	节制之道,在于审时势,知通塞。该行即行,当止则止,适度调节。 九二之上的三、四爻均为阴爻,对九二阳爻不会构成阻碍。九二如知时知势,应当利用这个机会,迈步前进,有所作为。 惟九二空有刚中之才,刚居柔位,拘谨过甚,节制过严,竟至足不出门内之庭。 这一来,不但丧失了机会,而且可能带来难以预期的凶险。	① 不出门庭:足不出门内之庭院,喻拘谨过甚,节制过严。
六三,不节若①,则嗟若②,无咎。	六三以柔居刚,失正不中。处下卦兑泽之终,有满溢之象。且以柔乘刚,导致骄盈而不知节制。 所幸六三能够及时醒悟,嗟叹悔过,深自反省。终能补过迁善,免除了咎害。	① 不节若:不节制。“若”为语助词,无义。 ② 嗟若:嗟叹忏悔。“若”为语助词,无义。
六四,安节①,亨。	六四以阴居阴,当位得正,下应初九,上承九五。因能安于所处,自然而然知所节制,所以亨通。	① 安节:自然安于节制,毫不勉强。
九五,甘节①,吉。往有尚②。	九五刚正居中,以其贤明之才,秉持中正之道,举措适当,制度合宜。当有所节制时,施者得心应手,受者心悦诚服,成果甘美而吉利。	① 甘节:甘于节制,不以为苦。 ② 往有尚:这样做必获尊崇。尚,崇尚。

卦 爻 辞	卦 爻 义	注 释
	以此原则推展政务,必然功德圆满,大获尊崇。	
上六,苦节①,贞凶,悔亡②。	上六居《节》卦之极,不谙中正之道,节制超过了合理的限度。不但没有成效,而且使人痛苦。 这样的做法定要改弦更张,切勿固执不知变通,否则必有凶险。 上六如知悔改,不再坚持,则悔憾之事即能因而消亡。	① 苦节:同卦辞注释②。 ② 贞凶,悔亡:固执不肯变通,坚持下去的结果必凶;如能悔改,知所变通,则其悔自亡。 此爻说法亦有歧异,程、朱即不同调,《程传》云:"上六居《节》之极,节之苦者也;居险之极,亦为苦义。固守则凶,悔则凶亡。"《本义》则谓:"既处过极,故虽得正,而不免于凶。然礼奢宁俭,故虽有悔,而终得亡之也。"朱子之说较曲折,似不若程子之明达。

【人生智慧】

一、凡事不可过度,必须知所节制,但是"节制"本身也要有所节制。也就是说,节制必须适度,不可超出合理的范围。至于如何才是适度,那就无法一概而论,必须因人、因时、因地、因事而异。量度标准的正确与否,则与量度人的智慧与经验息息相关。

二、节制的标准不可能永远不变,必须随时依据主、客观环境灵活运用。当各种条件有所变化时,必须随时适度调整,不可一成不变,否则节制或过或不及,不但不会有效果,而且会造成反效果。

中孚卦　第六十一

卦 爻 辞	卦 爻 义	注 释
䷼ 下兑上巽·风泽中孚 中孚①:豚(tún)鱼吉②,利涉大川,利贞。	《中孚》象征一种发自内心、毫无勉强的诚信。这种发自内心的诚信,才能感动别人,甚至连小猪、小鱼都会受到感动。 能够做到这样的地步,当然是吉利的。就是涉险犯难,也能顺利过关,不会有什么不利。	① 中孚:卦名,象征"内心诚信"。 ② 豚鱼吉:中心诚信,连小猪、小鱼都受到感动,当然吉利。这是一种夸张的比喻,强调诚信的感染力。豚,小猪。

卦 爻 辞	卦 爻 义	注 释
	但是必须注意,诚信定要立足于正道之上,才能有利,如是用于邪僻之事,诚信只会对社会造成危害。	
初九,虞吉①,有它不燕②。	与人结交之前,须先仔细探查、评估,认为可信,诚心接纳,则吉。 同时一旦结交,就应深信,不可有二心或疑心。如有二心、疑心,则心中不安,徒增困扰。	① 虞吉:"虞"字各家歧义多,有"安"、"度"、"专"、"戒"、"守"、"防"、"娱"、"虞祭"、"虞人"等不同训解。本书取程子"虞度"之说。《程传》曰:"虞,度也,度其可信而后从也。虽有至信,若不得其所,则有悔咎,故虞度而后信,则吉也。" ② 有它不燕:信宜深信,如有它心则不安。它,它心、二心。燕,通"宴",意为安。
九二,鸣鹤在阴①,其子和之。我有好爵②,吾与尔靡③之。	九二与初九相比,九二虽然以阳居阴,但与初九同为阳刚之体,同声相应,同气相求。声气相通,互信互助,相砥相长。 譬如有鹤在阴暗处鸣叫,子鹤听到声音,立即跟着应和;又如自己有好酒,就立即拿出来与你共享,自然地显现出一种彼此相知、相契的情感。	① 阴:山之北、水之南为"阴"。此泛指隐蔽阴暗之处。 ② 好爵:爵,有谓"爵禄";有谓"酒"之代称。本书认同《折中》的说法:"好爵,谓旨酒也。" ③ 靡:各家说法不一,有"共"、"系"、"羁"、"散"、"尽"、"醉"等等不同意见。综合各家意见,本书认为可释为"共享"。
六三,得敌,或鼓或罢(pí),或泣或歌。①	中孚,贵在内心信实、有定见,无待于外,无求于外。如有所系应,反为所累。 六三不中不正,心无所主,与上九正应,得其匹配,因而心系于外,丧失了自信。 由于心为外物所役,行止不定,哀乐无常。或鼓勇而进,或疲惫而退;或忧伤而泣,或欢乐而歌,自我完全丧失。	① 本爻诠解有歧异,关键在于"敌"字。敌,有谓"敌对",有谓"匹配";所"敌"之对象,有谓六三对六四,有谓六三对上九。各家说法,莫衷一是。细审诸说,似以《折中》之说较为晓畅,因从之。《折中》曰:"诸爻独三、上有应。有应者,动于外也,非中孚也。人心动于外,则忧乐皆系于物,鼓、罢、泣、歌,喻其不能坦然自安,盖初九虞燕之反也。"

卦爻辞	卦爻义	注　释
六四，月几望①，马匹亡②，无咎。	六四上承九五，如近君之大臣辅佐君主。六四以柔居柔，得正，深谙侍君之道，职责所在必尽力完成，有所成就则归功于君主。虽身居高位，却不致功高震主，犹如月将满盈而未满盈，以免盈满而亏。 另一方面，六四虽与初九为正应，但不与之有所牵系，就如断绝其匹配般的决绝，以专诚于九五，并避免为初九所累。 如此一来，必得九五之信任，当然不会有咎害。	① 月几望：月亮几近满月而尚未满月的状态。喻六四居正且近君，但不敢骄傲自满。 ② 马匹亡：即"马亡匹"。匹者，"匹配"也。喻六四断绝与正应初九之联系，以表明专诚于九五，没有二心也。
九五，有孚挛如①，无咎。	九五贤明中正之君，为《中孚》之主，能以至诚广系天下之心，使百姓感其诚而以诚相应。 天下既已归心，施政何咎之有？	① 有孚挛如：以诚信牵系天下人之心。挛，牵系。
上九，翰音登于天①，贞凶。	上九处《中孚》之终，诚信转衰，而虚伪代之而起。实无诚信之实，徒有诚信之名。犹如鸡声高啼，响彻云霄，而实无力高飞。 上九处此境地，理应知所变通，如仍固执虚名，不改弦更张，其凶可知。	① 翰音登于天：依《礼记·曲礼下》："鸡曰翰音。""翰音"即是鸡之代称。全句意谓：鸡啼声高唱入云，其实无力高飞。比喻声名远扬，而名不副实，非可信者也。

【人生智慧】

一、富兰克林有一句名言："诚实是最佳政策。（Honesty is the best policy.）"不诚无物，能"诚"才能有"信"，古今中外皆然。为了取信于人，做足了表面功夫，也许可以得逞于一时，但绝对无法瞒骗太久，日久见人心，迟早会露出马脚。

二、凡事应慎之于始，若欲与人深交，绝不可以貌取人，或仅凭感觉。必须观察一段时间，听其言，审其行，才做决定。一旦决定深交，必一以贯之，真诚对待。如有疑心，不如不交。

小过卦　第六十二

卦 爻 辞	卦 爻 义	注 释
䷽ 下艮上震·雷山小过 小过①：亨，利贞。可小事，不可大事。飞鸟遗之音，不宜上，宜下②，大吉。	为人处事总以得中为贵，但有时难免小有超过，或为了"矫枉"而不免"过正"。 如果所作所为都能坚守正道，且所超过的事体都是一些日用常行之类的小事，而非攸关国家社会的大事，则仍然可以致亨通。 此外还须注意，所谓"小过"，即过而不甚远。以飞鸟为喻，如鸟飞越人之上，所飞不远，犹能听到鸟鸣之声；如过远，则不仅难觅其踪，声亦不闻矣。 飞鸟遗之音，宜下不宜上。因声逆而上难，声顺而下则易；且逆势高飞无所依止，顺势而下才得栖息。 以之喻人事，意为宁卑约，勿高亢。卑约则顺，顺则本分守下；高亢则逆，逆则僭越凌上。 具体而言，卑约者如"行过乎恭，丧过乎哀，用过乎俭"之类；高亢者如过于奢侈、傲慢之属。 能够把握"宜下不宜上"的原则，就顺避逆，以应《小过》之道，则大吉。	① 小过：卦名，象征"小有超过"。 ② 飞鸟遗之音，不宜上，宜下：鸟鸣声逆而上难，声顺而下则易。以此喻为人处世，宁可卑约巽顺，不可高亢骄慢。
初六，飞鸟以凶①。	初六位于《小过》之始，其过尚微，且居内卦艮止之下，不宜妄动，以免其过愈远。 而初六以柔居刚，且上与九四相应，躁而冒进。如飞鸟逆势而上，其过愈远，因而致凶。	① 飞鸟以凶：鸟逆势高飞而致凶。以，犹"而"。

卦 爻 辞	卦 爻 义	注 　 释
六二，过其祖，遇其妣（bǐ）①。不及其君②，遇其臣③，无咎。	《小过》宜下不宜上，应去亢从顺。六二柔顺中正，善处《小过》之道，遵从去阳就阴、去亢从顺之原则，是以越过三、四两阳，而遇于同具柔中之德的六五。 　此犹越过其父、祖而与其祖妣相遇。九三、九四两阳爻如父与祖，而六五阴爻则如其祖妣。 　六二虽上进，绝不凌及其君，而谨遵臣节，是以无咎。	① 过其祖，遇其妣：何爻为祖？何爻为妣？论者纷纷扰扰，令人无所适从。惟以九三为父、九四为祖、六五为妣占多数，姑从之。过，谓"越过"。"遇"，谓"相遇"。全句喻义：去阳就阴，去亢从顺。 ② 不及其君：不凌越其君。"及"谓"凌越、凌及"。 ③ 遇其臣：合乎臣道。以六五之立场言，是得遇其臣；以六二之立场言，即恪尽臣道。
九三，弗过防之，从或戕（qiāng）之①，凶。	《小过》之世，阴盛于阳。九三以阳居阳，当位得正，易为阴柔小人所忌恨而设法加害，应加强防范。 　然而九三过刚不中，如自恃其强，不肯过度防范，即有遭受戕害之凶险。	① 弗过防之，从或戕之：如不肯过度防范，将有可能受到戕害。
九四，无咎，弗过，遇之①。往厉②必戒，勿用永贞③。	九四以刚处柔，在阴盛的《小过》之世，不至过刚，应对得宜，因而避免咎害。 　当阴盛之时，必不肯从阳。九四虽与初六相应，不可贸然前往，恐有危险。应当戒慎恐惧，切勿轻举妄动。 　同时，阴盛之时，阳刚失位，当随时顺处，知所应变。绝不可固守其常，不知变通。	① 弗过，遇之：弗过，不过分，此指不过于刚。遇之，合其宜。 ② 往厉：四虽应初，但不可贸然前往。 ③ 勿用永贞：应随顺时宜，不可固守其常，不知变通。
六五，密云不雨，自我西郊①，公弋（yì）取彼在穴②。	六五以阴居阳，才干不足，又缺乏资源，虽在尊位而无力治理天下。 　这种条件不足而难以成事的情况，犹如天上虽乌云密布，但西风东吹，一直难以成雨。	① 密云不雨，自我西郊：同《小畜》卦辞注解②。 ② 公弋取彼在穴：公，指六五。弋，用细绳绑在箭矢上射天上的鸟。用射飞鸟的系绳箭矢射猎隐伏在洞穴中的鸟，当然不会成功。

卦 爻 辞	卦 爻 义	注 释
	六五虽有心振作,欲延揽六二辅佐,但二者皆阴,仍然不能成事。此犹使用射天上飞鸟所用之系绳箭矢,去射隐伏在洞穴中的鸟,终将徒劳无功。	
上六,弗遇,过之①。飞鸟离之②,凶,是谓灾眚。	《小过》宜下不宜上,宜卑不宜亢。而上六以阴居《小过》之极,且为上卦《震》体之终,是以太亢、太过,不知自我节制。 飞鸟逆势高飞,必遭伤害之凶险。上六过亢,不近人情,如因而遭遇灾祸,也是咎由自取。	① 弗遇,过之:遇,合宜。弗遇,不合宜。过之,太过,不知节制。 ② 离之:离,通"罹",即遭受。此谓遭受伤害。

【人生智慧】

一、为人处事是否成功、圆熟,"恰到好处"是个重要的指标。而"恰到好处"的标准,则因人、因时、因地而异。比如习俗、对象、时机不同,所根据的标准就不会一样。通常知识越渊博、人生经验越丰富,越能准确地拿捏"恰到好处"的尺度。

二、不论是谁,要处处恰到好处,实在不太可能,要不是有所不及,就是太过。两害相权,宁不及,勿太过。盖大体而论,不及者犹能设法补强,若太过,则往往伤害已经造成,伤口难以弥合。

既济卦 第六十三

卦 爻 辞	卦 爻 义	注 释
 下离上坎·水火既济 既济①:亨小②,利贞。初吉,终乱③。	既济之世,诸事皆已成就,不仅大事亨通,小事也一样亨通。 但居安须思危,既济之初,虽然一切吉利,若不知慎始慎终,最终恐将转为危乱。所以定要随时坚守正道,以防范变局。	① 既济:卦名,象征"事成"。 ② 亨小:"亨小"二字,众说纷纭,令人困惑。如《程传》曰:"大者既已亨矣,小者尚有未亨也。"而《正义》则谓:"小者尚亨,何况于大?"亦有谓"亨小"应作"小亨",还有断句为"亨,小利贞"者(如吴汝纶)。金景芳《周易全解》则谓:

卦 爻 辞	卦 爻 义	注 释
		"'小'字当是衍文,六十四卦中无'亨小'之义。"各家之说皆能言之成理,难以取舍。姑从《正义》"小者尚亨,何况于大"之说,意即:亨能及于小者,何况大者? ③ 初吉,终乱:这是劝诫之辞,诫人慎始慎终,事成之后应居安思危,以免转致危乱。
初九,曳其轮①,濡其尾②,无咎。	初九以阳居阳,上应六四,本有躁进之虞,但初九却能自我克制。就如用力拖曳车轮,不让车子猛进;又如狐狸尾巴浸湿而变沉重了,难以快速渡河,因而压制了冒进的冲动。 由于能够小心谨慎,于是避免了咎害。	① 曳其轮:从车后拖曳车轮,不使猛进。 ② 濡其尾:小狐狸渡河时浸湿了尾巴,难以速进。狐狸渡河须把尾巴掀高,避免浸到水,尾巴浸到水则身子变重,难以速进。何以知其为小狐?因其与《未济》卦"小狐汔济"之取象一致。详见后《未济》卦。
六二,妇丧其茀(fú)①,勿逐,七日②得。	六二既中且正,上应九五,是具有柔顺中正之德的贤才。 但既济之世,九五之君耽于安逸,并未积极礼贤下士,探求人才。六二不能获得重用,无法发挥长才,但他也不汲汲营求,而是静静等待机会。 以六二的才德,不会一直被忽略,假以时日,时机成熟,终将获得任用,一展所能。 犹如妇人欲乘车,但车门上遮身用的蔽饰不见了,妇人也不着急去寻找,过了一段时间,车蔽即自然而然地失而复得。	① 妇丧其茀:妇人丧失了车门的蔽饰,车子不能行动。喻六二不能有所作为。茀,古代妇女所乘车辆的蔽饰。 ② 七日:代表一段时间,且时间不会太长。不必实指七天。
九三,高宗伐鬼方①,三年②克之,小人勿用③。	九三居下体《离》卦之终,为大功告成的已济之象。由未济至既济,须付出极大的努力。比如殷王武丁出兵讨伐不服的	① 高宗伐鬼方:殷商中兴之主高宗,讨伐商之外族鬼方部落。高宗,名武丁。鬼方,部落名,殷商时居于中国西北地区。 ② 三年:喻成事之难及费时之久也。

卦 爻 辞	卦 爻 义	注 释
	外族鬼方部落,经过多年的征战,方得予以征服。 虽然取得胜利的成果,但战争劳民伤财,使得国力疲惫,此时应回头安内,以防盛极而衰。用人更须小心,须用贤明之才佐治,不可误用小人,使国家由治转乱。	③ 小人勿用:攘外之后,更须回头安内。此时战后疲惫,须用贤明之才佐治,方可确保国家安定,千万勿用小人,以免由治转乱。《本义》云:"小人勿用,占法与《师》上六同。"其立意确实类似。 爻辞比喻事欲求成,必须经过一段艰苦的奋斗过程。而特言"小人勿用",意在防范治后转乱,劝诫人们成功之际更应居安思危。 《既济》六爻皆当位,又两两相应喻象事业已成功,而仍不忘劝诫,可见《易》确实处处存着忧患意识。
六四,繻(rú)有衣袽(rú)①,终日戒②。	既济之世,最要居安思危,随时戒慎防乱,终日不可懈怠。 譬如乘船渡河,须整日警戒。随身预备不用之破败衣物,俾一旦发现船身有漏水现象,立刻取来堵塞漏洞,以策安全。	① 繻有衣袽:为防船漏,随身备有破败的衣物,以便一旦漏水时堵塞漏洞。繻,本义为"彩色丝帛",但《王注》曰:"繻宜曰'濡',衣袽,所以塞舟漏也。"《程传》解之较详:"四在济卦而水体,故取舟为义。……当既济之时,以防患虑变为急。繻当作'濡',谓渗漏也。舟有罅漏,则塞以衣袽,有衣袽以备濡漏。" ② 终日戒:整天戒备,意即不可懈怠。《折中》引胡炳文说得甚好:"乘舟者不可以无繻而忘衣袽,亦不可谓衣袽已备,遂恝然而不知戒。水浸至而不知,则虽有衣袽,不及施矣。备患之具,不失于寻常,而虑患之念,又不忘于顷刻,此处既济之道。"
九五,东邻杀牛,不如西邻之禴祭,实受其福①。	九五阳刚中正居君位,在既济之世,国力强盛,容易产生骄奢的心态,逐渐丧失谦虚诚恳的美德,并因怠惰而使国家滋生潜在的危机。 要避免盛极而衰的后果,必须脚踏实地,以诚治国,才能持盈保泰,长治久安。	① 东邻杀牛,不如西邻之禴祭,实受其福:东邻杀牛盛祭,反而不如西邻薄祭那样受到福佑。这只是一个比喻,强调诚心比形式重要。

卦　爻　辞	卦　爻　义	注　　释
	譬如东邻杀牛以厚礼祭祀，反不如西邻以菲薄的禴祭而受到福佑，关键在于是否诚心祭祀，而不在于祭礼之厚薄。只有诚心祭祀，才能感动神明。	
上六，濡其首①，厉。	上六阴柔，既居《坎》险之上，又位于《既济》卦之终，有由治转乱之象。 若治不思乱，安不虑危，则如狐狸渡河，掉以轻心，结果让水都淹到了头部，实在危险至极。	① 濡其首：狐狸渡河，水都淹到头部了，比喻危险至极。 上六《既济》之终，而以此严厉之喻设戒，警示盛极转衰之理，苦口婆心，溢于言表。

【人生智慧】

一、人在困穷之时，最能兢兢业业，淬砺奋发；一旦功成名就，往往骄奢淫逸，得意忘形，最终以悲剧收场。《周易》六十四卦，不以《既济》而以《未济》压轴，即示人以盛极必衰、居安思危之理，劝诫人们知所警惕。

二、《既济》卦爻辞处处可见警戒之辞，苦口婆心。一方面强调"创业维艰，守成不易"的道理；另一方面显示，盛极必衰、居安思危的道理知之者众，而行之者寡。由于人性的弱点不易克服，尽管悲剧不胜枚举，事例随处可见，但历史照样时时、处处一再重演，人人都须引以为戒。

未济卦　第六十四

卦　爻　辞	卦　爻　义	注　　释
下坎上离·火水未济	事情虽然尚未完成，只要够努力，还是可以致亨通。 但行动之时，自始至终必须敬慎戒惧，谋定而后动，不可像小狐狸渡河那样粗心大意。 小狐狸不懂得小心谨慎，没有充分准备，就冒冒失失地鲁	① 未济：卦名，象征"事尚未成"。 ② 汔济：渡河接近成功。汔，接近。济，渡河。 ③ 濡其尾：参见《既济》初九爻注释②。
未济①：亨。小狐汔济②，濡其尾③，无攸利。		

卦 爻 辞	卦 爻 义	注　释
	莽渡河。结果就在过河即将成功之际，狐狸尾巴竟然浸湿了，终究还是过不了河。 努力了半天，结果一点好处都没有。	
初六，濡其尾，吝。	初六阴柔，又居《坎》体之下，与九四相应而急于上行。在未充分考虑主客观条件下，不自量力冒然而行，终究不能成功。 好比小狐狸气力不济、经验不足，却急着渡河。结果尾巴没举高，被水浸湿了，情势艰吝，终究无法渡河。	
九二，曳其轮①，贞吉。	九二以刚居柔，虽不当位，但才质刚健，且上与六五相应，实具有涉险济难的能力。 惟九二持中，处事谨慎，因自身尚居《坎》险之中，审时度势，知仍不宜轻进。乃自我控制躁进之心，如同拖曳车轮，不使车辆前进。 九二能够守正待时，当然吉利。	① 曳其轮：参见《既济》初九爻注释①。
六三，未济，征凶。利涉大川。	六三处未济之世，不中不正，阴柔力弱，又居《坎》险之上，此时如采取行动，确实有凶险。 六三虽仍处《坎》险，但已临出险边缘。己身虽弱，若能借助外力，亦有出险之机会。 六三下比九二，上亲九四，如能以柔顺之道比附二刚，借二刚之力，就能化危机为转机，有利于顺利渡过凶险的难关。	

卦爻辞	卦爻义	注　释
九四，贞吉，悔亡。震用伐鬼方①，三年有赏于大国②。	九四以阳居阴，失位而不中，本当有悔。因坚守其济难之志，不但能趋正救偏而避免悔憾之事发生，并且可致吉祥。 　　九四坚忍不拔，凡事全力以赴，持续不懈。当鬼方部落不服，九四震发威怒，即以雷霆万钧之势，出兵征伐。 　　经过多年的艰苦奋战，建立了功勋，终于有机会获得封赏，成为大国的诸侯。	① 震用伐鬼方："伐鬼方"可参见《既济》九三爻注释①。此句之疑义在于"震"字之义。有谓震为人名，如高亨的意见。而程子则谓："震，动之极也，古之人用力之甚者，伐鬼方也，故以为义。"本书认为以震为人名，虽不无可能，但文献无征。而程子之说则不如《正义》"震发威怒"之说简单明确也。 　　此为设喻之辞，比喻九四持续不懈，全力以赴，以求成其事。 ② 三年有赏于大国：经过多年的奋战，因功绩卓著，受封赏为大国的诸侯。 　　此为勉励之辞，表示只要勉力不懈，必有收获。
六五，贞吉，无悔。君子之光，有孚，吉。	六五以柔居刚，虽不当位，但处于《离》明之中。其位不正，而德能守正，故能获吉而无悔。 　　六五以柔中之德，诚恳虚心，礼贤下士。居《离》体中心，为文明之主。焕发君子之德的光辉，使民衷心信服。又有与其相应之九二贤臣辅佐，因而得吉。	
上九，有孚于饮酒①，无咎。濡其首②，有孚失是③。	上九以刚处《未济》卦之终，自信将转未济为既济，因而饮酒自乐以待时。 　　此时饮酒自乐，并不会有咎害，但是必须知所节制。如果不自我节制而溺于酒，则将如小狐狸渡河，不知警觉，而让水淹到头部那样的危险。 　　这种不良后果，完全是过于自信、不知居安思危，以致行为失当所引起的结果。	① 有孚于饮酒：自信未济即将转为既济，因而饮酒自乐。《本义》说得简单明白："以刚明居《未济》之极，时将可以有为，而自信自养以俟命，无咎之道也。" ② 濡其首：参见《既济》上六爻注释①。此处意谓：如不知节制而溺于酒，将如狐狸渡河遭水浸湿其首般的危险。 ③ 有孚失是：过于自信而失去应有的分寸，意即因太自信而偏离了正道。

卦 爻 辞	卦 爻 义	注 释
	故虽即将由未济转向既济,仍须谨记慎始慎终的教训,随时随地抱持警惕之心,以免乐极生悲,功亏一篑。	

【人生智慧】

一、《未济》六爻皆不当位,象征处境极差。但另一方面,六爻皆相应,象征整体和谐,合作无间。可见团队合作是克服困难、走向成功最关键的因素。

二、既济之中,隐藏着未济的危险因子;未济之中,蕴含着既济的希望种子。既济之时,不可得意忘形,以免转为未济;未济之时,不可失意丧志,才能转为既济。但未济一旦转为既济,甚至即将转为既济时,就立即要居安思危,以免功亏一篑,甚或一夕翻盘,全局皆输。

三、《易》以《乾》、《坤》为首,勉励人们始终应"自强不息"、"厚德载物";以《既济》、《未济》为终,劝诫人们困难时要"同心协力",成功时应"居安思危"。而六十四卦以《未济》为终,遥应《乾》卦"自强不息"之义,说明人生是不断变易的过程,同时隐涵老子"祸福相倚"之理。知时、知势、知变、知机,是应付人生多变的锦囊;而"知命"则是离苦得乐的灵丹——此"知命"不是宿命的无奈,而是"明知其不可为而为之"的积极精神。说到底,仍然是"自强不息"、"厚德载物"的根本精神。

引用及参考书目

一、专书

〔魏〕王弼、〔宋〕朱熹：《周易二种》，台北市：大安出版社，2006年。

〔唐〕孔颖达：《周易正义》，台北市：台湾古籍出版有限公司，2001年。

〔唐〕李鼎祚：《周易集解》，台北市：台湾商务印书馆，1996年。

〔宋〕朱熹：《周易本义》，台北市：新文丰出版股份有限公司，1979年。

〔宋〕朱熹：《周易本义》，收于《善本易经》，台北市：老古文化事业公司，1981年。

〔清〕王夫之：《周易内传》，北京市：九州出版社，2004年。

〔清〕王夫之：《周易外传》，北京市：九州出版社，2004年。

〔清〕李光地：《周易折中》，成都市：四川出版集团巴蜀书社，2014年。

〔清〕李道平：《周易集解纂疏》，北京市：中华书局，1994年。

〔清〕丁寿昌：《读易会通》，台北市：河洛图书出版社，1975年。

（日）星野恒：《周易经翼通解》，台北市：华联出版社，1977年。

孔繁诗：《易象易数易理应用》，台北市：作者自行出版，1995年。

朱伯崑：《易学基础教程》，台北市：志远书局，2004年。

朱伯崑：《易学漫步》，台北市：学生书局，1996年。

朱伯崑：《易学哲学史》，台北市：蓝灯文化事业公司，1991年。

朱伯崑:《燕园耕耘录—朱伯崑学术论集》,台北市:学生书局,2001年。

朱高正:《易经白话例解》,台北市:台湾商务印书馆,1995年。

吕绍纲:《周易阐微》,台北市:韬略出版有限公司,1996年。

吕绍纲:《周易的哲学精神》,上海市:上海古籍出版社,2005年。

余敦康:《周易现代解读》,北京市:华夏出版社,2006年。

李士珍:《周易分类研究》,台北市:台湾书店,1959年。

周鼎珩:《易经讲话》,台北市:作者自行出版,1982年。

周鼎珩:《周氏易经讲座讲义》(上课讲义,未出版)。

周振甫:《周易译注》,北京市:中华书局,2012年。

金景芳、吕绍纲:《周易全解》,台北市:韬略出版有限公司,1996年。

金景芳讲述、吕绍纲整理:《周易讲座》,台北市:韬略出版有限公司,1996年。

金景芳:《周易通解》,长春市:长春出版社,2007年。

林政华:《易学新探》,台北市:文津出版社,1987年。

林汉仕:《易传评估》,台北市:文史哲出版社,1983年。

林汉仕:《乾坤传识》,台北市:文史哲出版社,1988年。

林汉仕:《否泰辑真》,台北市:文史哲出版社,1991年。

林汉仕:《易传综理》,台北市:文史哲出版社,1992年。

林汉仕:《易经传传》,台北市:文史哲出版社,1994年。

林汉仕:《周易汇真》,台北市:文史哲出版社,1998年。

林汉仕:《易传广玩》,台北市:文史哲出版社,1999年。

林汉仕:《易传广都》,台北市:文史哲出版社,2002年。

林汉仕:《易传都都》,台北市:文史哲出版社,2002年。

林汉仕:《易传汇玩》,台北市:文史哲出版社,2002年。

长河:《易经通解》,新北市:柿藤出版社,2015年。

南怀瑾:《周易今注今译》,台北市:台湾商务印书馆,1977年。

南怀瑾:《易经杂说(一)》,台北市:老古文化事业公司,1987年。

高亨：《周易古经今注》，台北市：华正书局有限公司，2008年。

高亨：《高亨周易九讲》，北京市：中华书局，2011年。

高光志：《易经的应世哲学》，台北市：作者自行出版，1992年。

徐志锐：《周易大传新注》，台北市：里仁书局，1995年。

徐志锐：《周易阴阳八卦说解》，台北市：里仁书局，1994年。

殷旵：《易经的智慧》，新北市：维多利亚图书文化有限公司，2007年。

孙映逵、杨亦鸣：《六十四卦中的人生哲理与谋略》，北京市：社会科学文献出版社，
　　2006年。

陈鼓应、赵建伟：《周易注译与研究》，台北市：台湾商务印书馆，1999年。

陈炳元：《易钥》，台北市：弘道文化事业公司，1979年。

陈炳元：《比较易经》，台北市：作者自行出版，1980年。

陈元伦：《易经鉴用》，北京市：中央编译出版社，2010年。

张廷荣：《易经讲义》，台北市：三民书局，1982年。

张立文：《周易帛书今注今译》，台北市：学生书局，1991年。

张其成：《全解周易》，北京市：华夏出版社，2009年。

郭建勋：《新译易经读本》，台北市：三民书局，1996年。

郭彧：《易图讲座》，北京市：华夏出版社，2007年。

黄庆萱：《周易读本》，台北市：三民书局，1992年。

黄忠天：《周易程传注评》，高雄市：复文图书出版社，2006年。

黄寿祺、张善文：《周易译注》，土城市：顶渊文化事业公司，2000年。

黄天骥：《周易辨原》，广州市：广东人民出版社，2008年。

程石泉：《易学新探》，台北市：文行出版社，1979年。

傅隶朴：《周易理解》，台北市：台湾商务印书馆，1981年。

傅佩荣：《乐天知命—傅佩荣谈易经》，北京市：东方出版社，2013年。

杨树达：《周易古义·老子古义》，上海市：上海世纪出版集团，2013年。

杨自平：《硕专班周易讲义》（中央大学授课讲义，未出版）。

刘大钧：《周易概论》，成都市：巴蜀书社，2004年。

刘大钧、林忠军：《周易经传白话解》，上海市：上海古籍出版社，2006年。

刘君祖：《刘君祖完全破解易经密码》第一辑，北京市：九州出版社，2012年。

刘君祖：《刘君祖完全破解易经密码》第二辑，北京市：九州出版社，2012年。

刘君祖：《刘君祖完全破解易经密码》第三辑，北京市：九州出版社，2013年。

刘君祖：《刘君祖完全破解易经密码》第四辑，北京市：九州出版社，2013年。

刘君祖：《刘君祖完全破解易经密码》第五辑，北京市：九州出版社，2013年。

刘君祖：《刘君祖完全破解易经密码》第六辑，北京市：九州出版社，2013年。

刘君祖：《刘君祖易断全书》，北京市：九州出版社，2013年。

刘瀚平：《周易思想探微》，台北市；商鼎文化出版社，1997年。

郑灿：《易学启蒙》，台北市：中国孔学会，1978年。

戴琏璋：《易传之形成及其思想》，台北市：文津出版社，1989年。

谢大荒：《易经语解》，台北市：作者自行出版，1976年。

邝芷人：《阴阳五行及其体系》，台北市：文津出版社，1992年。

顾颉刚编：《古史辨》，上海市：上海古籍出版社，1982年。

二、网络资料

中研院汉籍电子文献：http://hanji.sinica.edu.tw/

中国古籍全录：http://guji.artx.cn/

易学网：http://www.eee-learning.com/

故宫【寒泉】古典文献全文检索资料库：http://210.69.170.100/S25/

国学导航网站：http://www.guoxue123.com/

诸子百家中国哲学书电子化计划：http://ctext.org/pre-qin-and-han/zh

360doc个人图书馆：http://www.360doc.com/index.html

后　记

我与《周易》结缘,有一段曲折的过程。

1980年间,蒙蔡师振兴收为弟子,我开始学打坐,练气功。蔡师是位奇人,凭自学自悟,竟可以气功为人医病疗伤。当年交大蔡麟笔教授因不慎误饮假酒,视网膜严重受损,几近失明,台大眼科为之束手,幸经人引介请蔡师疗治,竟然奇迹式的复原,蔡师之颖异,令人匪夷所思。

蔡师知我偏爱古籍,嘱我研读中国医书。我觉得读医书似乎应该懂一点《易》理,于是在1981年5月,报名参加易学前辈周鼎珩教授在台北市中华文化大楼开设的"周氏易经讲座",同时参加台湾地区"易经学会"附设函授班的课程。以此因缘,我就这样踏进了研读《周易》的行列。

我持续打坐六年,正喜略有所成,不料蔡师竟于1987年初溘然仙逝。虽说蔡师在椅上打坐中离开,但我不愿多作玄想,只觉如此奇人,一身功力精湛,又知医,竟然在壮年就这样走了,令我极为震惊、难过又困惑。蔡师待我甚厚,寄望甚殷,但是事态的发展,令我非常气馁,并且难以接受,后来竟至完全放弃打坐、练功。

蔡师生前交代我读医书,我遵嘱用功,还侥幸通过了台湾考选部门管理的"中医检定考试",正想打铁趁热,更上一层楼,准备参加"中医师特考",以取得中医师资格,不料一场"视网膜中心性网膜炎"使我视力大伤,只得放弃特考,中医师之梦也随之破碎。如今连过去读过的医书也都忘得一干二净,白费了许多功夫。毕竟是为考试死记硬背的东西，并未融会贯通，记得快，忘得也快。每当想起蔡师对我的提携与期盼，不免深感愧疚，只能以"造化弄人"自解。

世道多蹇而难测，我的学《易》道路也遭遇了阻碍，周鼎珩教授突于1984年间往生。当时我学《易》正在兴头上，不愿轻言放弃，于是在"周氏易经讲座"及"易经学会"函授课程的基础上，广搜易学书籍，自己继续摸索研究。

自行研《易》有个最大的缺点，就是碰到瓶颈无人指点，且缺乏学习的动力，极易半途而废，我就面临这样的问题。但正当我就要弃械投降时，邀我担任理事的"新竹市残障复健协会"，在新竹市孔庙为残障朋友举办"易经讲座"，总干事杜润津女士知我正在研读《周易》，非要我上几堂课不可。尽管自知以我的程度，哪有资格教人，但身为理事，我几度力辞不得，只好硬着头皮上台，根据周老师的教材，摘取部分内容，现买现卖。所幸反应不差，没给协会丢脸。

不料开了这个头以后，又有众家好友、同学、同事不断前来怂恿授课，使我先后在文复会新竹分会复中国学研习班、问渠读书会、新竹商银读书会、华婉艺文讲座开设了"易经基础研习班"课程。一回生，二回熟，胆子越来越大，脸皮也越来越厚，后来新竹扶轮社、新竹东南扶轮社等单位前来邀约演讲，竟然毫不畏缩就去了。

就在这样的情况下，使我的《周易》研究，没有像打坐、中医一样，让它前功尽去。"教学相长"的道理大家都懂，不用我多说。更重要的是责任感、荣誉感的敦促作用，当然无可讳言的，不免也有"爱面子"的成分，怕自己丢脸，也担心让邀约的人失面子，使我必须不断读书、思考、编写讲义。这种种因素纠结起来，逼得我不得不鞭策自己，不断地自我成长。

1999年我自请从银行退休，全力投入撰写《图说竹堑》的工作。2004年此书在清华大学出版后，我又因考入中央大学中文系硕士班研究戏曲美学、撰写五篇分量不轻的《峨嵋乡志》等因素，忙得不可开交，易学书籍因而被我束诸高阁，无暇顾及。

2013年间，对我有知遇之恩的前新竹商银总经理吴志伟先生，向我提及有意读《周易》，我身边的一些好友听说后，就跟着敲边鼓，终于促成我在新竹市文化局及社区大学开设了《周易》的研习课程，使我在暌违多年之后，再度投入易学研究的怀抱。

如果没有吴志伟先生的提议,我就不会有开设《周易》班的机会,更不可能萌生埋头写书的动力;当我在台湾出版本书繁体字版时,他又主动赞助我出版经费。这本书能够先后在台湾及大陆出版,给我这与《周易》数度邂逅人生历程留下了美好的印记,当然首先应归功于吴志伟先生的协助。这份情谊,我一定永铭在心,不敢或忘。

拙著在台湾出版之后,我寄了一本给上海古籍出版社,寻求在该社出版简体字版的机会。我是个名不见经传的作者,既无熟人引荐,也无名人推介,本来不敢存有太大希望,不料美梦成真,拙著竟然幸运获得认可,得以在这家声誉卓著的出版社出版。

非常感谢与我接洽的刘海滨博士,对于一位素未谋面、无藉藉之名的作者,竟然丝毫没有先入为主的轻视、排斥心理,愿意接纳文稿,费心审核,并且在接洽过程中,不厌其烦地给了我许多宝贵的指导意见,其人品及修养由此可见,我由衷感佩。社方海纳百川的宽弘器量,更令我好生钦敬。

在年近古稀之际,能有这样的幸运在大陆出书,付出的心血没有白费,多年的心愿一旦得偿,足慰平生。但愿这本书的质量,不会让读者失望。